· 马克思主义研究文库 ·

思想政治教育与
马克思主义理论研究

崔朝东　孟　艳｜主编

光明日报出版社

图书在版编目（CIP）数据

思想政治教育与马克思主义理论研究 / 崔朝东，孟艳主编．－－北京：光明日报出版社，2022.11

ISBN 978－7－5194－6933－7

Ⅰ.①思… Ⅱ.①崔… ②孟… Ⅲ.①高等学校—思想政治教育—教学研究—中国②马克思主义理论—教学研究—高等学校 Ⅳ.①G641②A81

中国版本图书馆 CIP 数据核字（2022）第 222057 号

思想政治教育与马克思主义理论研究
SIXIANG ZHENGZHI JIAOYU YU MAKESI ZHUYI LILUN YANJIU

主　　编：崔朝东　孟　艳

责任编辑：许　怡　　　　　　责任校对：阮书平
封面设计：中联华文　　　　　责任印制：曹　净

出版发行：光明日报出版社

地　　址：北京市西城区永安路 106 号，100050

电　　话：010－63169890（咨询），010－63131930（邮购）

传　　真：010－63131930

网　　址：http：//book. gmw. cn

E - mail：gmrbcbs@ gmw. cn

法律顾问：北京市兰台律师事务所龚柳方律师

印　　刷：三河市华东印刷有限公司

装　　订：三河市华东印刷有限公司

本书如有破损、缺页、装订错误，请与本社联系调换，电话：010-63131930

开　　本：170mm×240mm

字　　数：261 千字　　　　　印　　张：16

版　　次：2023 年 1 月第 1 版　　印　　次：2023 年 1 月第 1 次印刷

书　　号：ISBN 978－7－5194－6933－7

定　　价：95. 00 元

序

2016 年 5 月，习近平总书记在哲学社会科学工作座谈会上强调，要不断推进学科体系、学术体系、话语体系的建设和创新，构建中国特色哲学社会科学。这是给全体社会科学工作者提出的时代任务和时代课题。

构建中国特色哲学社会科学，指导思想是马克思主义，根本目的是服务于坚持和发展中国特色社会主义，这也是当今中国的时代最强音。而对于高校哲学社会科学工作者来说，要完成好这个任务，需要承担起双重的责任。一是要推进哲学社会科学领域的问题研究。这一任务，其核心离不开对中国特色社会主义道路、中国特色社会主义理论、中国特色社会主义制度、中国特色社会主义文化的"全方位"深入阐发，并给出符合时代特征和时代要求的马克思主义理论解读，这是一个前所未有但又未来可期的光荣使命，任重而道远。二是要开展高校思想政治理论教育教学。通过"三尺讲台"，将马克思主义、科学社会主义、中国特色社会主义的历史逻辑、理论逻辑、实践逻辑讲给青年学生听。这是一个传授科学知识、锻炼思维方法、塑造人生价值理念的"全景式"教育过程，对青年学生来说，对培养习近平新时代中国特色社会主义建设者，尤为重要。

本书作者皆为长期从事马克思主义理论研究和思想政治教育的高校专家学者。扎实的马克思主义理论学科背景和专业功底，成为他们从事科研教学的坚实基础，中国特色社会主义理论与实践的蓬勃发展，给他们提供了丰富的研究素材和广阔的研究空间。为此，跟上时代、抓住机遇、乘势而上、不辱使命，是今天每一位高校哲学社会科学工作者的心声，也是他们不断进取的动力源泉，他们用创作反映时代、用文字展现思考、用道理讲述问题。本书将他们的一些研究成果结集成册，呈现给广大读者。

本书取题"思想政治教育与马克思主义理论研究"，主要内容分为上、中、下三个部分。

第一个部分重点围绕思想政治理论教育教学自身问题展开，涉及思想政治理论教育教学的理念探讨、方法研究、课程教研、热点难点内容阐释等。这部分既倡导学理分析，也鼓励实践操作，向人们展示现代思想政治理论教育的新理念、新方法、新要求、新特点，助推新时代高校教育和人才培养。百年大计，教育为本，为此，我们正在努力前行。

第二个部分重点突出对马克思主义经典著作及其理论思想的研究解读，涉及马克思恩格斯科学社会主义思想、毛泽东思想、习近平新时代中国特色社会主义思想等，其中既包括经典著作研究，也涵盖学习方法探讨，既展现社会政治，也涉及社会经济。应该说，今天中国哲学社会科学关于马克思主义经典著作和理论思想的研究空间依然十分广阔，甚至存在尚待开发的"处女地"，而当代中国马克思主义，特别是习近平新时代中国特色社会主义思想，目前还处于不断丰富发展的过程之中。因此，马克思主义理论研究，源远流长，我们要勇于担当，开拓进取。

第三个部分重点涉及马克思主义外交思想与理论研究，这一内容也构成本书的一大特色。之所以会有这方面研究成果的集中展示，与本书作者主要来自外交部直属高校有密切关系，他们在研究马克思主义、研究中国特色社会主义的同时，还重点关注外交领域问题，关注马克思主义经典作家关于外交的思想及相关论述，就目前情况看，这无疑进一步彰显了马克思主义理论研究的特色与魅力。这部分内容包括马克思恩格斯外交思想产生的时代基础和思想基础、马克思恩格斯外交思想的基本特征和基本原则、马克思主义历史唯物主义外交观，以及新中国外交、中国外交人、政党外交等，这些内容往往也直接构成今天的学术前沿，给人以无尽的研究憧憬。为此，我们愿脚踏实地，久久为功。

2021 年是中国共产党成立一百周年，继续坚持和发展中国特色社会主义，让科学社会主义在 21 世纪焕发勃勃生机，贡献人类社会，作为高校哲学社会科学工作者，我们责无旁贷。

谨以此书，向中国共产党百年华诞献上我们的一份祝福！

书中不足之处，还望读者批评指正，以激励我们更好前行。

崔朝东

2021 年 8 月 9 日于外交学院

目　录
CONTENTS

上篇　思想政治理论课热点问题与教学研究

中篇　马克思主义经典著作与理论研究

下篇　马克思主义外交思想与社会主义国家外交

上篇 01

思想政治理论课热点问题与教学研究

论坚持公有制为主体、多种所有制经济共同发展

1997 年 9 月，党的十五大报告曾明确指出，公有制为主体、多种所有制经济共同发展，是我国社会主义初级阶段的一项基本经济制度。由此，我国传统计划经济时期所形成的社会主义"单一公有制"认识得以彻底改变，这也标志着我国所有制经济改革取得重大突破。2019 年 10 月，党的十九届四中全会审议通过了《中共中央关于坚持和完善中国特色社会主义制度、推进国家治理体系和治理能力现代化若干重大问题的决定》（以下简称《决定》）。《决定》提出，进一步将公有制为主体、多种所有制经济共同发展，与按劳分配为主体、多种分配方式并存，以及社会主义市场经济体制作为我国社会主义基本经济制度的重要组成。这是对我国基本经济制度的一次全新概括，也是对我国经济治理模式的一次最新总结。

所有制及其经济制度，关乎一个国家和社会的根本性质，马克思恩格斯对此早有论述。依照马克思恩格斯科学社会主义思想，社会主义实行生产资料公有制是历史发展的必然结果，这也表明社会主义社会的根本属性。但在现实社会主义实践中，公有制的发展水平如何，其对社会经济影响作用大小，还需要结合社会主义国家所处社会历史发展阶段加以具体考量。公有制为主体、多种所有制经济共同发展的制度设计，契合我国社会主义初级阶段基本国情。在这里，不仅强调要坚持公有制，同时也明确公有制以外的其他经济成分或者说非公有制经济的地位。而谈及非公有制经济，2018 年 11 月 1 日，习近平总书记在民营企业座谈会上的讲话中，再次充分肯定其对我国国民经济的重要作用，而党的十九届四中全会，更是从国家制度的高度，重申要毫不动摇对非公有制经济予以鼓励、支持和引导。然而，如何正确认识公有制为主体、多种所有制

经济共同发展这一基本经济制度的实质和内涵，如何正确处理我国所有制结构中公有制经济与非公有制经济的关系，仍然需要我们认真研究和探讨，这也关系中国改革的根本方向。

一、"公有制为主体、多种所有制经济共同发展"的制度确立及其理论创新

（一）"公有制为主体、多种所有制经济共同发展"的制度确立

马克思恩格斯科学社会主义思想诞生于 19 世纪中叶，其重要标志是 1848 年《共产党宣言》的发表，这是社会主义发展进程中的大事件，从此，社会主义理论从空想发展到科学。科学社会主义思想的诞生，给人类社会带来了广泛而深远的影响。纵观世界历史，伴随社会主义思想的传播，现实社会主义运动也逐步展开，至 20 世纪初叶，已经有了以苏联为代表的真正意义上的现实社会主义实践。尽管在 20 世纪的八九十年代，社会主义遭遇严重曲折，社会主义国家出现重大失败，但社会主义历史进程并未中断，在此时期，特别是进入 21 世纪以后，以中国为代表的社会主义国家的跨越式发展，使科学社会主义的强大生命力在 21 世纪得以再次焕发。应当承认，从今天的视角看，马克思恩格斯科学社会主义理论诞生的年代，资本主义还处于成长发展的较早时期，但他们从辩证唯物主义和历史唯物主义的世界观和方法论出发，通过考察人类社会基本矛盾的运动，在客观评价资本主义历史贡献的基础上，也深刻揭示资本主义生产的本质和资本主义社会的运动规律。马克思恩格斯曾对资本主义生产力的发展对人类社会进步的贡献给予了充分的肯定，他们在《共产党宣言》中讲道："资产阶级在它的不到一百年的阶级统治中所创造的生产力，比过去一切世代创造的全部生产力还要多，还要大。自然力的征服，机器的采用，化学在工业和农业中的应用，轮船的行驶，铁路的通行，电报的使用，整个大陆的开垦，河川的通航，仿佛用法术从地下呼唤出来的大量人口——过去哪一个世纪料想到在社会劳动里蕴藏有这样的生产力呢？"[①] 然而，资本主义的发展始终无法摆脱其内在矛盾的束缚，无法克服其内在规律的作用，生产资料的资本主义私人占有制同社会化大生产之间在本质上是相互对立的，这也决定了资本

---

① 马克思恩格斯文集：第 2 卷 [M]．北京：人民出版社，2009：36.

主义终将被新的社会制度——社会主义所取代，这是生产力与生产关系、经济基础与上层建筑矛盾运动所带来的客观结果。在社会主义条件下，社会生产资料由劳动者共同占有，实行公有制，劳动成果也将真正属于生产者自己，建立起真正没有剥削、没有压迫的公有制社会，并最终走向共产主义。

马克思恩格斯关于未来社会实行生产资料公有制的思想指明了人类历史发展的必然趋势，是科学的理论。然而，从苏联社会主义开始，现实社会主义社会在实践运动中该如何建立与其生产力水平相适应的生产关系及经济基础，如何发展社会主义公有制，构建行之有效的社会主义所有制模式，这仍是一个需要继续回答和解决的问题，而这一问题解决的过程即社会主义改革。

就我国而言，1956年社会主义改造基本完成之后，在经济上，以生产资料全民所有制和集体所有制为主要内容的社会主义公有制占据了绝对优势，中国由此正式开启社会主义历史。必须肯定的是，生产资料公有制不仅奠定了我国社会制度的经济基础，在很大程度也促进了社会生产力的发展。然而，由于长期片面固守和追求单一公有制的生产关系模式，没能很好适应我国生产力总体水平不高的状况，更没能很好反映我国生产力多层次且发展不平衡的实际，从而导致生产关系不适应社会生产力，甚至出现严重脱离、超越生产力的状况。从我国所有制演变历史看，尽管1956年9月的中共八大会议"肯定了陈云提出的'三个主体''三个补充'和自由市场是社会主义组成部分的思想"[1]。但这一思想在现实社会经济生活中没能得以充分展开，至我国改革开放前，"单一公有制"成为我国所有制结构的突出特征，在这种情况下，私营经济基本消亡，个体经济成为零星的存在，其他非公有制经济更是难以取得发展空间。

20世纪70年代末，以党的十一届三中全会为标志，我国开启了改革开放的历史征程，也逐步对所有制经济结构进行调整。这是一场艰难的探索，在这一过程中，我国的个体经济逐步增多、快速发展，外资经济大量引进、日益扩张，私营经济从无到有、发展壮大。尽管针对非公有制经济及其发展，社会一直存在不同看法甚至争议，但随着改革的深入，我国原有的"单一公有制"经济结构在实践中逐渐被打破，非公有制经济由"体制外"的认知，逐步变为

---

① 武力. 中华人民共和国经济史：上册 [M]. 北京：中国经济出版社，1999：386.

"体制内"的重要内容和有机组成。就我国非公有制经济政策的发展演进看，1982 年党的十二大提出，要鼓励劳动者个体经济在国家规定的范围内和工商行政管理下适当发展，以作为公有制经济的必要的、有益的补充。① 就当时来看，这一政策的影响范围很大，因为个体经济活动遍布城乡，鼓励其发展对促进我国国民经济整体提升作用明显。1987 年 10 月，党的十三大报告阐明："目前全民所有制以外的其他经济成分，不是发展得太多了，而是还很不够。对于城乡合作经济、个体经济和私营经济，都要继续鼓励它们发展。"② 1992 年，党的十四大进一步强调，要实行以公有制经济为主体，个体、私营、外资经济为补充，多种经济成分长期共同发展，并指出不同经济成分还可以自愿实行多种形式的联合经营。③ 1997 年，党的十五大在深刻总结改革开放以来我国所有制结构改革实践的基础上，正式明确"公有制为主体、多种所有制经济共同发展，是我国社会主义初级阶段的一项基本经济制度"④。

上述我国基本经济制度的确立，就其思想认识和实践发展路径看，呈现出以下特点：一是以思想解放为先行，重新回归马克思主义认识事物的科学方法。其重要标志是，在党的十一届三中全会召开前，全国上下开展了关于真理标准的大讨论，倡导实事求是，使人们的认识重新回到科学的轨道。这是我国实行改革开放的重要思想基础，也是正确判断我国基本国情的认识出发点。没有解放思想，实事求是，不准确把握我国国情，"单一公有制"的传统社会主义思想认识和所有制结构，就不可能被打破。二是大胆实验，在实践中创新发展。党的十一届三中全会以后，我国经济体制改革的积极讯号进一步被释放，深圳等经济特区的正式建立、以家庭联产承包责任制为核心的农村土地经营制度的改革，将我国经济发展推入新的阶段。在这一过程中，每一项改革政策的全面实施，都会经历实验、纠错、完善、推广的过程，这本身就是一种创新。

---

① 中共中央文献研究室. 十二大以来重要文献选编：上 ［M］. 北京：中央文献出版社，2011：17.

② 中共中央文献研究室. 十三大以来重要文献选编：上 ［M］. 北京：中央文献出版社，2011：27.

③ 中共中央文献研究室. 十四大以来重要文献选编：上 ［M］. 北京：中央文献出版社，2011：17.

④ 中共中央文献研究室. 十五大以来重要文献选编：上 ［M］. 北京：中央文献出版社，2011：17.

正是伴随这些改革措施的实行，我国所有制调整及其成果逐步显现，多种经济成分并存发展局面逐步形成。三是形成了独具特色的我国所有制改革和结构调整路径。突出表现在非公有制经济被"率先"放开，打破原有禁锢局面，鼓励其发展。而伴随非公有制经济的自身成长，我国公有制经济的改革有了更好的便利条件和运作环境。而这一独具特色的所有制改革路径的形成及其重要影响，对我国国有经济结构调整及转型发展尤为重要。

如前所述，关于未来社会实行生产资料公有制的制度设计，是马克思恩格斯通过对人类社会客观发展规律、特别是资本主义社会发展规律的深刻剖析而得出的科学预想。但在他们的设想中，并没有直接给出在未来现实社会主义实践中、在未来现实社会主义社会的特定发展阶段上，社会主义公有制究竟应该采取哪些具体形式，因为他们并没有经历现实社会主义社会，他们对社会主义公有制的具体模式不可能做出现实的描绘，这是后人要解决的问题。

中国是现实的社会主义国家，而且是在经济基础比较落后的条件下建立起社会主义制度的，这是由我国新民主主义革命和社会主义革命的特殊道路所决定的。也正因为这样，我国的社会生产力的发展远未达到马克思恩格斯所设想的未来社会高度发达的水平，因此也尚不具备实行与高度发达生产力相适应的单一公有制的条件。可以说，在生产力水平相对落后的条件下如何建设社会主义、如何构建符合实际需要的社会主义所有制结构，这是历史给中国提出的全新课题，需要我们给出回答并予以解决。对此，我们曾进行长期的探索，也经历了失败和曲折。20世纪70年代末80年代初，改革开放开启了我国社会主义建设新的历史时期，一系列新思想、新理念相继提出，而伴随经济体制改革的进行，关系我国所有制结构调整的基本经济制度设计也逐渐完善，其理论探索逐步成熟。

（二）"公有制为主体、多种所有制经济共同发展"的制度理论创新

传统社会主义模式始于苏联，并一度被认为是马克思主义经典意义上的社会主义模式。中国作为社会主义国家的后来者，在所有制结构设计上，也曾模仿苏联，照搬其他社会主义国家的现成经验，但实践上没有获得成功。20世纪80年代末90年代初，以苏东国家为代表的社会主义改革出现重大失败，导致世界范围社会主义建设历史遭受严重挫折，中国也面临社会主义建设模式危机

的严峻挑战。但值得肯定的是，与苏东国家不同，在社会主义面临生死考验的这一重要历史关头，中国再次将马克思主义基本原理同中国具体实际相结合，在坚持社会主义、坚持社会主义公有制的前提下，从我国现阶段生产力水平及现实状况出发，改革调整所有制结构布局，在坚持以公有制为主体的同时，发展多种所有制经济，从而形成各种所有制经济和谐共生、并存共进的局面。从理论分析看，这是对传统社会主义认识的突破，也是对科学社会主义思想的继承和发展，其创新性体现在以下方面：

一是坚持社会主义公有制，但不拘泥于社会主义公有制的"单一结构"。我国在实行社会主义公有制的同时，允许个体、私营、外资等各种经济成分的存在和发展。这既不同于马克思恩格斯的设想，也区别于传统社会主义。在这种所有制结构下，我国社会主义的国家性质是通过公有制经济的主体地位获得基础和保证的，个体、私营、外资等各种经济的作用和影响总体而言取决于公有制经济的主体地位。二是创新社会主义公有制的具体实现形式，改变传统社会主义模式下的生产资料全民所有制和集体所有制的公有制形式的固有划分，发展混合所有制经济。在传统社会主义模式下，公有制往往被机械地定义为生产资料的全民所有制和集体所有制，且这两者之间彼此孤立、相互割离。随着社会主义所有制改革探索的深入，我国一方面继续坚持社会主义全民所有制和集体所有制，另一方面鼓励发展混合所有制经济，这里的混合所有制经济既包括全民所有制经济与集体所有制经济的混合发展，也包括全民所有制、集体所有制与其他所有制经济的混合发展。三是实现多种所有制经济的具体内容创新。我国目前实行的多种经济成分，与苏联新经济政策时期、我国社会主义改造时期的多种经济成分都不相同，这主要在于我国目前的多种经济成分是社会主义初级阶段的多种经济成分，不同于苏联实行新经济政策的过渡时期，也不同于中国进行社会主义改造的新民主主义社会，我国目前的多种经济成分主要是改革开放以来逐步成长起来的，多种经济成分中私营经济更是严格区别于民族资本主义经济。

需要进一步指出的是，在传统社会主义模式下，公有制企业是政府的附属物，无法真正适应市场竞争，更缺乏现代企业管理机制。而伴随所有制改革的进行，我国的公有制企业成为相对独立的商品生产者，在企业内部，建立起了现代公司制度和资本管理体制，从而使公有资本运作更加科学、规范和有效。更值得注意的是，多种所有制经济的发展，虽然使公有制不再"一统天下"，但并没有在根本上削弱公有制经济的控制力和影响力。与之相反，由于有了非公有制经济的竞争推动，我国公有制经济实力的壮大更加迅速，而公有制经济与非公有制经济的混合发展，往往直接表现为公有制经济作用的延伸与扩展。正因为如此，我国社会主义国家赖以生存的经济制度基础不仅没有削弱，反而愈加巩固。

二、全面理解和准确把握"公有制为主体、多种所有制经济共同发展"的制度内涵

（一）"公有制为主体"是这一制度内容的本质和核心

从理论上讲，什么是社会主义？这一问题早在科学社会主义诞生之日已由马克思恩格斯做出了明确的回答。马克思恩格斯曾这样论述道："代替那存在着阶级和阶级对立的资产阶级旧社会的，将是这样一个联合体，在那里，每个人的自由发展是一切人的自由发展的条件。"① 由此可见，在马克思恩格斯那里，未来理想社会的本质是为着"人的发展"，这也是未来社会区别于资本主义社会的根本所在。众所周知，现代资本主义的发展早已远远超越马克思恩格斯曾经生活的年代，今天的发达资本主义国家已经达到物质财富的极大丰富。然而，无论资本主义如何繁荣，作为价值财富创造者的"人"却始终摆脱不了依附于资本的命运，这也是资本主义始终无法根本解决的问题。

就中国社会主义改革的道路探索看，1992 年，邓小平在南方谈话中依据马克思主义的基本原理，对社会主义本质做了总结性的理论概括："社会主义的本质，是解放生产力，发展生产力，消灭剥削，消除两极分化，最终达到共同富裕。"② 在这一概括里，强调解放和发展生产力，即明确了社会主义在生产力层面的目的和目标；强调消灭剥削和消除两极分化，即明确了社会主义在生产关系层面的目的和目标；提出最终实现共同富裕，则从根本上明确了社会主

① 马克思恩格斯文集：第 2 卷［M］. 北京：人民出版社，2009：53.
② 邓小平文选：第 3 卷［M］. 北京：人民出版社，1993：373.

义是为着"人的发展"的本质要求。

对照马克思恩格斯确定的未来社会的价值目标，结合邓小平关于社会主义本质的论断，我们不难发现，社会主义及未来共产主义是以人的真正自由发展为目的的，是为着实现人的彻底解放的，这是社会主义及未来共产主义社会的真谛所在。虽然邓小平社会主义本质概括中关于"最终达到共同富裕"的表达，其内涵并不完全等同于马克思恩格斯所讲的"实现人的全面自由发展"，但二者的根本方向是一致的。更重要的一点是，我们必须清醒认识到，无论是马克思恩格斯所设想的未来共产主义社会，还是邓小平所阐释的现实社会主义社会，能够从根本上保证人的发展利益的经济制度在于生产资料公有制，这不仅与社会化大生产相适应，更是对生产资料私有制和剥削制度的彻底否定，是对资本主义生产资料私有制和资本主义剥削制度的彻底否定，它可以从根源上杜绝社会两极分化的产生，是社会主义最终战胜资本主义的制度根基。换句话说，要保证人与人之间社会关系的真正平等，实现社会共同富裕，促进人的全面发展，就必须首先坚持和保证人们对社会生产资料占有上的平等。由此，公有制体现社会主义的本质，是社会主义经济制度的核心所在，无论社会主义处于怎样的发展阶段，公有制或公有制为主体是不可或缺的必然选择。

（二）"多种所有制经济共同发展"是这一制度内容的整体展现

把握"多种所有制经济共同发展"这一制度内容，需要强调三方面：其一，"多种所有制经济"这一表达中包含着公有制经济，公有制经济是多种所有制经济中的一种，它与其他所有制经济共同构成"多种所有制经济"；其二，"多种所有制经济"中公有制经济以外的其他经济形式属于非公有制经济，在我国目前主要有个体、私营、外资经济等，这些经济形式与公有制经济有着根本性质上的不同；其三，关于我国的所有制结构，就其整体而言，就是多种所有制经济并存，并在此基础上实现各种所有制经济的共同发展。由此可见，全面理解和把握"多种所有制经济"的深刻内涵，我们需要从整体或全局的角度加以审视。

然而，在明确我国所有制经济和所有制结构整体状况的基础上，我们还需要进一步探讨多种所有制经济中的非公有制经济。在传统社会主义时期，非公有制经济不仅被当作社会主义的对立物，甚至被直接等同于资本主义经济而遭到排斥，这显然是传统社会主义理论认识上的偏颇。诚然，从目前我国非公有制经济的实际情况看，外资经济基本属于资本主义性质的经济，私营经济某种程度也具有资本主义经济的性质及表现，但个体经济由于其自身特点，不能简单地将其归于资本主义性质或社会主义性质，因为个体经济是小私有制经济的典型形式，产生于原始社会晚期，存在于其后的不同社会制度条件下，并从属、服务于其存在社会的主体经济形式。需要指出的是，从性质上区分社会主义公有制和非公有制经济，明确其各自属性，这是十分必要的。但这里还需要区分"社会主义性质的所有制经济"和"社会主义现阶段的所有制经济"。"社会主义性质的所有制经济"在我国目前主要包括全民所有制经济、集体所有制经济以及混合所有制中的全民经济成分和集体经济成分，而"社会主义现阶段的所有制经济"则包括目前我国存在的各种所有制经济。

综上所述，关于"公有制为主体、多种所有制经济共同发展"这一我国现阶段的基本经济制度的内容概括，清晰回答了两个方面的问题：一是如何体现这项基本经济制度的社会主义性质；二是如何保证社会生产关系真正适应现实社会生产力的发展要求。具体来说就是，构建社会主义现阶段的社会生产关系，一方面必须坚持和建立公有制，它是社会主义的本质属性，但公有制还不能是全社会范围的，不能实行全社会范围的单一公有制，而只能是公有制为主体；另一方面，允许多种所有制经济共同发展，特别是允许非公有制经济存在和发展，能够更好地适应我国现阶段的生产力发展水平，而多种所有制经济中的非公有制经济和公有制经济一样，也是我国所有制经济成分中不可或缺的重要内容和组成部分，它们不再是我国社会经济制度以外的东西，而是制度内容本身。

承认非公有制经济是我国现阶段基本经济制度的重要内容和组成，并不是说它与公有制的地位完全相等。公有制经济是主体，非公有制经济是非主体，公有制经济与非公有制经济是主体与非主体的关系。这一认识与强调公有制经济与非公有制经济要公平竞争并不矛盾，因为无论是公有制经济还是非公有制经济，都需要公平的竞争环境，同等受到法律保护，就公有制企业和非公有制企业来看，在竞争中都需要努力壮大和发展自身，否则就有被淘汰的危险。因此，这里的"主体"与"非主体"的关系是在公有制经济与非公有制经济的公平竞争的动态运动中实现的，即在动态运动中做到坚持公有制为主体，同时发展非公有制经济，这也是我国这一基本经济制度的内涵所在，在实践中，必须准确把握和正确处理。

三、坚持"公有制为主体、多种所有制经济共同发展"必须做到两个"毫不动摇"

（一）两个"毫不动摇"及其相互关系

综上所述，我国社会主义初级阶段的所有制结构及制度设计，不仅是对社会主义理论的一次重大创新，而且也在认识层面厘清了社会主义公有制与非公有制经济的各自地位和相互关系。但在建设实践上该怎样落实这一基本经济制度，还需要制定具体的方针政策。根据解放和发展生产力的要求，党的十六大报告提出："第一，必须毫不动摇地巩固和发展公有制经济……第二，必须毫不动摇地鼓励、支持和引导非公有制经济发展。"① 这是党在全国代表大会首次提出两个"毫不动摇"。而为了巩固和发展公有制经济，报告明确强调要发展壮大国有经济，因为国有经济控制国民经济命脉，对于发挥社会主义制度的优越性和增强我国的经济实力具有关键性作用。② 同时，要积极发展集体经济，因为集体经济是公有制经济的重要组成，对实现共同富裕具有重要作用。③ 而谈及鼓励、支持和引导非公有制经济发展，报告特别指出，个体、私营等各种经济形式对充分调动社会各方面的积极性、加快生产力发展具有重要作用。④ 2007 年，党的十七大报告在继续阐明两个"毫不动摇"的同时，指出要"坚持平等保护物权，形成各种所有制经济平等竞争、相互促进新格局"⑤。为此，报告进一步阐释要深化和推进国有企业、集体企业改革，并以现代企业制度为基础，发展混合所有制经济。⑥ 2012 年，党的十八大报告围绕坚持两个"毫不动摇"，提出要推进公有制多种实现形式，同时"保证各种所有制经济

① 本书编写组. 十六大报告辅导读本［M］. 北京：人民出版社，2002：22.
② 本书编写组. 十六大报告辅导读本［M］. 北京：人民出版社，2002：22-23.
③ 本书编写组. 十六大报告辅导读本［M］. 北京：人民出版社，2002：22-23.
④ 本书编写组. 十六大报告辅导读本［M］. 北京：人民出版社，2002：22-23.
⑤ 本书编写组. 十七大报告辅导读本［M］. 北京：人民出版社，2007：25.
⑥ 本书编写组. 十八大报告辅导读本［M］. 北京：人民出版社，2012：21.

依法平等使用生产要素、公平参与市场竞争、同等受到法律保护"①。而党的十九大报告则将两个"毫不动摇"作为"坚持新发展理念"的重要内容写入习近平新时代中国特色社会主义基本方略。② 2018 年 11 月，习近平总书记在民营企业座谈会上的讲话中，再次系统阐释坚持两个"毫不动摇"的方针思想，并鲜明地肯定和支持民营经济、非公有制经济的发展。2019 年 10 月，党的十九届四中全会从坚持和完善社会主义基本经济制度，推动经济高质量发展的角度，更加深刻阐明了坚持"两个毫不动摇"的重大意义所在。

由此可见，两个"毫不动摇"自提出以来，一直得到高度重视。就其作为我国基本经济制度的具体内涵表现来看，它已经成为我国国家治理体系的重要组成；而就其实践作用来讲，它已对我国公有制经济和公有制企业改革、对非公有制经济和非公有制企业发展产生深刻影响，这也是我国国家治理能力提高的重要表现。而为了更好做到两个"毫不动摇"，我们还必须正确把握和处理好其中的关系。首先可以肯定的是，在两个"毫不动摇"中，前者体现了"坚持公有制为主体"的社会主义本质规定，而后者特别强调了多种所有制经济中非公有制经济存在对我国现阶段社会主义经济发展的重要作用。其次我们认识到，两个"毫不动摇"又是有机统一、并行不悖的。这是因为，虽然"公有制经济"与"非公有制经济"在经济本质属性上有着根本的区别，在我国所有制结构中的地位也有所不同，但二者都是推动我国社会主义经济向前发展的重要力量，从市场的角度看，二者更是相互平等竞争的关系。为此，关于我国"公有制经济"与"非公有制经济"的未来发展，不会出现人们一般认为的那种"此消彼长""你进我退""零和博弈"的局面，而是彼此融合、相互促进、共同发展，形成一种良性互动的格局，特别是在我国积极鼓励发展混合所有制经济的条件下，"公有制经济"与"非公有制经济"更会呈现出你中有我、我中有你的态势，这也是我国所有制结构及经济制度设计的一大特色。

---

① 本书编写组. 十八大报告辅导读本 [M]. 北京：人民出版社，2012：21.
② 本书编写组. 十九大报告辅导读本 [M]. 北京：人民出版社，2017：21，26.

（二）在"毫不动摇巩固和发展公有制经济"的同时，要切实落实"毫不动摇鼓励、支持、引导非公有制经济发展"

改革开放 40 多年，我国的公有制经济有了长足的发展，社会主义经济制度的优势得以充分展现，这是有目共睹的事实。与此同时，我国的非公有制经济也得到了快速的增长，非公有制经济从无到有，非公有制企业由小变大、由弱变强。就我国所有制经济政策看，在进一步维护和保障公有制经济健康发展的同时，非公有制经济的成长空间被日益拓宽，非公有制经济政策不断充实和完善，这首先体现在非公有制经济政策的顶层设计上。2013 年，党的十八届三中全会《中共中央关于全面深化改革若干重大问题的决定》（以下简称《决定》）中指出："公有制经济财产权不可侵犯，非公有制经济财产权同样不可侵犯。"① 这个仅仅是一种新的提法，更是对我国经济产权具体内涵的拓展。为此，《决定》进一步强调，国家依法保护各种所有制经济产权及其合法利益，依法监管各种所有制经济，保证各种所有制经济在生产要素使用上的平等、在参与市场竞争上的公开公平公正。② 2014 年，党的十八届四中全会再次明确要加强对各种所有制经济组织和自然人财产权的保护，其中特别强调要坚持产权制度保护的核心原则，即公平原则。③ 2015 年，党的十八届五中全会在关于"十三五"规划的建议中指出，要更好激发非公有制经济活力和创造力，鼓励民营企业依法进入更多领域，主张引入非国有资本参与国有企业改革。④ 针对非公有制经济人士问题，2019 年，党的十九届四中全会再次阐明，要继续完善和构建亲清新型政商关系的政策体系，促进非公有制经济人士健康成长。⑤ 可以说，以上这些都充分体现了党和国家坚定不移落实两个"毫不动摇"，在搞好公有制经济的同时大力发展非公有制经济的决心和信心，也为非公有制经济

① 中共中央关于全面深化改革若干重大问题的决定［M］.北京：人民出版社，2013：8.
② 中共中央关于全面推进依法治国若干重大问题的决定［M］.北京：人民出版社，2014：12.
③ 中共中央关于全面推进依法治国若干重大问题的决定［M］.北京：人民出版社，2014：12.
④ 中共中央关于制定国民经济和社会发展第十三个五年规划的建议［M］.北京：人民出版社，2015：16.
⑤ 中共中央关于坚持和完善中国特色社会主义制度、推进国家治理体系和治理能力现代化若干重大问题的决定［M］.北京：人民出版社，2019：20.

的发展提供了坚实的政策支持和法律保障。但我们也必须注意到，长期以来，在处理公有制经济与非公有制经济的关系上，特别是在鼓励、支持、引导非公有制经济发展的实践中，还有着诸多问题，存在很多短板。对此，我们必须高度重视。

当前鼓励、支持、引导非公有制经济发展，要切实做好三个方面的工作：第一，充分认识非公有制经济在我国国民经济中的地位和作用，客观评价非公有制经济的历史贡献。习近平总书记在民营企业座谈会上的讲话中曾用"五六七八九"概括了民营经济的特征，具体说就是贡献了50%以上的税收、60%以上的国内生产总值、70%以上的技术创新成果，提供了80%以上的城镇劳动就业，占有90%以上的企业数量。① 虽然从概念界定来看，"民营经济"严格来讲并不直接等同于"非公有制经济"，因为"民营经济"中还包含集体所有制经济，而集体所有制经济属于公有制经济的范畴，但从以上总结，我们仍能充分体会目前我国公有制以外的非公有制经济成分在国民经济发展中的重要作用，这是我们无法回避的客观事实，必须予以正视，要做到"毫不动摇鼓励、支持、引导非公有制经济发展"，必须首先承认非公有制经济在我国社会主义现阶段是不可或缺的。第二，要在认识和实践两个层面，真正消除对非公有制经济特别是私营经济的传统偏见。如前所述，在传统社会主义经济理论中，由于非公有制经济被认为有悖于社会主义原则，因此在实践中曾一度被严格限制，甚至被取缔和消灭，尤其是对于那些存在剥削现象的私营经济来说更是如此。但在这里我们必须清楚的一点是，科学社会主义关于社会主义公有制取代资本主义私有制的认识，建立在社会生产力高度发展的客观前提和基础之上。就我国而言，伴随社会主义建设的发展，我国社会生产力整体水平将不断提高，社会主义公有制经济未来必将在更大范围内展开，并逐步取代其他所有制经济形式，但这将是一个漫长的发展过程。从中国特色社会主义的历史实践来看，在当前以及未来相当长的时期内，我们的工作重点仍然是进一步完善公有制为主体、多种所有制经济共同发展的社会主义经济制度，也就是说，在当前以及未来相当长的时期内，我们在大力发展社会主义公有制经济的同时，仍要

---

① 习近平. 在民营经济座谈会上的讲话 [M]. 北京：人民出版社，2018：4-5.

大力发展非公有制经济。而对于公有制经济、非公有制经济的最终命运，我们只能将其放到历史长河中去加以审视和把握，且要辩证理解和认识。第三，将非公经济政策落到实处，解决非公有制企业和非公有制经济人士面临的各种实际问题。对非公有制企业来讲，关键是要为其营造良好的生产经营环境，消除各种体制机制障碍，特别要处理好其与公有制企业之间的关系，将公平原则切实贯彻到产权保护、市场竞争、投融资政策等各项具体实践中。在这些方面，我国目前还有很多工作要做。对非公有制经济人士来讲，这里主要指那些非公有制企业的所有者，特别是其中的私营企业主，尽管他们是具有剥削性质的新生社会阶层，但这并不影响他们也是中国特色社会主义建设者的政治定位。理解这一点必须联系作为我国所有制主体的公有制经济的地位及作用，必须结合我国的社会主义性质。我国目前存在的私营企业主阶层，既有别于社会主义改造时期的民族资本家，更有别于资本主义社会的生产资料私人占有者，他们大多出身于工人、农民、知识分子等普通劳动者阶层，在改革开放的大背景下产生，是社会主义现代化建设的积极参与者、贡献者，这是我国现阶段社会阶级阶层关系的特殊性、特定性和特色性的重要体现。为此，党和政府要切实坚持和维护好亲清新型政商关系。

公有制为主体、多种所有制经济共同发展的这一基本经济制度是我国社会主义特定发展阶段的历史性产物。社会主义初级阶段的现实国情，决定了坚持和完善这一制度，是中国特色社会主义建设实践发展进程中的一项长期任务。

作者：崔朝东（崔朝东：外交学院马克思主义学院副教授，本文的主要内容发表于《财经理论研究》，2020 年第 6 期）

习近平"立德树人"教育观对大学生社会主义核心价值观的引领①

习近平总书记在全国高校思想政治工作会议上强调，"要坚持把立德树人作为中心环节，把思想政治工作贯穿教育教学全过程"，"要坚持不懈培育和弘扬社会主义核心价值观，引导广大师生做社会主义核心价值观的坚定信仰者、积极传播者、模范践行者"②。围绕立德树人这一教育的根本任务，加强大学生的社会主义核心价值观教育，对于引导当代大学生全面健康成长，推进中国特色社会主义伟大事业、实现中华民族伟大复兴的中国梦具有重要价值，也是新的时代条件下对高校立德树人提出的新要求新任务。

一、立德树人的理论渊源

高校承担着人才培养、科学研究、社会服务、文化传承创新与国际交流合作等多项职能，而"立德树人"则是其最根本的任务。系统梳理"立德树人"的思想源起、历史推演和内在逻辑，准确把握"立德树人"的深刻内涵和外延发展，是切实围绕立德树人根本任务，进一步加强大学生社会主义核心价值观教育的前提和基础。

（一）立德树人是对中华民族优秀传统文化中育人思想的自觉扬弃

中华民族具有五千年的悠久历史，创造了灿烂辉煌的中华文明，也孕育了

---

① ［基金项目］本文系中央高校基本科研业务费专项资金项目—科研创新项目—青年项目"习近平关于新时代社会主义精神文明建设的思想研究"（项目编号：3162019ZYKD07）的阶段性研究成果。

② 习近平. 习近平在全国高校思想政治工作会议上强调：把思想政治工作贯穿教育教学全过程　开创我国高等教育事业发展新局面［N］. 人民日报，2016-12-09（1）.

源远流长的道德文化。"立德树人"由"立德"与"树人"两个词构成，其本义是树立德行、培养人才。"立德"语出战国时期的《左传·襄公二十四年》："太上有立德，其次有立功，其次有立言，虽久不废，此之谓不朽。"春秋鲁国大夫叔孙豹称"立德、立功、立言"为"三不朽"，概括了儒家思想最完满的人生理想。由此可知，我国古代仁人志士早已充分认识到树立高尚道德、践行道德修养、实现道德理想对于人生的首要意义，对后世产生了深远影响。《论语·为政》强调："为政以德"，把"德"视为国家治理之基，描绘了"仁政"的美好愿景。隋唐时期经学家孔颖达注释《左传》时指出："立德，谓创制垂法，博施济众，圣德立于上代，惠泽被于无穷。"这里蕴含了将"德治"与"法治"相融合的朴素思想，强调"上者"应起到较好的道德垂范作用，进一步拓展了"立德"的内涵。"树人"一词语出西汉时期的《管子·权修》："一年之计，莫如树谷；十年之计，莫如树木；终身之计，莫如树人。"其中表达了人才培养对于长远发展所具有的重要价值。我国自古以来就强调"德"的重要作用，正如宋代学者司马光在《资治通鉴》中得出的结论，"才者，德之资也；德者，才之帅也"，强调"树人"先"立德"。当然，由于所处社会历史发展阶段的差异，我国古代所强调的"德""人"与当前我国社会主义新时期所要立的"德"、树的"人"其内涵是不完全一样的。我们所强调的"德"是广义的，既涵盖价值层面的社会主义核心价值体系和核心价值观，也包含基本道德层面的社会公德、职业道德、家庭美德与个人品德，同时还强调将人的德性外化为自觉的德行等；我们所要树的"人"也是全面的，即拥有高尚品德和健全人格，掌握一定的谋事创业基本能力，为社会主义事业所需要的自由全面发展的人。

（二）立德树人彰显了马克思主义关于以人为本思想的时代内涵

以人为本是社会主义教育最根本的价值原则。立德树人是一项复杂的系统工程，需要开展的工作有很多，其中最根本的就是要坚持"育人为本，德育为先"的教育理念，用马克思主义的立场、观点、方法研究人的本质问题，在教育引导中不断彰显人文关怀和人本情怀。正如马克思所指出："人的本质不是单个人所固有的抽象物，在其现实性上，它是一切社会关系的总和。"① 我们关注人的本质，一个很重要的方面就是要在实践中调整和变革现存的生产关系，为人的自由全面发展提供更广阔的空间。"立德"与"树人"应当是逻辑递进关系，"立德"是"树人"的前提和基础，"树人"则是"立德"的目标和追求。在新的时代条件下，我们坚持立德树人这一中心环节，加强大学生社会主义核心价值观教育，更应关注关心大学生的精神世界，回归青年学子的精神生活，遵循青年人的身心发展特点和教育规律，立足中国特色社会主义改革发展实际，丰富充实教育内容、改进教育方式方法、创新教育载体途径、拓展延伸教育场域，才能取得事半功倍的教育成效。

（三）立德树人体现了我党对教育事业长期发展实践经验的科学总结

德育首位原则一直贯穿于我党发展人民教育事业的长期历史进程中。在民主革命时期，面对严峻的革命战争形势，我党创办的各级各类学校都始终坚持德育首位，注重培养和转变工农兵学员的道德品行和思想作风，倡导尊重群众的主体地位和首创精神，全心全意为人民服务。新中国成立初期，毛泽东在《关于正确处理人民内部矛盾的问题》一文中首次明确提出："我们的教育方针，应该使受教育者在德育、智育、体育几方面都得到发展，成为有社会主义觉悟的有文化的劳动者。"② 毛泽东强调学校要努力培养"又红又专"、德才兼备的社会主义一代新人。改革开放以来，德育首位得到了进一步的确立。邓小平同志立足我国改革开放和社会主义现代化建设的实际，多次指出我们的教育一定要培养有理想、有道德、有文化、有纪律的社会主义"四有"新人，提高全民族的素质，并强调"教育要面向现代化，面向世界，面向未来"③。江泽民同志从国家治理的战略高度来审视道德教化，把以德育人置于以德治国的基础性地位，并强调："各级各类学校不仅要建立完备的文化知识传授体系，而且要把德育放在首位，确立正确的政治方向。"④ 2005 年 1 月 17 日，胡锦涛同

---

① 马克思恩格斯选集：第 1 卷［M］．北京：人民出版社，2012：139.
② 毛泽东文集：第 7 卷［M］．北京：人民出版社，1999：226.
③ 邓小平文选：第 3 卷［M］．北京：人民出版社，1993：35.
④ 中共中央文献研究室．十三大以来重要文献选编：中［M］．北京：中央文献出版社，2011：75.

志在全国加强和改进大学生思想政治教育工作会议上首次提出了"育人为本、德育为先"的重要论断。党的十七大报告正式将其确立为国家在新形势下教育事业发展的根本理念。2006 年 8 月 29 日，中共中央政治局第 34 次集体学习时首次正式提出"把立德树人作为教育的根本任务"。党的十八大报告明确指出："把立德树人作为教育的根本任务，培养德智体美全面发展的社会主义建设者和接班人。"① 这指明了新形势下进一步做好德育工作的根本方向，也为人才培养提供了根本遵循。习近平总书记在许多场合的讲话中多次强调，要全面深化教育领域综合改革，学校应自觉增强立德树人、教书育人的荣誉感和责任感，始终把德育放在学校教育的首位。2016 年 12 月，在全国高校思想政治工作会议上，习近平总书记更是提出了"要坚持把立德树人作为中心环节"的重要论断。纵观我国教育事业发展的长期历史过程可以发现，我党始终高度重视德育在学校教育中的重要作用，把思想政治工作作为学校全部工作的中心环节，德育首位在我国革命、建设、改革发展的各个历史时期都发挥了不可替代的重要作用。

二、加强大学生社会主义核心价值观教育的价值意蕴

新时代，立德树人的本质特征就是强化社会主义核心价值观教育。"社会主义核心价值观既凝结着全体人民共同的价值追求，又蕴含着社会主义现代化的价值目标，是当代中国精神的集中体现，是凝聚民心、汇聚民力的强大力量。"② 高校坚持立德树人这一中心环节，紧要的是应当进一步加强和改进大学生的社会主义核心价值观教育。青年是时代的最灵敏的晴雨表，他们眼界开阔、思维活跃、富于创新，具有极大的教育引导需求和价值塑造潜力。加强大学生的社会主义核心价值观教育，是高校立德树人面临的新任务、新使命，无论对促进当代大学生全面健康成长，还是对促进国家长治久安、社会文明进步都具有重要价值。

---

① 中共中央文献研究室. 十八大以来重要文献选编：上［M］. 北京：中央文献出版社，2014：27，25.
② 黄坤明. 推进社会主义文化强国建设（学习贯彻党的十九届五中全会精神）［N］. 人民日报，2020-11-23（6）.

（一）加强大学生社会主义核心价值观教育切合强化马克思主义理论教育的战略需要

对马克思主义有信心、有定力，方能行稳致远。社会主义核心价值观彰显了社会主义意识形态的本质要求，是从价值层面对中国特色社会主义道路自信、理论自信、制度自信与文化自信的集中表达。当前，我国正处于大发展、大变革、大调整时期，人们思想活动的独立性、选择性、多变性、差异性日益增强，社会思想文化越来越多样多变多元且频繁交流交融交锋，各种价值观念和社会思潮纷繁变幻且相互激荡。一方面，西方敌对势力对我进行"西化""分化""和平演变"的政治图谋没有改变，反而打着学术探讨、访问交流、项目资助等幌子更加隐蔽地对我国高校意识形态领域进行渗透。近年来，"西方发达国家正在利用'生态''反恐''时尚'等日常生活性的新型话语工具，塑造新的'全球共识'"，"以世界人民关注的全球性问题制造话语工具，抢夺话语权，借机植入资本主义意识形态"①。另一方面，我国改革发展过程中遇到的许多突出矛盾和尖锐问题，也通过互联网、手机移动终端等新兴媒介对当代大学生产生越来越大的影响，他们的世界观、人生观、价值观、道德观不可避免地会受到一定程度的干扰和冲击。为此，围绕立德树人根本任务，加强大学生的社会主义核心价值观教育，坚持用马克思主义的立场、观点、方法批判资本主义核心价值观的阶级本质与历史局限，揭露其所宣扬的所谓"普世价值"的虚伪性和欺骗性，教育引导当代大学生的价值自觉和道德自律，对于坚持和巩固马克思主义在意识形态领域的指导地位、巩固全党全国各族人民团结奋斗的共同思想基础，坚决抵制错误社会思潮对当代大学生的侵蚀具有重大而深远的意义。

（二）加强大学生社会主义核心价值观教育契合为现代化建设提供价值支撑的迫切需要

社会主义核心价值观是历史传承与时代发展的内在统一。作为一个国家、民族文化自觉的必然结果，核心价值观彰显了一个社会进行道德评判的价值准则，具有强大的价值引领功能，能够极大地弘扬社会正气、凝聚社会共识、培

---

① 李艳艳. 警惕西方意识形态渗透的新型话语工具 [J]. 红旗文稿，2014，（13）：32-33.

育文明风尚，为建设社会主义文化强国、提升国家文化软实力提供价值支撑。当前，我国已进入全面建成小康社会的关键时期和全面深化改革的攻坚阶段，前进中不可避免地会遇到很多曲折和困难，亟须凝聚强大正能量来感召社会动员，推动和引领社会全面进步。在大学生中加强社会主义核心价值观教育，实际上也正是围绕着推进中国特色社会主义伟大事业，实现中华民族伟大复兴的中国梦这一主题开展的。这对于引导当代大学生坚定理想信念，扎实学习科学文化知识，锻炼提高自身的创新创业能力，积极投身火热的改革发展大潮具有重要意义，能够集聚全面建成小康社会、实现中华民族伟大复兴中国梦的强大正能量。

（三）加强大学生社会主义核心价值观教育贴合促进当代大学生全面发展的现实需要

"培养什么人，怎样培养人，为谁培养人"，是教育的根本问题和永恒主题。但由于历史发展阶段的不同、教育性质的不同和实践需求的不同，一个社会所需要所培养的人才性质和类型也迥然相异。党的十八大报告立足我国社会发展实际，将立德树人作为教育的根本任务，昭示我们在新时期新形势下，我国教育所培养的人是德智体美全面发展的社会主义现代化事业的建设者和接班人。青年兴则国兴，青年强则国强。围绕立德树人这一中心环节，加强大学生社会主义核心价值观教育，有助于提高当代大学生的价值判断和价值选择能力，提高自身的道德自律、道德自觉与精神境界；有助于教育引导大学生正确认识世界和中国发展大势、正确认识中国特色和国际比较、正确认识时代责任和历史使命、正确认识远大抱负和脚踏实地，帮助大学生成长为德才兼备、全面发展的人才；有助于教育引导当代大学生将个人的成长发展与国家民族的前途命运紧密相连，既要学习提高科学文化知识和现代化建设本领，更应注重提高自己的身心素质、道德修养与精神涵养，树立正确的世界观、人生观、价值观和道德观，在坚定理想信念、升华道德境界、优化精神生活、投身火热实践中不断完善自我，促进自身的全面发展。

三、围绕立德树人优化大学生社会主义核心价值观教育的路径

加强大学生社会主义核心价值观教育是一项复杂的系统工程，高校必须坚持育人为本、德育为先的教育理念，围绕立德树人这一教育的根本任务，把社会主义核心价值观教育与课堂教学、管理服务、社会实践、校园文化建设等结合起来，渗透到教书育人、管理育人、服务育人、科研育人、实践育人、文化育人、组织育人和网络育人等各个领域，切实做到全员育人、全过程育人、全方位育人，形成大学生社会主义核心价值观教育的强大合力。

（一）课堂教学中坚持立德树人，深入宣传解读社会主义核心价值观

课堂教学是开展大学生德育工作的重要方式，也是提高大学生思想道德素质、促进大学生全面健康成长，强化社会主义核心价值观认同的主渠道和重要保证。高校要完成立德树人根本任务，在课堂教学中有效加强大学生社会主义核心价值观教育，需要着重做好以下三项工作。

第一，充实丰富教学内容，深入宣传解读核心价值观的思想内涵。高校思想政治理论课应充分发挥自身的主渠道、主阵地作用，围绕社会主义核心价值观教育这一主线，向大学生全面系统地解读社会主义核心价值观的思想渊源与本质内涵，宣传社会主义核心价值观的精神实质和意义价值，让青年学生在更好地认同社会主义核心价值观的基础上，明确自身进行价值判断和价值抉择的基本遵循。此外，高校哲学社会科学课程和其他专业课程也要守好一段渠、种好责任田，充分挖掘自身蕴含的价值观教育资源，将社会主义核心价值观教育有机融入课堂教学全过程。

第二，改进创新方式方法，提高核心价值观教育吸引力感染力。高校应紧密结合我国经济社会发展形势、教育改革发展动向和大学生学习生活实际，积极探索搭建既富有思想性、价值性、趣味性，又便于组织大学生广泛参与的教育平台，探索在各类新媒体中有机融入教育内容，提高教育的亲和力、渗透性和有效性，积极推进社会主义核心价值观教育入耳、入脑、入心，丰富当代大学生的精神价值生活。

第三，加强教师队伍建设，提高教师师德水平。教师是教育之本，师德是教师之本。"立德树人"无疑先要立"师德"，方能"树人德"，起到较好的道德垂范、价值引领作用。儒家经典《礼记》认为："师者也，教之以事而喻诸德也。"明确了教师在育人过程中不仅要向学生传授专业知识，更应注重培养学生的优良品德。韩愈在名篇《师说》中也认为，"师者，所以传道授业解惑

也"，将"传道"置于首位，强调教师最重要的是要培养学生的人格品质，在情感、态度、价值观上对学生进行激励和引导。围绕立德树人根本任务，加强大学生社会主义核心价值观教育，最根本的就是要建立一支思想作风过硬、专业素质扎实、道德修养高尚的教师队伍，加强教风、师风、师德建设，强化教师的育德意识和育人能力，以渊博的知识素养、高尚的人格魅力和良好的道德情操熏陶感染大学生。

（二）管理服务中坚持立德树人，注重弘扬彰显社会主义核心价值观

高校人才培养的实质是做人的工作，管理服务也是为"立德树人"这一教育的根本任务而服务。这就要求我们在加强大学生社会主义核心价值观教育时，既要坚持"物的尺度"，即符合高等教育改革发展的客观规律；又要坚持"人的尺度"，即符合大学生的成长规律和价值追求，围绕学生、关照学生、服务学生，促进当代大学生精神成长。在开展管理服务工作时应坚持解决思想问题与解决实际问题相结合，既教育引导大学生，又关心帮助大学生，建立健全管理服务大学生的长效机制，在尊重大学生的利益诉求与发展需求中，强化引导大学生的价值取向与价值追求。

一方面，以构建大学生群体教育平台为抓手，在分层分类管理服务中渗透核心价值观教育。构建大学生心理健康教育和咨询服务平台，有效防范、矫正心理困惑与心理问题，促进大学生身心健康发展；构建全方位大学生生活保障服务平台，在推进家庭经济困难大学生物质资助的同时注重开展"精神扶贫"，帮助他们树立自信、自强、自立、自尊、自爱的品格；构建精英大学生学习锻炼平台，教育引导党员大学生、学生干部骨干、有特长大学生等珍惜青春美好时光，立足当前社会发展实践不断锻炼提高自身的综合素质，等等。

另一方面，以规范大学生网络行为为重点，在实现管理服务工作网络延伸中强化核心价值观引导。网络的匿名性与交互性使网络行为监管成为一道亟待破解的难题。大学生网络普及率、使用率较高，其网络行为失范问题与现象也经常见诸报端，规范大学生网络行为成为高校管理服务工作的重要内容之一。为此，高校不仅应高度重视网络思想政治教育这块高地，创新网络思想政治工作；而且必须坚决抵制错误社会思潮的网络渗透，以抢占网络思想舆论阵地，重点开发建设一批蕴含着社会主义核心价值观的网络精品资源，在规范大学生

网络行为中引导大学生形成积极健康的道德规范和价值取向。

（三）校园文化建设中坚持立德树人，潜移默化社会主义核心价值观

优秀的校园文化能够对大学生的思想观念、道德准则、价值取向、精神生活与行为方式产生潜移默化的积极影响，这种熏陶感染作用往往能够春风化雨般润物无声，是其他教育教学和管理服务所无法取代的。"校园文化一般认为可以分为物质文化、制度文化和精神文化三类，其中精神文化是校园文化的核心与灵魂，物质文化是校园文化的基础和条件，制度文化是精神文化和物质文化的中介。"① 校园文化建设是培育和弘扬社会主义核心价值观的重要载体，社会主义核心价值观又是贯穿校园文化建设全过程的一根红线，两者相互作用、彼此相连、相得益彰。为此，高校应围绕立德树人这一中心环节，把大学生社会主义核心价值观教育渗透到体现社会主义特点、时代特征和学校特色的校园文化建设中。

一是要加强校风建设，不断优化校园精神文化环境，努力营造良好的校园育人氛围，以民主的作风、尽职的教风和优良的学风感染大学生，以严谨求真的治学态度、前沿开放的学术环境、健康高雅的道德情操、健康丰富的校园生活熏陶大学生，为大学生提高素质和健康成长提供良好的文化氛围。

二是要大力加强大学生文化素质教育，把社会主义核心价值观的基本内涵巧妙地渗透到丰富多彩、形式新颖的学术、科技、体育、艺术、志愿服务和文娱等校园活动中，探索德育与智育、体育、美育、劳动技术教育有机结合的新载体、新举措，不断满足大学生日益增长的精神文化需求，提升大学生的文化底蕴和道德修养，陶冶大学生的审美情趣和道德情操。

三是要加强高校校园网、广播、电视、展板、板报、学报、论坛等宣传文化阵地的建设与管理，大力弘扬主旋律，传播正能量，提振精气神，决不给任何错误思潮和有害言论提供传播渠道，坚决抵制各种消极文化和腐朽生活方式对当代大学生的侵蚀和影响。

（四）社会实践中坚持立德树人，积极培育践行社会主义核心价值观

实践是价值认识的来源，也是价值生成的基本途径。毛泽东在《人的正确

---

① 骆郁廷，郭莉."立德树人"的实现路径及有效机制［J］.思想教育研究，2013（7）：45-49.

思想是从哪里来的？》一文中指出："人的正确思想是从哪里来的？是从天上掉下来的吗？不是。是自己头脑里固有的吗？不是。人的正确思想，只能从社会实践中来，只能从社会的生产斗争、阶级斗争和科学实验这三项实践中来。"①社会主义核心价值观不是凭空产生的，而是根源于中国特色社会主义伟大实践并为其服务的。我们围绕立德树人根本任务开展大学生社会主义核心价值观教育，不能"关起门来搞教育"，而应教育引导当代大学生积极参加各种类型的社会实践活动，在价值生活实践中将社会主义核心价值观内化为自己的价值观念并自觉指导新的价值实践活动。

一方面，要高度重视大学生价值生活实践教育，大力组织开展富有价值内涵和价值意义的社会实践活动。高校应积极组织开展大学生艺术文化、科技体育、社会公益等实践活动，引导当代大学生在社会实践活动中自觉接受价值生活教育，努力提高自身的价值思维意识和价值判断能力。

另一方面，要将社会主义核心价值观教育有机融入大学生实习实践活动全过程和各环节。大学生专业实习、实验模拟、参观考察、勤工俭学等实习实践活动是专业课程学习的重要组成部分，为社会主义核心价值观教育开辟了新的"第二课堂"实践体系。为此，高校要注重将社会主义核心价值观教育从课堂宣讲拓展延伸到实习实践活动第一线，教育引导当代大学生在社会调研、支教扫盲、志愿服务、红色旅游等实习实践活动中体验社会主义核心价值观的真理性和科学性，在强化价值感性认知和理性认同的基础上做出正确的价值判断和价值选择，进而更好地认同和践行社会主义核心价值观。

作者：孙禄（孙禄：外交学院马克思主义学院讲师，本文的主要内容发表于《社会主义核心价值观研究》，2017 年第 5 期）

---

① 中共中央文献研究室.建国以来重要文献选编：第 16 册［M］.北京：中央文献出版社，1997：311.

浅议自觉践行社会主义核心价值观的方法论

习近平总书记在北京大学师生座谈会上的讲话中专门阐论了社会主义核心价值观的有关问题，并对广大青年发出了热情的号召和动员——"青年要自觉践行社会主义核心价值观"。所谓"自觉践行"也就是真知而敏行，亦即"知行合一"。然而，正如习近平总书记指出的那样——"核心价值观的养成绝非一日之功"，而必然要经历一番在日常视听言动之中"由易到难、由近及远"的涵养功夫①，也就是说要经历一个不断发展的辩证运动过程。古人云："取法其上，得乎其中，取法其中，得乎其下"，方法论的重要性不言而喻！因此，关于这种知与行辩证运动的内在动力与步骤途径的方法论探索，对于广大青年"自觉践行"社会主义核心价值观就显得十分必要和关键。

事实上，关于"知行合一"这个古老而常新的哲学问题，习近平总书记为我们提供了重要的深层方法论，即蕴含在他分析说明核心价值观问题的特定立场、观点、视角和内在理论中的法宝，而这些内在的方法宝藏尤其需要我们深入地探索、挖掘和学习。唯其如此，"勤学""修德""明辨""笃实"等方面的涵养功夫才能真正找到内在动力、真正具体下来、真正落到实处。那么，这种关于"知行合一"的深层方法论启示究竟是什么呢？接下来，笔者拟从"自主""务实"这两个方面予以简要揭示。

一、牢固树立主人翁意识

"自主"，即在实践中牢固树立主人翁意识，充分激发和调动主体的能动性。社会主义核心价值观作为一种社会意识、一种思想上层建筑有其深厚的实

---

① 习近平. 青年要自觉践行社会主义核心价值观［N］. 人民日报，2014-05-05.

践基础，是中国特色社会主义事业在现实运动中对社会存在和经济基础的独特反映和积极引领。24 字核心价值观的概括性的表述，"实际上回答了我们要建设什么样的国家、建设什么样的社会、培育什么样的公民的重大问题"①。换言之，社会主义核心价值观乃是对我们开展中国特色社会主义事业、追求民族伟大复兴的具体实践中所遭遇的一系列重大问题所做的解题探索，而且这种探索仍在继续向纵深挺进。习近平总书记动员广大青年自觉践行社会主义核心价值观的深层含义就在于号召大家关心国家大事、关心中华民族未来的命运、关心社会主义事业的前途、关心自己在"大时代"的叙事中开创有意义的人生。换言之，广大青年应该在实践中进一步明确自身于我们党和国家、民族这一现实的命运共同体中的鲜明的身份意识，提升政治觉悟，在党所领导的社会主义事业中积极发挥主人翁精神，"勇做走在时代前列的奋进者、开拓者、奉献者，以执着的信念、优良的品德、丰富的知识、过硬的本领，同全国各族人民一道，担负起历史重任"②，而不是偏安于所谓"小时代"的世界里自我放逐。

"主人翁意识"意味着独立自主、责任感、创造精神、高尚情操等积极的人格意向，是我们在实践中直面问题、矛盾，并积极克服、寻求解放、争取自由时所凸显出来的宝贵的尊严感和生命力。一旦广大青年开始认真投入地关心我们时代的大问题并理性面对现实世界中纷繁的矛盾且毫不退缩时，他便能够体会到"天下兴亡，匹夫有责"的使命感，一个充满着各种挑战和任务的广阔前途将呈现在视野之内，"天将降大任于斯人也"。在社会主义中国，我们的"主人翁意识"恰恰与蔑视人民大众的、"把群众规定为只是精神的'对立物'，只是精神的空虚，只是精神空虚的更详细的定义，也就是'懒惰''肤浅''自满'，而把自己看作是真理世界的发明者和拥有者"③的各种英雄主义和精英主义格格不入。相反，我们的"主人翁意识"是从鲜明的"群众路线"中、从现实的、朴实的、真实的、紧接地气的群众实践中激发起来的。人民群众才是历史的真正创造者，"历史活动是群众的活动"，决定历史发展的正是

---

① 习近平. 青年要自觉践行社会主义核心价值观［N］. 人民日报，2014-05-05.
② 习近平. 青年要自觉践行社会主义核心价值观［N］. 人民日报，2014-05-05.
③ 马克思恩格斯文集：第 9 卷［M］. 北京：人民出版社，2009：165.

"行动着的群众"①。由于"主人翁意识"一旦确立起来就要理性地面对而不是回避矛盾、积极地投入而不是怯懦地逃避严肃的原则性斗争，因此，在这个意义上"主人翁意识"也就意味着"战斗意识"，主人翁就是战士，就是要适时地、有理有利有节地对各种假丑恶的现象宣战，对腐蚀我们自身精神健康以及向上、向善意志的不良思想原则亮剑，从而勇敢地捍卫我们的道义原则和实际利益！当然，这种宣战和亮剑不仅针对他者和外部对象，而是首要地针对我们自己，"打铁还需自身硬"，严于律己、三省吾身、以身作则便是题中应有之义，"人生的扣子从一开始就要扣好"②。总之，具体的实践将揭示出作为出发点的、尚为形式化的、不免抽象的"主人翁意识"与作为现实实践和斗争所需求的、富于内容的、具体的"主人翁品质"之间辩证的对立统一的矛盾关系，而正是这种内在矛盾所激发出来的美好"志愿"可以构成追求真知敏行的强大内驱力。在这一强大内驱力的支撑下，有志青年将在脚踏实地的实践以及严肃的斗争中真切地认识到自身的不足从而进一步明确努力学习的方向和完善自己的目标。事实上，人民群众完全不回避崇高的精神追求，广大青年同样可以用青春开创激情燃烧的岁月，正如习近平总书记坚定认为的那样："当代大学生是可爱、可信、可贵、可为的"，"时代的责任赋予青年，时代的光荣属于青年"③。总之，青涩的"主人翁意识"将在实践中被美好"志愿"推动而逐渐锻炼出深沉的"主人品质"，走向成熟、走向自觉。

一句话，习近平总书记号召广大青年首先要坚定马克思主义的"群众史观"，长志气、当家做主人！这是自觉践行社会主义核心价值观、"知行合一"的根本性前提。

二、坚持一切从实际出发、实事求是

务实，即在实践中一切从实际出发、实事求是。那么所谓的"实际"究竟是什么呢？"实际"也就是真问题！真问题就是客观存在的、能够为主观反映却并非主观臆造的问题。"什么叫问题？问题就是事物的矛盾。哪里有没有解

---

① 马克思恩格斯文集：第 1 卷 [M]. 北京：人民出版社，2009：287.
② 习近平. 青年要自觉践行社会主义核心价值观 [N]. 人民日报，2014-05-05.
③ 习近平. 青年要自觉践行社会主义核心价值观 [N]. 人民日报，2014-05-05.

决的矛盾，哪里就有问题。既有问题，你总得赞成一方面，反对另一方面，你就得把问题提出来。提出问题，首先就要对于问题即矛盾的两个基本方面加以大略的调查和研究，才能懂得矛盾的性质是什么，这就是发现问题的过程。"①简言之，"实际"就是主观意识必须如实反映的、各种客观的、普遍联系和发展着的矛盾关系！认清事物的根本矛盾及其特殊性就能够把握住真问题，就能够抓得住问题的本质，就能够真正地做到一切从实际出发、实事求是，就能够对事物知其然且知其所以然从而使主体自觉地有所为有所不为！在这个意义上，如果不从实际出发，那么，社会主义核心价值观只不过是没有具体内容的抽象语词形式，对它的"自觉践行"也就根本只是一句空话而已。为此，我们在方法论上要自觉地反对从先验的本本和教条主义出发；反对从观念到观念的抽象演绎；真正睁开眼睛看这个现实世界，既包括外在世界也包括我们心灵的内在世界；真正地让客观内容在自己的主观世界里得到如实的反映。现实世界总是有限的、矛盾总是有各种各样的具体规定性的，唯有从这种现实的规定性出发我们才能真正揭示所面对的问题和矛盾的独特性，才能把握特定矛盾运动的根源和趋势，从而更好地解决我们所要处理的矛盾，并在这一具体实践过程中操练我们的智慧和美德、增长我们的见识和本领，推动我们的事业不断从成功走向更大的成功。

毋庸置疑，社会主义核心价值观的提出构成了我国意识形态领域中一件极富战略意义的、关乎我们国家未来走向的重大事件。诚然，社会主义核心价值观作为一种理论表述乃是在意识和观念中经过思维的抽象活动而得以完成的。但是，那些价值概念本身的实质内涵必须通过对感性实际、对现实中客观存在着的、动态的矛盾关系的把握才能得到具体的澄清和与时俱进的丰富，因为社会主义核心价值观绝非"基于某一个蛰居书斋的学者的关于正义和非正义的观念"②。只有从实际出发，亦即从意识形态领域深层的根本矛盾及其社会存在层面上的矛盾根源出发才能真正揭示作为一种思想认识的社会主义核心价值观的实践根源及其实践指向。已有学者深刻地指出，冷战结束以来，世界范围内资本主义与社会主义之间的矛盾斗争仍然是影响和决定人类未来命运的一条根

---

① 毛泽东选集：第 3 卷 [M]. 北京：人民出版社，1991：839.
② 马克思恩格斯文集：第 9 卷 [M]. 北京：人民出版社，2009：165.

本线索，与之相应的是，两者之间的意识形态斗争不是削弱了而是进一步强化了、进一步向多维纵深发展了，呈现出由原来较单一的政治鼓动转向全方位的文化价值渗透、由诉诸逻辑力量转向倚重感性力量等方面的新特征。换言之，斗争的实质根本没有改变，而斗争的形式却日益趋于弱政治化、隐蔽化、生活化、文化化，并且技术手段空前地趋于多样化、精细化、全方位、广覆盖。比如，当代意识形态斗争的聚焦点集中到文化商品的消费以及生活方式的构建上；此外，学术话语权的争夺和学术话语的构建也成为意识形态斗争的重要方式；网络等新传媒成为意识形态影响力的风向标，等等。晚近以来，美国著名学者约瑟夫·奈所提出的"软实力"研究这一学术旨趣绝非空穴来风，如果将其放在世界范围内资本主义与社会主义的道路之争的叙事语境中加以理解，一场巨人之间不见硝烟的暗战和精神意志上的较量所勾勒出来的宏大图景便会清晰起来。其实，我们中国的先贤孙武早就认识到"凡用兵之法，全国为上，破国次之……是故百战百胜，非善之善者也，不战而屈人之兵，善之善者也"①。所谓的"软实力"其发挥战斗力的实质就是攻心，一旦被他者的"软实力"俘虏、击垮了，自我意识特别是历史赋予的特定身份意识的迷失就难以避免，随之而来的各种无原则的自我否定就会纷至沓来而呈现出精神的病态，直至毁根忘本地丧失立场、丧失自信而不得不堕落为尾随他者的、放弃独立自主的、可怜可鄙可笑的附庸。正是从这个层面的实际出发，我们才不难理解"兴国之魂""凝神聚气"紧迫的必要性，才不难理解为什么习近平总书记要强调"实现我们的发展目标，实现中国梦，必须增强道路自信、理论自信、制度自信，'千磨万击还坚劲，任尔东南西北风'。而这'三个自信'需要我们对核心价值观的认定作支撑。"②"人类社会发展的历史表明，对一个民族、一个国家来说，最持久、最深层的力量是全社会共同认可的核心价值观。核心价值观，承载着一个民族、一个国家的精神追求，体现着一个社会评判是非曲直的价值标准。……如果一个民族、一个国家没有共同的核心价值观，莫衷一是，行无依归，那这个民族、这个国家就无法前进。这样的情形，在我国历史上，在当今世界上，都屡见不鲜。……确立反映全国各族人民共同认同的价值观'最大公

---

① 孙子兵法·孙膑兵法 [M]. 骈宇骞，等，译注. 北京：中华书局，2006：17.
② 习近平. 青年要自觉践行社会主义核心价值观 [N]. 人民日报，2014-05-05.

约数'，使全体人民同心同德、团结奋进，关乎国家前途命运，关乎人民幸福安康。"① 说到底，培养和践行社会主义核心价值观就是在现实的矛盾冲突中进一步明确和强化我们基于民族、历史、时代的独特性而在世界舞台上所获得的特定身份感和方向感。

一句话，不唯本本、不为教条，而只唯实际的务实作风才是深化认识进而自觉践行社会主义核心价值观的根本保障，而务实作风本质上是要有理性具体的思维深度来支撑的，亦即需要科学的理论来武装我们的头脑。

三、结语

综上所述，习近平总书记在讲话中所自觉运用的关于辩证唯物主义和历史唯物主义的基本原理是帮助和推动我们对社会主义核心价值观真有所知、实有所为的重要方法论武器。事实上，价值观的培养与世界观、方法论的自觉树立是息息相关、密不可分的。如果说"学哲学、用哲学，是党的一个好传统。要坚持用马克思主义哲学教育和武装全党，党的各级领导干部特别是高级干部要原原本本学习和研读经典著作，努力把马克思主义哲学作为自己的看家本领，掌握科学的世界观和方法论，更好认识规律，更加能动地推进工作。"② 那么，马克思主义的理论修养，又何尝不是我们广大青年自觉践行社会主义核心价值观、谋求"知行合一"的根本行动指南呢？

作者：唐瀚（唐瀚：外交学院马克思主义学院讲师，本文收录在《涉外院校培育和践行社会主义价值观研究》，华南理工大学出版社，2016 年 1 月）

---

① 习近平. 青年要自觉践行社会主义核心价值观 [N]. 人民日报，2014-05-05.
② 习近平总书记系列重要讲话读本 [M]. 北京：学习出版社，2014：175.

以习近平历史观统领《中国近现代史纲要》教学

学习习近平新时代中国特色社会主义思想，把习近平新时代中国特色社会主义思想融入思想政治理论教学，使党的十九大的基本精神、主要内容、战略部署与教材、课堂和学生思想实际整体对接、系统融入，是高校思想政治理论课的重大政治任务。在《中国近现代史纲要》（以下简称"纲要"课程）课堂教学中，完成整体对接和系统融入，首先应当以习近平总书记的历史观作为精神统领和方法论指引，将习近平总书记的历史观与相关论述同"纲要"课程教学的重点、难点、热点和具体问题的分析、讲解联系起来，将习近平总书记讲述中国故事的方式方法和语言风格同课堂教学方法改革、创新联系起来，让"纲要"课程既生动活泼，又富有学理性，让"纲要"课程真正"活起来"。

一、习近平历史观的内涵与问题指向

历史观是对历史的整体看法与总体观点，包含了与之相适应的历史思维、历史研究方法和历史研究立场等。习近平总书记的历史观是以马克思主义的观点、立场、方法为指导形成的关于世界和中国、现在和未来的大历史观。习近平历史观坚持辩证唯物主义和历史唯物主义，坚持人民立场，是科学的历史观。习近平历史观从根本上回答了"为什么要学历史？""学习什么历史？"以及"怎样学习历史？"的基本问题。这些回答对"纲要"课程教学具有重要的指导意义和示范价值。

2014 年 5 月 4 日，习近平总书记在北京大学同师生进行座谈时讲道："一个民族、一个国家，必须知道自己是谁，是从哪里来的，要到哪里去，想明白了、想对了，就要坚定不移朝着目标前进。"① 因此，我们学习历史的最终目的是关照现实与未来，习近平总书记将这样一个"从哪里来？到哪里去？"的深奥的哲学问题，转化为一个实实在在的历史、现实与未来的关系问题。英国著名历史学家艾瑞克·霍布斯鲍姆也始终强调这个问题。"过去是现在与未来的模范。一般来说，它代表了能解开遗传密码的钥匙，透过这把钥匙每一代人可重制其按遗传密码'复制'出后代并且规范彼此的关系。"②

2015 年 11 月 3 日，在会见第二届"读懂中国"国际会议外方代表时，习近平总书记强调："我们从哪里来？我们走向何方？中国到了今天，我无时无刻不提醒自己，要有这样一种历史感。"③ 这种历史感，从国家的宏观层面上讲，就是要了解和懂得自古以来中国人民创造的灿烂历史文化，学习和借鉴中国历史上治国理政的丰富经验④；对于个人来讲，"历史是前人的实践和智慧之书"⑤，学习历史可以增进个人的智慧。我们可以将其理解为"看成败、鉴得失、知兴替"⑥ 的智慧。为此，习近平总书记强调领导干部要把学习党史、国史作为"必修课"。习近平指出："要认真学习党史、国史，知史爱党，知史爱国。"⑦ 2021 年 6 月 1 日《求是》杂志发表习近平总书记的重要文章《学好"四史"，永葆初心、永担使命》，文章指出，要通过在全社会开展党史、新中国史、改革开放史、社会主义发展史教育，引导广大人民群众特别是青少年弄清楚中国共产党为什么"能"、马克思主义为什么"行"、中国特色社会主义为什么"好"等基本道理，坚定不移听党话、跟党走，自觉做中国特色社会主义的坚定信仰者、忠实实践者，在全面建设社会主义现代化国家伟大实践中建

---

① 习近平. 青年要自觉践行社会主义核心价值观 [N]. 人民日报，2014-05-05.
② 艾瑞克·霍布斯鲍姆. 论历史 [M]. 黄煜文，译. 北京：中信出版社，2015：42.
③ 阔步走在中华民族伟大复兴的历史征程上：记以习近平同志为总书记的党中央推进全方位外交的成功实践 [EB/OL]. 新华网，2016-01-04.
④ 习近平. 领导干部要读点历史 [EB/OL]. 中央党校（国家行政学院）网，2011-09-01.
⑤ 习近平. 领导干部要读点历史 [EB/OL]. 中央党校（国家行政学院）网，2011-09-01.
⑥ 习近平. 习近平在中央党校建校 80 周年庆祝大会上的讲话 [EB/OL]. 中新网，2013-03-03.
⑦ 习近平. 习近平在中央党校建校 80 周年庆祝大会上的讲话 [EB/OL]. 中新网，2013-03-03.

功立业。① 习近平总书记从历史学习的内容、对象、方法、目标、意义等构建起面向全党全军全国各族人民历史学习的大格局。

学习中国历史，就是要学习中华民族 5000 多年的文明史，中国人民近代以来 170 多年的斗争史，中国共产党 100 多年的奋斗史，中华人民共和国 70 多年的发展史和 40 多年的改革开放史。对于中国近现代史的学习，习近平总书记在中央党校 2011 年秋季学期开学典礼上指出："学习中国近现代史，就要了解近代中国所经历的屈辱历史，深刻汲取落后就要挨打、就要受欺负的教训，增强励精图治、奋发图强的历史使命感和责任感……"接着，习近平总书记指出："中国共产党的历史是中国近现代以来历史最为可歌可泣的篇章，学习中国近现代史要特别注意学习中国共产党的历史。历史在人民的探索和奋斗中造就了中国共产党，中国共产党领导人民又造就了新的历史辉煌。"② 习近平总书记在庆祝中国共产党成立 100 周年大会讲话中总结了中国共产党在百年历史中创造的四个伟大成就：新民主主义革命的伟大成就、社会主义革命和建设的伟大成就、改革开放和社会主义现代化建设的伟大成就，以及新时代中国特色社会主义的伟大成就。

首先，学习历史，既要学习中国的历史，也要学习世界历史。学习世界历史，汲取世界各国历史发展中的经验与教训，将中国的发展放到全世界的发展进程中去，要看到"依靠武力对外侵略扩张最终都是要失败的"③ 这一历史规律，从而坚定中国与世界各国人民共同走和平发展道路的决心与信心。因此，学习历史要把中国历史特别是中国近现代史同党史紧密结合起来，同世界历史结合起来。

首先，学习历史，要实事求是地学习、科学地学习，要站在人民的立场上学习。习近平总书记 2013 年在纪念毛泽东诞辰 120 周年座谈会上强调，"历史

---

① 《求是》杂志发表习近平总书记重要文章《学好"四史"，永葆初心、永担使命》[EB/OL]. 新华网，2021-05-31.

② 习近平. 领导干部要读点历史 [EB/OL]. 中央党校（国家行政学院）网，2011-09-01.

③ 习近平. 在纪念全民族抗战爆发七十七周年仪式上的讲话 [EB/OL]. 新华网，2014-07-07.

就是历史，历史不能任意选择"①。其次，学习历史，要下苦功夫学，学真学问。必须勤学苦学真学、严肃地学，自觉抵制近年来泛滥的历史虚无主义，揭露其学术外衣下掩盖的"挖地基""否认老祖宗"，从而达到全面否定民族、国家和党的历史图谋。最后，学习历史，要"以史为鉴"，既注重揭示历史发展的内在规律，又要看到各国历史发展的特殊性。通过对历史规律的把握，分析解决中国当下的问题和未来的发展趋势。最后，学习历史，要坚定人民的立场，既看到历史是由人民书写的，"中国历史是中国人民、中华民族坚持不懈的创业史和发展史"②，也要从最广大人民的根本利益出发来认识和分析历史问题，只有符合最广大人民根本利益的道路、制度、理论和文化，才符合历史发展趋势，才最先进、最有自信，才最值得我们去追求。正如习近平总书记所说："中国共产党始终代表最广大人民根本利益，与人民休戚与共、生死相依，没有任何自己特殊的利益，从来不代表任何利益集团、任何权势团体、任何特权阶层的利益。任何想把中国共产党同中国人民分割开来、对立起来的企图，都是绝不会得逞的! 9500 多万中国共产党人不答应! 14 亿多中国人民也不答应!"③

总之，习近平的历史观继承了马克思恩格斯唯物主义历史观，是唯物主义历史观在当代中国的新发展和新成果。恩格斯曾经在批评"青年派"理论家保尔·恩斯特时指出，"唯物主义"不是一个套语，可以当作标签贴到各种事物上，"我们的历史观首先是进行研究工作的指南"，"如果不把唯物主义方法当作研究历史的指南，而把它当作现成的公式，按照它来剪裁各种历史事实，那它就会转变为自己的对立物"④。

二、习近平历史观贯穿新时代中国特色社会主义思想

习近平新时代中国特色社会主义思想具有极其丰富的内涵和鲜明的时代特

---

① 习近平. 论中国共产党历史 [M]. 北京：中央文献出版社，2021：57.

② 习近平. 领导干部要读点历史 [EB/OL]. 中央党校（国家行政学院）网，2011-09-01.

③ 习近平. 在庆祝中国共产党成立 100 周年大会上的讲话 [M]. 北京：人民出版社，2021：11-12.

④ 马克思恩格斯文集：第 10 卷 [M]. 北京：人民出版社，2009：587，583.

征，学习习近平新时代中国特色社会主义思想，不仅要从内容上全面把握、深刻理解，也要从其中蕴含的历史观和历史思维上提升认识、加强学习。这既是学习习近平新时代中国特色社会主义思想的应有之义，也是将其有机系统地融入"纲要"课程教学的核心要义。

从宏观上看，习近平总书记的历史思维、大历史观贯穿党的十九大报告始终，只有以习近平大历史观为视角，才能准确把握习近平新时代中国特色社会主义思想的伟大意义。中国特色社会主义进入了新时代，就是"我国发展新的历史方位"。这个新的"历史方位"，本身就是历史的视角、历史的维度，具体指将习近平新时代中国特色社会主义思想置于中华人民共和国的发展史、中华民族发展史、世界社会主义发展史、人类社会发展史中去考察、去理解。

习近平新时代中国特色社会主义思想在政治、经济、文化、社会、国防、外交等方面提出了许多新观点、新论断、新主张，这些新内容是新时代特征在意识形态领域的科学反映。所谓"科学"就是运用先进的方法，从事物发展的连续性和客观性上，实事求是地寻找解决问题的答案。这个先进的方法就是历史唯物主义的方法，就是看到新时代中国特色社会主义思想产生、发展的内在历史逻辑性。而所谓的历史逻辑，就是看到新时代中国特色社会主义思想是建立在深刻的社会变革基础上，以坚持和发展社会主义基本制度为根本前提，以改革开放为强大动力接续奋斗而来的马克思主义中国化的最新成果。这也是习近平总书记运用马克思恩格斯唯物主义历史观，解决当代中国问题的鲜活例证。

习近平新时代中国特色社会主义思想的总任务之一是实现中华民族伟大复兴，这也是党的初心与伟大使命。中国共产党是一个以实现共产主义为最高理想和最高目标的马克思主义政党。中国共产党的历史就是中国共产党在马克思列宁主义指导下，对社会主义革命和社会主义建设道路不断进行探索，实现救亡图存、求富求强，实现中华民族伟大复兴中国梦的历史。这个探索的最新成就就是习近平新时代中国特色社会主义思想。中国共产党的领导、中国特色社会主义与中华民族伟大复兴是三位一体的有机整体，习近平新时代中国特色社会主义思想是这个有机整体的精神内核。因此，对习近平新时代中国特色社会主义思想的认识、学习必须将其放到中华民族的历史中，特别是中华民族百年以来的近现代史中。

　　党的十八大以来，习近平总书记始终强调要明确宣示"举什么旗、走什么路"这一根本性问题。坚持和发展中国特色社会主义是十八大以来的主题主线，"坚持和发展什么样的中国特色社会主义，怎样坚持和发展中国特色社会主义"是习近平新时代中国特色社会主义思想系统回答的问题。习近平新时代中国特色社会主义思想，根源于马克思列宁主义，是对毛泽东思想、邓小平理论、"三个代表"重要思想、科学发展观的继承和发展。这也要求我们从世界社会主义发展史的角度全面认识中国特色社会主义与马克思列宁主义内在的理论逻辑和现实逻辑，看到马克思主义理论在19世纪末20世纪初遭受的理论与现实的挑战与冲击而给整个国际共产主义运动带来的分裂，看到20世纪80年代末90年代初东欧剧变、苏联解体使世界社会主义运动转入低潮，看到中国在不断推进马克思主义中国化和不断深化改革开放过程中取得的举世瞩目的成就，使"科学社会主义在二十一世纪的中国焕发出强大生机活力，在世界上高高举起了中国特色社会主义伟大旗帜"①。在中国共产党领导人民的顽强奋斗中，马克思主义信仰的光芒熠熠闪烁，中国特色社会主义的伟大事业青春盎然，中国没有辜负社会主义!②

　　全面认识习近平新时代中国特色社会主义思想，还必须具备世界历史的视野。这里的"世界历史"不是各个国家历史的简单总和，而是"涵盖包括世界历史各个组成部分在内的一个全新的整体"③，其本身就代表了一种全新的历史观，或者可以说是唯物主义历史观在全球化时代历史研究领域的应用。以世界历史的视野来看新时代中国的发展问题，就是要看到中国的发展与世界发展的关系问题。从世界历史的角度看，西方资本主义国家崛起的历史，是伴随着殖民与战争的历史，中国被动地卷入世界历史进程，无论是洋务运动、百日维新、立宪运动，还是"走俄国人的路"，都表明中国人民在努力地从西方发达国家和社会主义国家的经验中寻找实现中华民族伟大复兴梦想的道路，最后发现照搬别国的道路是行不通的。中国特色社会主义和平发展道路探索的成功，打破了"大国崛起必有战争"的历史逻辑，而且为其他落后的发展中国家

---

①　习近平谈治国理政：第3卷［M］. 北京：外文出版社，2020：8.

②　宣言. 中国没有辜负社会主义［N］. 人民日报，2021-06-08（1）.

③　斯塔夫里阿诺斯. 全球史纲［M］. 张善鹏，译. 北京：北京大学出版社，2017：6.

提出了走向现代化的另一条路径。党的十九大报告指出，中国特色社会主义进入新时代，"意味着中国特色社会主义道路、理论、制度、文化不断发展，拓展了发展中国家走向现代化的途径，给世界上那些既希望加快发展又希望保持自身独立性的国家和民族提供了全新选择，为解决人类问题贡献了中国智慧和中国方案"①。此外中国在全球减贫、气候变化、生态治理、疫情防控等一系列公共问题上都起到示范与引领的作用。"一带一路"倡议、人类命运共同体构建、全球治理体系改革等新理念新战略的提出为全球经济社会发展注入新的活力与动力。因此，习近平新时代中国特色社会主义思想不仅面向中国、面向社会主义，而且面向人类社会未来发展。

总之，只有站在习近平的大历史观上，才能深刻领悟习近平新时代中国特色社会主义思想的强大思想魅力、实践意义与时代意蕴，才能更深刻了解习近平新时代中国特色社会主义新观点、新思想、新提法中蕴含的历史深意。这就为十九大精神和习近平新时代中国特色社会主义思想进入"纲要"课程教学提供了理论依据、切实抓手和宏观思路。

三、通过"三学习"，努力实现四个"进一步"

北京市教工委在给"纲要"课程教学建议中，其核心要义是正确把握中国特色社会主义开创、形成、发展的历史特点，牢固树立对中国特色社会主义的道路自信、理论自信、制度自信和文化自信，树立正确的历史观、民族观、国家观、文化观。实现四个"进一步"目标，是十九大精神进思政课堂的总体要求，也是深化"纲要"课程改革的努力方向。牢牢抓住习近平大历史观，将其融会贯通于"纲要"课程教学总体思路和具体内容中，是我们实现四个"进一步"目标最有力、最好用、最管用的方法。

党的十九大精神融入"纲要"课程教学，不是个别论述与结论的简单引入，不是在任何问题任何章节中的生搬硬套，而是习近平历史观、历史思维、历史方法的有机融入，以历史魅力本身，以学生喜闻乐见的形式，通过"三学习"实现四个"进一步"目标，真正做到思想政治教育"进头脑"。这里的

---

① 习近平谈治国理政：第3卷［M］. 北京：外文出版社，2020：8-9.

"三学习"指:

（一）学习习近平讲故事的方法

课堂是教师借助语言、借助多媒体与学生进行交流互动完成既定教学目标的场所。如何借助语言工具，借助外在载体，使得学生更愿意、更容易接受教师传达的信息，这是每一位思政教师应当思考并致力解决的问题。近些年来，技术创新和个性化的语言创新在提升教学效果方面取得了一定的成效，但是有没有更具有普遍意义，可以不受技术设备、个人性格影响，让每一位思政课教师都可以去学习、去使用的方法呢？答案是肯定的，这个方法就是"讲故事"的方法。

中国共产党向来擅长"讲故事"。在革命时期，中国共产党通过各种各样的途径和方法对外讲好中国的革命故事。1936年初，延安迎来第一位外国记者埃德加·斯诺，一本《西行漫记》红遍世界；之后延安迎来了一批批外国记者、国际友人、国内著名民主人士、华侨。以毛泽东等为代表的中共领袖，高瞻远瞩，认真谋划，精心组织，率先垂范，在与所有来延安客人的交流交往中，向世界讲好了中国革命故事，传播了中国共产党的声音，赢得了来到延安各方代表与人士的肯定与同情。党的对外宣传工作取得重要成效，为中国革命事业的成功打下了重要基础。①

进入新时代，习近平总书记强调要推进国际传播能力建设，讲好中国故事、传播好中国声音，向世界展现真实、立体、全面的中国，不断提高国家文化软实力和中华文化的影响力。出国访问时，习近平总书记讲中国与到访国之间友谊的故事；到高校调研，讲求知上进的故事，讲自己的经历激励大家；离别时，讲有情怀的故事；到基层，讲古人的故事；到地方，讲通俗易懂、能说明问题的故事；论证观点，两个小故事，一正一反，对比着讲。"会讲故事、讲好故事"一方面体现了个人的博学睿智以及对对方的尊重，另一方面也体现了这样一个基本的原理——人们对历史怀有普遍的尊重与敬畏。虽然各国、各地的历史不尽相同，但其中总有一些普遍的规律、共通的道理和共同的情感，

---

① 王纪刚. 这里是延安：中国共产党对外如何讲好革命故事？［M］. 北京：人民出版社，2019：3.

足以引起人们的共鸣与共情。正是基于这一点，讲好中国故事在对外交往中往往能达到事半功倍的宣传效果。那么，我们是不是也可以将党的对外工作中的相关经验和好的做法引入到思想政治理论课教学中呢？这方面，习近平总书记为我们提供了最好的学习榜样。这些讲故事的方法正是我们讲好"思政故事"的方法。一方面，思政课教师要讲初心，要牢记课堂教学就是要使学生有获得感，要能够引导学生，学生要愿意听、听进去；另一方面，围绕课程大纲，在内容讲授形式上要学会"讲故事"，来代替纯粹的理论讲解和事实讲授，以拉近教师与学生的距离、拉近历史与自身体验的距离、拉近课本与现实的距离、拉近理性与情感的距离。根据专题教学需要，引入"中华民族的故事、中国共产党的故事、中华人民共和国的故事、中国特色社会主义的故事、改革开放的故事，特别是要讲好新时代的故事"①，使"纲要"课堂教学鲜活起来，既富有历史的智慧与启迪，又有历史的温度与情怀。

2021 年 6 月 1 日，习近平总书记在中共中央政治局第三十次集体学习时强调，加强和改进国际传播工作，展示真实立体全面的中国，提出要加快构建中国话语和中国叙事体系，用中国理论阐释中国实践，用中国实践升华中国理论，打造融通中外的新概念、新范畴、新表述，更加充分、更加鲜明地展现中国故事及其背后的思想力量和精神力量。② 这是在讲好中国故事的基础上，为国际传播工作提出的更高要求。思政课教师在课堂中讲好故事，积累经验和方法，有助于中国叙事体系的构建。

（二）学习习近平评价历史人物的方法

在评价历史事件、历史人物时，习近平总书记始终坚持辩证历史唯物主义，他精辟地指出："对历史人物的评价，应该放在其所处时代和社会的历史条件下去分析，不能离开对历史条件、历史过程的全面认识和对历史规律的科学把握，不能忽略历史必然性和历史偶然性的关系。不能把历史顺境中的成功简单地归功于个人，也不能把历史逆境中的挫折简单地归咎于个人。不能用今天的时代条件、发展水平、认识水平去衡量和要求前人，不能苛求前人干出只有

---

① 习近平. 论中国共产党历史［M］. 北京：中央文献出版社，2021：31.
② 习近平. 加强和改进国际传播工作 展示真实立体全面的中国［EB/OL］. 光明网，2021-06-02.

后人才能干出的业绩来。"① 这是评价历史人物的第一步，即坚持客观的历史的标准。

全面评价历史人物的第二步，既要看到个人受制于客观的历史条件，也要看到个人对历史发展进程产生的影响，亦即"时代造就伟大人物，伟大人物又影响时代"②。另外，评价历史人物也要从人物本身，即从人物性格、品质等方面进行分析评价。正如习近平总书记在纪念孙中山先生诞辰 150 周年大会上的讲话中指出的"伟大的人物之所以伟大，不仅因为这样的人物为人民、为民族、为人类建立了丰功伟绩，而且因为这样的人物在艰苦磨砺中铸就了坚强意志和高尚人格"③。

最后，评价历史人物应当坚持人民的立场。习近平的历史观归根结底是人民的历史观，是将人民置于历史的创造者的位置上，将人民看作党的"根基""血脉""力量"。习近平总书记指出，抗日战争的胜利是"全国各民族、各阶级、各党派、各社会团体、各界爱国人士、港澳台同胞和海外侨胞团结一心"④ 的胜利，他热情赞扬"孙中山先生天下为公、心系民众的博大情怀"，指出"违背人民意愿，脱离人民支持，任何事业都会成为无源之水、无本之木，都是不能成功的"⑤。

总之，评价历史人物的根本问题不在于是否承认个人的作用，而在于如何看待个人的作用同历史必然性和人民群众作用的关系，也就是列宁所说的："在什么条件下可以保证这种活动得到成功？有什么保证能使这种活动不致成为孤立的行动而沉没在相反行动的汪洋大海里。"⑥

① 习近平. 论中国共产党历史 ［M］. 北京：中央文献出版社，2021：56-57.

② 习近平. 在纪念孙中山先生诞辰 150 周年大会上的讲话 ［EB/OL］. 新华网，2016-11-11.

③ 习近平. 在纪念孙中山先生诞辰 150 周年大会上的讲话 ［EB/OL］. 新华网，2016-11-11.

④ 习近平. 在纪念全民族抗战爆发七十七周年仪式上的讲话 ［EB/OL］. 新华网，2014-7-7.

⑤ 习近平. 在纪念孙中山先生诞辰 150 周年大会上的讲话 ［EB/OL］. 新华网，2016-11-11.

⑥ 列宁专题文集·论辩证唯物主义和历史唯物主义 ［M］. 北京：人民出版社，2009：179-180.

（三）学习习近平对重大历史问题的主张与看法

"纲要"课程涉及许多重大的有"争议"的历史问题和重大的政治是非问题。这些问题既是教学的难点，也是教学的重点，在不断深化课本内容教学的同时，习近平等党和国家领导人的最新论述和结论以及党的文献的相关论述和结论是我们教学的重要参考。正确地使用这些论述和参考，在实际教学中往往会起到事半功倍的效果。

例如在改革开放前后两个历史时期的关系问题上，既要看到两个历史时期在本质上的同一性，也要看到两个时期的重大区别，这"不只是一个历史问题，更主要的是一个政治问题"①。其中糅合着对"第九章　社会主义建设在探索中曲折前进"的讲解、对毛泽东和邓小平的评价以及对习近平新时代中国特色社会主义与社会主义建设时期、改革开放之间的关系等。在这个问题上，可以尝试采用习近平总书记关于正确认识改革开放前后两个历史阶段的相关论述与分析思路。

首先，"一切向前走，都不能忘记走过的路"，讲清两个时期的历史连续性，看到两个历史时期本质上是相同的，都是中国共产党领导人民进行社会主义建设的实践探索；其次，人们总是在一定的条件下创造历史的，讲清两个阶段的差别，看到改革开放前历史时期的成就与我们在"什么是社会主义，如何建设社会主义"问题上认识的不足，这种不足是历史的局限性决定的，不能苛责前人。同时，两个历史时期的差异不是彼此割裂的，更不是根本对立的，彼此否定的关系；最后，"灭人之国，必先去其史"，讲清这个问题背后的政治严重性，看到一些人利用所谓的"学术争论"，试图在意识形态领域搞乱人们的思想，推翻中国共产党的领导和我国社会主义制度的阴谋企图。

"每一代人都必须撰写自己的历史，不是因为过去的历史不对，而是因为这个急速变革的世界提出了新的问题，需要新的回答。"② 在新时代，我们要继承和发扬习近平唯物主义历史观，不忘初心、牢记使命，将其落实到"纲要"课程教学中、落实到对历史和现实问题的具体分析中、落实到实现中华民

---

① 习近平. 论中国共产党历史［M］. 北京：中央文献出版社，2021：6.
② 斯塔夫里阿诺斯. 全球史纲［M］. 张善鹏，译. 北京：北京大学出版社，2017：12.

族伟大复兴的历史伟业中。

作者：孟艳（孟艳：外交学院马克思主义学院讲师，本文的主要内容发表于《吉林教育学院学报》，2019年第10期）

＊本文已修订，增加了习近平同志最新讲话内容。

简析"基础"课的理论教学转化问题

思想性、政治性、理论性是高校思想政治理论课的主要特征和基本要求。思想道德休养与法律基础课（以下简称"基础"课）是高校思想政治理论课的必修课程之一，在整个思想政治教育体系中具有开篇布局的意义。如何将规定性、理论性较强的教材体系有效转化为灵活性、实效性的教学体系，是"基础"课教学实践中面临的首要问题。

一、"基础"课理论教学转化的必要性

根据《中共中央宣传部、教育部关于进一步加强和改进高等学校思想政治理论课的意见》的精神，高校思想政治理论课四门新课程在课程设置上各有侧重，结构合理，功能互补，以"原理"课为基础，以"概论"课为重点，以"纲要"课为主线，以"基础"课为落脚点，构成了整体性与层次性相结合、理论与实践相结合、主观与客观相结合的课程体系。因此，"基础"课与高校思想政治理论课其他三门课的教学内容与教学目的相比具有突出的实践性和应用性。那么这是否就意味着"基础"课的理论性问题不重要或没那么重要呢？答案是否定的。"基础"课相对于其他三门思政课或者其他专业类课程，具有更加突出的实践性和应用性特色，对"基础"课的理论性反而提出了更高的要求，对教师在具体教学过程中的理论讲授也有着更高的标准，这不仅是由"基础"课本身的教学目标和要求决定的，同时也是由大一新生的学习特点和知识需求决定的。

（一）"基础"课理论具有特殊性

"基础"课是针对大学低年级学生所普遍关心的理想信念、人生价值、道

德品质、民主法治等方面所开设的课程，内容涉及世界观、人生观、价值观，思想、道德和法律，因此，相对于中学思政课其理论性更加抽象、完整、系统，相对于大学其他三门思政课而言，"基础"课理论性更加综合庞杂，难于把握、难于阐释。"基础"课首先是以马克思主义基本理论为立足点，在具体教学实践中培养学生用辩证唯物主义和历史唯物主义的观点来分析问题和解决问题。其次，"基础"课的理论性还包括与该课程相关学科的最新理论和实践成果，从这个角度来说，"基础"课的理论性是最具有时代特征的，理论基础也是最为厚实的。最后，"基础"课的理论性还不能忽略长期以来高校学生工作的基本经验所形成的较为成熟的理论成果，这是对学生成长成才规律的科学把握，对学生学习、工作、生活最具有普遍指导意义的经验总结。正是因为"基础"课的理论特殊性，使得理论教学转化问题一直成为一线教师具体教学实践过程中探究的热点、重点和难点。

（二）学生对"基础"课有较强的理论期待和现实需求

"基础"课是学生进入大学阶段接触的第一门思想政治理论课，因为中学阶段有"思想品德"和"思想政治"相关课程的学习，因此，从学生的角度出发，他们对这门课有较高的期望值，希望感受更有深度的"大学式"教学的魅力。如果说中学阶段例证式教学是使学生"知其然"的话，那么大学"基础"课教师则需要在理论深度上下功夫，满足学生"知其所以然"的发展需求。另外，一般来说，高校"基础"课针对的是大学一年级学生的课程，这一时期的学生正处于从幼稚走向成熟的转折点，思想感情和心理状态都在发生变化。一方面，进入大学后新的目标尚未确立，很多学生处于理想的间歇期；另一方面，面对互联网社会信息的碎片化，以及各种社会思潮，迫使青年学生们陷入价值选择的迷茫与困惑。90后大学生个性独立、思想开放，接受新生事物快，总体思想状况积极、乐观、向上，但同时，新一代大学生"不同程度地存在政治信仰迷茫、理想信念模糊、价值取向扭曲、诚信意识淡薄、社会责任感缺乏、艰苦奋斗精神淡化、团结协作观念较差、心理素质欠佳等问题"①。究

---

① 教育部社会科学司组. 普通高校思想政治理论课文献选编（1949—2006）［M］. 北京：中国人民大学出版社，2007：203.

竟路在何方？究竟孰是孰非？无论是主观层面的学生需求，还是客观呈现的学生特点，都要求"基础"课既要加强理论教育和思想引导，同时又要将理论和实际相结合，凸显问题意识，解决大学生学习生活中的困惑和困难。

二、"基础"课理论教学转化现存的问题

"基础"课的基本内容是进行社会主义道德教育和法制教育，帮助学生增强社会主义法治理念，提高思想道德素质，解决成长成才过程中遇到的实际问题。因此，"基础"课不仅具有丰富的知识性和理论性，同时还具有鲜明的思想性和意识形态色彩。然而，考察当前各高校"基础"课的实际教学，尽管很多老师都在有意识地进行理论教学转化，但由于自身对教材体系的理论性吃不透，对课程标准和基本要求把握不准确，因此，往往出现很多偏离或者不能实现教学目标的情形。

（一）教师缺乏理论自信，教学生硬无生气

当前，我们处于一个价值多元化、文化多样化的时代，各种社会思潮一方面给我国文化的发展带来了机遇，在比较和鉴别中为社会主义先进文化的发展提供了有益成分的可能性；另一方面，多元的文化思想，虽然增加了人们价值选择的自由度，但同时也增加了人们价值判断的难度，面对自由却失去了支配自由的能力，从而陷入价值困惑。在信息传播如此迅速的今天，青年学生是接触新文化、新思想、新观点最为广泛的群体。客观环境无形中给"基础"课的理论教学提出了更高的要求，不仅要求一线教师要有较为深厚的理论功底，强大的理论自信，也要有润物细无声的艺术化教学手段。然而在具体的教学实践中，我们发现有的任课教师依然习惯于宣传式、说教式教学，疏于理论拓展性研究。由于缺乏理论自信，有的任课教师在对各种社会思潮的分析时流于表面，缺乏深入分析，或者刻意回避，干脆不讲。他们仍在理论阐释中采取唯我独尊的姿态，简单地告诉大学生应该怎样做，不应该怎样做，导致师生之间的距离感拉大，课堂气氛沉闷、枯燥，学生学习兴趣减退甚至对理论学习产生逆反心理。

没有比较就没有鉴别，马克思主义从诞生之日起，就是在同各种非马克思主义社会思潮的比较和斗争中逐步发展和壮大起来的。"基础"课教师首先要

有的就是一种理论自信，而实践证明，教师越是对理论问题有深入的研究，在课堂里就越有底气，而这种气场给学生呈现的也是一种理论的魅力，进而能给学生确立一个从感性到理性提升的起点。其实绝大部分大学生都是有着向善的价值追求，对价值观本身并不反感，他们不愿认同和接受的是不恰当的宣传教育形式。理论阐释和价值观引导首先要关注大学生的自我发展和实际需要，大学生是社会思潮非常关键的承载群体，社会思潮能够反映出学生所普遍关注的问题是什么，因此，在具体教学过程中，对于社会思潮不仅不能刻意回避，还要深入分析思潮产生的前因后果及现实影响，尤其要分析跟大学生自身的关联度，这也是马克思主义理论教学的自信与包容的显现。另外，无论是理论的阐释还是价值观教育，一定是引导而不是灌输，因此，如何解读社会思潮，也需要有艺术化的手段，最好不要一上来就给学生一个非黑即白的价值判断，这样学生容易产生逆反心理，进而关闭了师生沟通的渠道。道德自省，是道德主体对道德的自我批判、自我反思、自我辨析、自我扬弃的过程，因此，在日常教学中要引导学生自己深入思考各种思想流派的理论渊源、发展流变及现实存在依据，在教学过程中，培养学生全面、客观、理性地分析问题，提高学生思辨能力。

（二）剥离知识性与意识形态性的内在联系

所谓"基础"课教学的理论性，指的就是在教学中将基础课的理论问题，尤其是核心的理论问题向学生做深入的讲解，以满足学生"知其所以然"的理论知识需求。通观"基础"课教材就会发现，其所涵盖的理论点非常多，既有马克思主义理论的最新成果，又有与之相关的学术前沿知识，因此，从根本上来说，"基础"课的理论是将知识性和意识形态性相统一的，教师要注意二者的融合。但是，在具体教学实践环节中，却往往会出现将知识性和意识形态性剥离的情况，具体体现在两个方面：一种情况是，只看到了意识形态性，将"基础"课等同于传达党的各项路线方针政策，课堂上，除此之外，别无他物；还有一种情况就是，干脆抛弃教材，将"基础"课演变成自己的研究专长报告会，把"基础"课当作一般的哲学、历史学、法学等知识性课程。有的老师甚至没有认真研究过教材，背离了基本的教学目标，引起学生质疑。在"基础"课的教学中，无论是教学目标的设置，还是教学手段的运用，始终都要坚持知识性和价值性的内在统一，二者不可偏废，教师的学科背景、研究专长、人生阅历可以是实现"基础"课理论转化的有效手段，但不能喧宾夺主。"高校德育由于视角不同确实存在不同的研究模式。有人强调学科德育，从纯粹理论的角度建设德育，突出了德育的学术色彩；有人主张生活德育，努力体现一种与生活本身一致的道德教育的特色；有人强调心理学德育，从价值中立和无批评原则对德育的借鉴出发，使德育诠释在心理学的模式之中；也有人从文化德育的角度，从古今中外历史与现实中的文化和道德的关系中诠释德育；政治德育则由于凸显德育的政治功能成为特定年代的标志。高校德育模式作为学术问题，各种研究实验和设计都应当鼓励，但是德育教学的意识形态性不能由于不同德育模式的存在被消解，不应当回避价值观问题，不能淡化各种意识形态的分歧。"①

（三）割裂了理论性和趣味性的联系，课堂"有形无神"

"基础"课既是知识性和意识形态性的统一，也是理论性和趣味性的统一。所谓趣味性，是指通过一种综合、立体、为学生喜闻乐见的、深入浅出的教学模式来丰富课堂教学形式，加深学生对理论的理解。一般来说，教师通过案例教学、情境教学、音视频投入、专题讨论、辩论等形式，可以增强学生学习的动力，激活课堂气氛，但倘若没有把握好趣味性投入的度的问题，就会事倍功半，甚至适得其反。在"基础"课的课堂中，还存在一种情形，那就是很多老师为了迎合学生兴趣，片面追求课堂气氛和互动效果，引用大量案例、音视频文件，而有意淡化、回避对重大理论问题的阐释。学生热闹过后，仍然停留在对现象的感性认识，其理性思考能力和解决问题意识并未得到提升和激发。这样"有形无神"的教学在当前"基础"课课堂占有很大比例，任课教师对一些理论问题不会阐释，不敢阐释或阐释不清。例如在讲爱国主义章节时，很多老师习惯于通过播放爱国主义教育宣传片，或者组织各式各样的课堂实践活动来加强课堂效果，这些形式本身都非常好，但其中有两个问题需要注意：其一，要控制好时间，不能播放音视频的时间多过老师主讲的时间，有的甚至干

① 祖嘉合."思想道德修养与法律基础"课教学三题［J］.思想理论教育导刊，2007（1）：47.

脆以学生组织活动替代老师讲解；其二，动之以情和晓之以理相结合。即使音视频的内容再贴切，学生组织的活动再精彩，最终也还是要回归到理论本身，通过教师本人对教材的转化功夫，提升学生的理性认识。例如在讲解法律相关问题的时候，案例教学法是非常重要的教学手段，但是任何一个具体案例都是为了教学内容服务的，有的老师喜欢在这一章节中引用大量案例，将培养法治精神、法治理念、法治思维的教学重点抛之脑后，完全演变成了"故事课"，学生在唏嘘之余，领会不到老师究竟意在何处。

三、"基础"课要以社会主义核心价值体系为理论教学主线

把握好"基础"课教学的理论性关键在于把握"基础"课教学内容的思想理论主线，2013 年 8 月中宣部、教育部出版的高校指定教材《思想道德修养与法律基础》明确指出，提高思想道德素质和法律素质，最根本的是要建设社会主义核心价值体系、培育和践行社会主义核心价值观，引导学生自觉学习实践社会主义核心价值观，是高校思想政治教育的重要内容，也是贯穿高校思想政治教育的主线之一。因此，从指导思想上确立了社会主义核心价值观在高校"基础"课中的重要地位。

社会主义核心价值观共 24 个字，涵盖了三个层面：即在国家层面倡导富强、民主、文明、和谐，是我国发展目标的规定；在社会层面倡导自由、平等、公正、法制，是价值导向的规定；在公民个人层面倡导爱国、敬业、诚信、友善，是道德准则的规定。三个层次的理念相互联系、相互贯通，是政治理想、社会导向、行为准则的统一，再通观"基础"课的篇章结构和内容安排，理想信念、爱国主义、人生价值、道德修养和法律规范等，恰好充分契合了社会主义核心价值观三个层面的全部内涵，实现了国家、集体、个人在价值目标上的统一。因此，从第一章到第七章，包括绪论和结语，始终都是以社会主义核心价值体系为主线贯穿起来的，把握好思想理论主线和核心理论，也就把握好了"基础"课理论教学转化中的重点和难点，而这也关系到是否能够有效实现"基础"课的教学目标问题。

具体到教学实践环节中，究竟该如何把握这条主线，每位教师依据自己的专特长，理解不一，处理方法也不一样。我认为，无论是前三章的理想信念、

爱国主义、人生观问题，还是后面章节所涉及的道德和法律问题，若要使社会主义核心价值体系这条主线索更加凸显和丰满，就不能脱离传统文化这个语境，因此，在教学内容的安排上，要依托中华优秀传统文化，以文育人。习近平总书记在 2014 年 2 月 24 日下午中共中央政治局的第十三次集体学习中强调，培育和弘扬社会主义核心价值观必须立足中华优秀传统文化。① 高校"基础"课中，对大学生进行社会主义核心价值观教育，必须依托中华优秀的传统文化，坚持以文化人，以文育人。一方面，在具体的讲授过程中，要让学生明白，社会主义核心价值观不是从天上掉下来的，而是在我们社会主义现代化建设和改革开放的实践中逐步形成的，无论是经验的总结，还是价值的提炼，都离不开中华民族优秀传统文化力量的指导。从社会主义核心价值观的三个层面来看，"富强、民主、文明、和谐"，借鉴了传统文化中"自强不息""以和为贵"等思想；"自由、平等、公正、法治"，能在儒家"天人合一""允执厥中""隆礼重法"思想中找到其现代意义；"爱国、敬业、诚信、友善"，更是在传统伦理思想的"孝道""礼仪""仁善""和谐"等道德条目中有所体现。中国传统文化源远流长、博大精深，其中的价值理念和道德规范，是中华民族独特的精神标识，也是社会主义核心价值观的思想渊源。因此，在社会主义核心价值观的教育中，要特别注意不能脱离中国精神的传承性与统一性去阐释民族精神和时代精神。

另一方面，依托优秀传统文化和思想道德精髓来进行大学生社会主义核心价值观教育，更符合大学生个体的价值需求，实现价值认同，提高教育的实效性。"价值观是人类在认识、改造自然和社会的过程中产生并发挥作用的。不同民族、不同国家由于其自然条件和发展历程不同，产生和形成的核心价值观也各有特点。一个民族、一个国家的核心价值观必须同这个民族、这个国家的历史文化相契合，同这个民族、这个国家的人民正在进行的奋斗相结合，同这个民族、这个国家的需要解决的时代问题相适应。世界上没有两片完全相同的树叶。一个民族、一个国家，必须知道自己是谁，是从哪里来的，要到哪里

---

① 习近平. 把培育和弘扬社会主义核心价值观作为凝魂聚气强基固本的基础工程［N］. 光明日报，2014-2-26（1）.

去，想明白了、想对了，就要坚定不移朝着目标前进。"① 埃米尔·涂尔干也曾说："每个民族的道德准则，都是受他们的生活条件决定的。倘若我们把另一种道德反复灌输给他们，不管这种道德高尚到什么地步，这个民族都会土崩瓦解，所有个人也会痛苦地感受到这种混乱的状况。"② 因此，在高校"基础"课的社会主义核心价值观教育中，以传统文化为载体，通过对中华民族传统文化的历史渊源、发展脉络和基本走向的讲述分析，增强大学生的文化自信和价值观自信，从而引导学生自觉追求富强、民主、文明、和谐的国家理想，弘扬自由、平等、公正、法治的社会价值，遵守爱国、敬业、诚信、友善的道德规范，成为社会主义核心价值观的践行者和传播者。

四、"基础"课理论教学转化基本原则

（一）坚持有取有舍，直指理论核心

在"基础"课理论教学转化过程中，我们首先要面临的两个问题就是，一方面课时量与知识信息量结构比例不均衡，很多学校都存在课时量不能够满足全部教学内容的矛盾；另一方面，"基础"课教材中基本都是具有抽象、普遍性的原则、观点，涉及具体教学案例少之又少，教师面临抽象原则具体化的矛盾。因此，在具体的教学过程中，如何进行理论教学转化呢？首要的原则就是敢于取舍。首先，"敢"，不是鲁莽，而是教师基于自身知识结构对规律的把握，对教材理论点的深层次理解和把握，是教师反复琢磨、理性思考的结果。其次，"敢"，不是随意，而是具有强烈的针对性，这个针对性就是以学生的现实问题和现实需求为根本。我们需要解决学生群体中存在的什么理论问题，需要回答学生群体存在的什么疑问，"基础"课教师就是一座桥梁，将教材体系的理论问题转化为学生的现实需求。最后，"敢"，不是"挑选"，而是"突破"，"基础"课教材是根本，但不是唯一，在具体教学环节中，教师要在取舍的基础上敢于突破，寻找更多的理论契合点，以丰富教学内容，贴近学生专

---

① 青年要自觉践行社会主义核心价值观　与祖国和人民同行努力创造精彩人生 [N]. 光明日报. 2014-05-05 (1).

② 埃米尔·涂尔干. 社会分工论 [M]. 渠东，译. 北京：生活·读书·新知三联书店，2000：195.

业特色和理论知识需求。

（二）坚持以"问题"带"理论"，理论服务问题

"基础"课最根本的是要解决人的问题，要坚持以人为本，以解决学生思想矛盾、问题、困惑为根本。研究教材的理论问题要防止陷入单纯以理论讲授为唯一任务的误区，而忽视了学生主体这一根本的问题所在。事实上，也正是由于这样的认识错误，导致了现实领域出现很多将"基础"课变成理论专场报告会的现象。虽然理论自身的阐释就是非常有魅力的，但是作为基础课教师，在进行理论转化环节中依然要注重以学生为主体，这不仅是教学法的问题，更是一个教学宗旨的问题。因此，在对每一个专题进行教学设计之前，都要进行课前学生调查分析，问题可以包括学生对相关问题的理论认识程度、心理认知认同度等。这项工作烦冗复杂，却是最有效的把握学生思想的手段。在对学生思想状况进行分析调查后，在具体教学环节中，时刻以"问题"为牵引，串联理论，真正实现以"问题"带理论，理论服务问题。

（三）坚持理论与实践相结合

《荀子·儒效》中说："不闻不若闻之，闻之不若见之，见之不若知之，知之不若行之，学至于行之而止矣。"一方面，实践是认识的源泉、基础和动力；另一方面认知的目的也就在于实践。当前我们的学生被称为"低头族"，看似被庞大的信息、知识包围，但这些信息呈现出碎片化的特点，非常不利于学生进行深层次理性思考，从而建构自己的知识体系。甚至在课堂提问中，学生竟然不是自己思考，而是在网上查找，以求最为快速得到答案。为什么一些学生对理论问题缺乏兴趣呢？为什么一些学生对现实问题又保持冷漠呢？很重要的原因就是快餐式的文化腐蚀了学生的思考能力，功利化的课堂教学弱化了学生对现实问题的敏锐洞察力和感受力。实践教学，不是指案例式教学、专题式研讨，抑或多媒体影视教学等课堂教学手段多样化的探索，而是积极引导学生走出课堂、走出校园、走向社会，在日常生活中点滴自觉践行社会主义核心价值观。尤其是"基础"课教学，面向大一新生开设，教学的目标就是提高学生的思想道德素质和法律素质，而素质的提高光靠课堂理论教学并不够。以往的经验显示，有些学生在课堂讨论、答题考试中表现都很好，但真正落实到行动上却是另一种答案，思想的"巨人"，行动的"侏儒"，这句话充分证明了

脱离实践的课堂教学既是呆板的、不生动的，更是一种失败。要想促进课堂教学中的认知更加顺利上升到价值认同层面，要想将政治原则、道德规范、法律条文这些外在的他律手段，内化为一种自律、一种精神追求，要想大学生主体能对自身的使命和责任有自觉的担当和深切的认同，使自我的意识、行为同社会的发展稳定、国家的繁荣富强甚至全人类的福祉保持协调，就必然不能囿于单纯的理论教学，而是要在实践中去体验、总结、升华，真正做到知行合一。

另外，高校思想政治教育课是帮助学生树立正确思想观念的重要课程，因此，思政课教师应比其他专业技术类课教师花费更多的时间和精力来关心学生、帮助学生。然而，纵观当前各高校的思政课教学，课时占据的比例不高，靠有限的课堂教学不能很好地实现教学目标。而最突出的问题是，很多思政课教师对自身所承担工作的重要性认识不够清晰，除去履行课堂教学任务之外，课余时间跟学生交流得不多，或者片面地认为，课堂教学之外学生思想工作不是分内之事，应归由团委、学生处、辅导员负责。正所谓"亲其师，信其道"，思想政治理论课教师应明确自身的定位和肩负的责任，积极走出课堂，深入学生中去，真正了解学生的心理特点、价值需求、思想动态，真正关心学生的日常生活和实际困难，成为值得学生信赖的人。"基础"课教学不仅要靠理论的解读、逻辑的分析，更要靠教师自身人格魅力，感染和吸引学生，一方面，思政课教师可以利用网络学堂、建立微信群等现代化的手段，来加强与学生的联系和交流；另一方面，"基础"课教学不是单线式的，教师在课堂教学的同时，要加强与学生处、团委、辅导员、心理中心各部门的联系，通过教学、管理、服务各个环节的全面对接，全方位地了解学生的所思所想，从理论和实践层面，真正落实社会主义核心价值观教育。

作者：唐瀚（唐瀚：外交学院马克思主义学院讲师，本文收录在《2016涉外院校培育和践行社会主义核心价值观研究》，华南理工大学出版社，2016年1月）

思变创新 教、学一体

——大学生思想政治理论课教学模式理念探索

在当代中国大学课程体系设置中，思想政治理论课作为必修课程覆盖所有本科学生，并占有相当比例的学时和学分，这样的课程教学效果怎样、对大学生人生成长作用如何，直接关系中国大学教育的质量，关系中国大学教育体系的绩效。目前，关于思想政治理论课教学的研究可谓广泛而深入，研究成果也颇为丰富，但当我们认真考量现实教学状况的时候，仍不免感到问题的明显与解决的困难。

一、"教、学分离"——思想政治理论课教学问题的集中表现

大学思想政治理论课教学一直是个备受关注的话题。目前存在各种问题的集中表现是"教"与"学"的分离，这直接关系到思想政治理论课的教学效果。

所谓教、学分离，主要表现是教学过程没能与学习过程有机的融合，教师所教的内容没能真正转化为学生的内在知识和理念，老师教老师的、学生学学生的，教、学两张皮，带来的直接结果便是不少学生上思政课不是出自真心喜欢或本人意愿，而是因为课程规定必修，不得不学。学生可以高分通过课程考试，但机械背诵之后甚至连思政课的主旨、教学目的都不曾体会。我们很难将这种现象的存在单纯归咎到教师或学生的任何一方，但必须研究具体原因，并寻找解决的对策。

让我们先来看看导致教、学分离的原因。以下是基于实际调查的几个

观点。

（一）思想政治理论课的教育功能被学生忽视，大学生更注重自身现实追求和需要

关于思想政治理论课的功能定位，一直以来都是非常明确的，即意识形态教育，围绕社会主义意识形态教育，着重人的素质培养，特别是政治素质的培养。而意识形态教育直接关乎一个国家国民对国家制度及社会制度的认同。但结合现实，我们会发现，这种教育功能与大学生追求的现实功能有差距。

（二）"传统"课堂教学受到严峻挑战，大学生更习惯于"非传统"学习和交流，课堂教学某种程度缺乏对大学生的吸引力

学校教育的一般模式即课堂教学，思想政治理论课程既然是高校教学体系的重要内容，当然也摆脱不了这一传统，而且，根据国家教育部门的有关规定，思想政治理论课拥有固定的教学学时，有的课程学时数相比其他多数课程还超出很多。尽管课程的具体教学手段并不要求固定划一，但绝大多数学时采取课堂教学仍是各院校通行的做法。然而，调查研究发现这种情况已经远远不能适应现代年轻学生学习接受知识的特点和要求。时至今日，在校本科大学生已经是 90 后的天下，对于这代年轻人来讲，从小他们便已经习惯了"感官文化"、"视觉文化"、"快餐式文化"，而对于"黑板粉笔式教学"（尽管今天已用 PPT 演示取代了黑板）、"理性思维推理"、"理论逻辑分析"则一时间"难以适应"。传统课堂授课模式不仅难以满足教学的需要，更直接影响学生对课程的兴趣和接受度，在这种情况下，如果教师的授课本身再内容枯燥、缺乏吸引力，那就更使教学效果大打折扣。

（三）"学院式"教育有其自身"规制"，大学生较易受社会现实环境和问题的影响，社会效应一定程度"抵消"教育作用

大学，作为一个国家国民教育的高层机构，承载着培养国家建设高水平人才的任务。因此，大学对年轻学生实施以积极、正面引导为主的教育，这是符合教育自身的功能特性的。所谓积极、正面教育，简单说是指要教给青年学生以正、误的基本判别标准，使学生的成长不断趋向"正的方向"，小到懂得做人的基本道理，大到认同国家社会。渗透到素质培养层面，不仅包括要培养学生的专业素质、语言素质，如学生所学的各种专业知识、中文及外国语能力

等，更包括要提升学生的道德素质、理论素质、政治素质，为其将来成为合格社会人、合格公民奠定基础，而这些素质的培养在政治理论课教学中体现得尤为突出。然而，大学的生存不是孤立、隔绝状态的，院墙之外是极其现实、纷繁复杂的社会，而社会现实对人、人的思想的影响作用是十分明显的。我们无法否认在当今中国社会发展中，还存在着诸多的问题与不和谐，正是这些让很多人，尤其是青年学生难以正确理解和把握，出现各种各样的疑虑和困惑，这无疑给政治理论课教学增添了不小的困难。

二、教、学一体——思想政治理论课教学模式理念的思变创新

如何让教育达到其所要达到的目的，实现教与学的真正统一，这里想先从"一体"的理念谈起。

在当今世界发展中有一些非常流行的词汇，其中"一体""一体化""双赢""共赢"就是备受关注和推崇的字眼。所谓一体、一体化，是将参与事务的相对独立的各方结合在一起，通过某种机制和纽带使利益各方相互联系、相互依托、相互协调，形成一个新的集合体，并产生出单靠各方力量机械相加所达不到的更大的力量。所谓"双赢""共赢"，是使利益双方或各方都同时受益。这些词汇多用于世界经济发展模式的创新。在这里，我们将"一体""一体化""双赢""共赢"引入到教育教学中，参与的各方分别是教师和学生，他们处于不同的地位，有着不尽相同的利益诉求，二者因为教学体系和课程设置的要求而结合在一起，但这个层面上的结合只是形式的，能否将二者真正统一，结合为一个整体，产生出教与学的最大效益，而不是仅仅停留在"老师教老师的，学生学学生的，完成课程任务是重，教学效果另行评判"的"教、学分离""教、学两张皮"的状况，创造"双赢""共赢"的新局面。这是值得我们认真研究的，也是我们在这里所要传达的重要教育教学理念。

如何做到教、学一体，想谈以下几点思考。

（一）在教学内容设计中充分考虑学生的思考和关切

客观来说，意识形态教育在任何国家的国民教育体系中都是重要的一环，也是当今世界各国软实力竞争、文化竞争、人才竞争的一个重要层面，就目前中国高校年轻学生的价值理念来看，绝大多数学生对此也是持肯定态度的，但

为什么他们中的很多人又认为开设思想政治理论课对加强社会主义意识形态教育"作用一般"，我想这里的问题还是出在了具体的教育过程本身。意识形态教育尽管是处于教育的最高层次，但也不能让学生产生"高深莫测""敬而远之"的感觉，"社会主义""中国特色社会主义"这些崇高的字眼如何能在今天年轻学子的脑海里变得生动真实起来，而不再仅仅是一些抽象空洞的词汇，这需要我们在"施教"与"受教"之间寻找沟通的环节。比如，在教学活动正式开始之前，先征询学生对课程学习的意见，了解他们所关注的问题，知晓他们对什么样的问题理解存在困惑和疑惑，并将其融入教学设计中，再通过授课讲解为学生答疑解惑。之所以这样讲，主要得益于本人的具体教学实践，笔者曾做过这样的工作，在同一门课程的教学过程中，连续超过 10 年做实际情况调查，即在每学期正式授课前向学生发放问卷，结合课程特点了解学生基本现状、诉求和思考，直接带着问题开始讲解，启发学生对课程的理解和重视，这种做法非常有利于引导学生尽快进入和接受课程。更值得一提的是，有了长年的调查积累，教师还可以掌握不同年级、届别学生对同一门课程学习态度、问题认识的纵向变化情况，比较其中的异同，总结变化的特点，这不仅可以让教师能够了解一个较长时期内年轻学生的成长变化，也可以使教师不断积累课程设计及教学经验，从而丰富教学研究，完善教学理念。

（二）在教学实际过程中合理采用不同教学手段

据了解，为了提高政治理论课教学效果，教师们可谓煞费苦心、千方百计，虽然运用各种教学方式及手段，但成效仍难以达到预期设想。也正是因为这样，有的教师为了获得一时的教学效果，安排课程一味追求让学生"轻松愉快"，例如"讲花边""谈野史""看电影""实践式"，整个学期下来，学生对课程的基本框架、逻辑、主旨内容难以系统把握，最终学习结果仍是流于形式。这种现象在政治理论课教学中恐怕不是个例。有资料显示，近些年，学生在本科毕业参加研究生政治理论课入学考试、公务员考试中表现出的理论功底差、答题缺少逻辑结构等现象比较明显，而上述做法更是无益于这种状况的改变。这里有必要澄清的一点是，究竟什么是政治理论课真正的教学效果：仅仅是让学生给老师打个高分，还是让学生真正学有所获？当然我们要的是后者。因此，在政治理论课教学中，我们不仅需要运用多种教学手段，更要正确地使用各种教学手段。新生代学生学习接受知识的特点确实发生了很大的变化，但思想、理论的传授、思维、逻辑的训练，对他们来讲仍是不可或缺的。因此，在政治理论课教学中，我们要确定哪些内容可以通过视频、参观、社会实践等方式教学，哪些则必须采取讲授、研讨、逻辑分析等方式，让学生全方位、立体式收获学习成果，而不是为了一时的教学效果，让内容真的"流于了"形式。需要提醒的是，政治理论课的教学效果远远不是某一个学期就能完全显现的。有这样一种情况，对教师在课堂上所教授的一些思想、理论，同学在听课学习的时候也许并不完全理解或认同，但随着他们的年龄增长、阅历增加和思想成熟，他们的认识也会发生变化，以前不为他们所认同甚至反感的学习内容，在某个时候也许会变得亲切而生动起来，特别是当学生走上社会以后，他们中更多的人会更加客观、理性的分析和认识问题，更加客观、理性的分析和认识我们的国家、我们的社会。如果这时他们还能回想起在大学时期曾接受的思想政治教育，他们会感谢教师付出的努力。因此，盲目追求现场效应、短期利益，会影响政治理论课教学效果的后发性和长远显现。鉴于此，对学生表面上推崇的一些授课方式，教师要注意鉴别和引导，在选择教学形式和方法时，既要考虑新生代学生的学习特点，也要遵循课程内容的实际要求，让学生体会和领悟理论、思想、真理的魅力。

（三）在教学环节安排上大胆尝试教、学角色的互换

有了一体化的教学设计思想和理念，并不等于真正达到了一体化教学。众所周知，在世界经济一体化发展过程中，一体化组织必须建立相应的机制、采取相应的措施才能让组织中各成员利益相关，结合为一个新的整体，其中"让渡部分经济主权给一体化组织，由组织共同行使"是必不可少的环节，也是一体化特征的关键体现。这种理念用于教学，不妨让我们设想首先由教师向学生"让渡部分讲授权利"，即让学生参与授课。当然，真正能参与授课的学生在偌大的班级中只能是少数，但即使是部分甚至是个别学生的授课，其产生的效果也会与教师直接授课有所不同——它将直接对其他学生产生示范效应，会引发其他学生思考："我也是这个班级、这个专业的学生，为什么我对这个问题没有思考或思考没有这样深入？"要知道，同龄人之间意识到了彼此学习上的差距在某种情况下更容易产生激励效应，从而形成"学生教学生"的教学模式。

在这里必须指出的是，对学生讲授环节，教师要因势利导，不仅要对讲授情况进行评析，更要弥补学生讲授的不足，纠正其偏误，特别是要回答学生讲授中提出的"困惑、疑惑、敏感、尖锐"问题，这种现象在政治理论课教学中经常碰到，而且学生对这些问题的解答往往表现为"偏离"教师直接讲授的"逻辑思路"，这是非常考验"功力"的时候，作为教师，要勇于迎接这种挑战。"让渡"的另一个环节是从学生角度看，我们很难说学生"让渡'学'的权利给老师"，但老师要有"当学生"的意识，目的是要让教师能更深刻体会"学生究竟想听到、学到什么？""他们期待什么样的课堂授课？""如果让自己也来听一场枯燥乏味的讲授，你的反应会是什么？"进而思考如何根据学生学习特点和要求改进授课，创新教学。

（四）在教学效果考核评判上建立双向监督机制

教学评估和考核是当下中国大学教育管理体系的重要内容，几乎覆盖所有，特别是本科课程。而在考核评估中，以学生给教师打分、写评语为主。这样的做法让教师们一直不敢懈怠自己的工作，对保证和提高教学质量起了非常大的作用，这一做法要长期坚持。但在这里，针对思想政治理论课的教学考核和评估，我们想做进一步的探讨。仍然围绕一体化教学的理念，涉及评估考核环节，同样要将教师和学生做整体的考虑，在学生评估教师的同时，教师也评估学生。这里讲的教师评估学生，不是指通过期中、期末考试的形式老师给学生一个课程成绩，确定学生是否通过考试，得到相应的课程学分。教师评估学生是指教师要在课程进行中及结束后对学生的表现及学习状况给出评判，评判的对象不是单个学生，而是学生整体，可以以课堂为单位；评判的方式也不是教师给每个学生写评语，而是结合学生学期学习的总体状况，包括学习效果、进步所在、问题表现等做出全面总结，并在此基础上给出评判等级。这项工作的难点在于，虽然是教师评估学生，但有的教师可能出于讨好学生或担心校方认为自己教学存在问题而不愿如实评价学生学习过程中存在的不足，从而妨碍得出客观的评估结果，而且这种评估也很难对每位学生形成激励或惩戒，但其重要意义在于，它可以使我们能更全面把握教学情况及效果，特别是可以将学生评估教师与教师评估学生做对比研究，一般情况下，如出现两个评估结果存在严重偏差或脱节现象，则说明教学过程确实存在某种问题，要引起高度的重视。之所以强调政治理论课教学要进行双向评估，这也是考虑到课程的特殊性。如前所述，目前的几门思想政治理论课在课程内容、结构体系等方面还都有待完善，如何将教材体系转化为教学体系更是仍在研究的问题，也就是说与很多其他课程相比，思想政治课是更具挑战性的课程，能够上好，着实考验教师的功力。因此，我们在正确对待学生意见的同时，也要认真听取教师的意见。需要强调的是，建立教师评估学生制度的目的，不是为了惩戒学生或掩饰教师的问题，而是为了真正创造教学一体，教学"双赢""共赢"的新局面。

作者：崔朝东（崔朝东：外交学院马克思主义学院副教授，本文的主要内容发表于《中国高等教育》，2017 年第 11 期）

警惕高校思想政治理论课教学中的过度创新

当前国际国内形势复杂多变，高校作为意识形态领域的前沿阵地，也面临着巨大的挑战。例如，马克思主义指导思想面临多样化社会思潮的挑战，社会主义核心价值面临市场逐利性的挑战，传统教育引导方式面临网络新媒体的挑战，培养社会主义事业建设者和接班人面临敌对势力渗透争夺的挑战。思想政治理论课作为高校思想政治教育工作的主渠道，面对日趋复杂的新形势，需要通过不断创新，在改进中加强。然而，创新是一种合规律的理性把握，过度创新势必违背思想政治理论课教学之根本，是对高校思想政治教育工作的伤害。

一、思想政治理论课过度创新的表现

（一）教学内容过度创新

思想政治理论课承担着大学生马克思主义理论学习的任务，应以马克思主义理论为教学内容的基本支撑。在教学内容的选取和设置上，应实现知识体系和价值体系的重合，注重理论性和现实性、学术性和意识形态性的统一。创新教学内容对于思想政治理论课来说，不是一个全新话题。事实上，它一直以来都是一线教师实现优良教学效果的必然要求。相对于其他专业课来说，思想政治理论课可以说是高校课程教学内容创新频次最高的课程之一。对于思政课教师来说，无论是主观意识还是客观要求，都在积极推行教学内容的创新，并取得了显著的成绩。然而，凡事必有度，内容创新始终要围绕教学目标和教学规律进行，否则就违背了思政教学的根本，过度创新不可取。

首先，抛弃教材内容的无逻辑创新。思想政治理论课"两个转化"，其中一个就是要实现教材体系向教学体系的转化。无论怎么创新，教材在整个教学环节中，始终要发挥纲领性的指导作用。然而，在实际教学中，有些老师错误理解课程创新。对教材内容断章取义，甚至脱离教材，将教学内容强行分割成毫无逻辑主线的板块。有的老师甚至把思政课变成了自己的专题学术报告会，严重损坏了思政课教学的科学性、整体性和逻辑性。

其次，纯理论讲解和现实堆砌两个极端。思政课教学应注重理论阐释和现实分析的紧密结合。思想政治课的重要任务就是要跟学生阐明马克思主义基本理论。通过历史和现实的角度，帮助学生深刻认识，中国共产党以马克思主义的科学理论为行动指南，完成各项艰巨任务的重大意义，更加清晰理解马克思主义在当代发展的现实基础和实践需要。因此，要实现教学内容的创新，也应围绕马克思主义与具体实际"如何结合"这个核心问题展开。然而，当前高校思政课教学，部分老师在探索"合力"上未下功夫，却在就理论而讲理论，以及流于大量现实素材堆砌的道路上越走越远。看似创新，实则完全割裂了理论和现实的内在联系。思政课之所以缺乏亲和力，其中很重要的原因，就是没有让学生感受到理论本身的魅力。脱离了现实的理论是枯燥的，而以新闻、片段式案例堆积的，未加雕琢的思政课堂，更是肤浅而失责的表现。

最后，知识体系与价值体系相割裂。思想政治理论课的主要任务是帮助青年大学生确立正确的世界观、人生观和价值观，学会运用马克思主义的世界观和方法论去分析、解决现实社会问题。是对"是什么""为什么"和"怎么办"三个问题的回应，也必然蕴含着知识体系和价值体系相统一的问题。既要传授知识，更要实现价值提升，这是高校思想政治工作的必然要求。思想政治理论课，作为高校思政工作的核心课程，更是不能将这二者割裂开来。在思政课领域，有些老师认为思政课只要上出专业课的学术味道，解决了"是什么"的问题，即是完成了任务，至于"应当怎样"则不是老师教学的重点，而是学生自由选择的问题。这种观点和做法非常片面。思想政治理论课不是单纯的知识灌输，而要培养学生的主体意识，激发学生在中国特色社会主义建设过程中发挥主人翁精神，将知识体系转化为价值体系、信仰体系。在"大思政"的背景下，高校所有课程都要承担"全员育人"任务，思想政治理论课程在其中更要发挥牵引作用。还有一些老师，则将思政课价值引领作用放大化、唯一化。忽视了对马克思主义理论的科学阐释，忽视对知识体系的构建。往往把本应有厚重理论的课堂，演变成了"婆婆式"说教或心灵鸡汤课。

（二）教学手段过度创新

2017年教育部原部长陈宝生在十二届全国人大五次会议的新闻记者会上指出，当前思想政治理论课抬头率不高，人到了心没有到，主要可能是"配方"比较陈旧，"工艺"比较粗糙，"包装"不那么时尚。[①] 一针见血指出传统思政课教学方式已然不能适应和满足当前学生需求。因此，要积极创新课堂教学形式，丰富教学内容。任何手段都是为目的服务，教学手段和方式始终应围绕教学目标和教学内容进行。有效整合资源，掌握学生心理和学习特点，探索灵活多样的教学方法，能极大提高课堂教学质量。然而，若是将教学手段作为思政课教学主攻方向，忽视教学内容的深度研究，则是本末倒置。不仅不是在改进中加强思政课建设，反而是在过度创新中损害思政课建设。当前，高校思政课教学手段过度创新主要表现为：

首先，多媒体的无穷炫技。随着多媒体技术的飞速发展，其在各个领域中的运用空前广泛。多媒体技术基本颠覆了传统课堂教学"讲义+粉笔"的模式，成为教学中最不可或缺的工具。很多老师开始探索多媒体技术在思政课堂的运用，图片更多了，视频更长了，PPT更炫了。总之，课堂上，文字似乎敌不过声光电的魅力，老师的讲解远不如PPT在考试中的分量。形式始终是为内容服务，当整个课堂形式占据了主导，那么内容就会显得苍白。这在很大程度上会给学生一种思维的错觉，也会影响学生对教学内容的深入理解和思考。

其次，课堂互动喧宾夺主。在高校思想政治理论课教学中合理设置课堂互动，有利于提高学生参与课堂的积极性，激发学生思考问题的能力。很多高校思政课的一线教师深知课堂互动对于课堂建设的重要性，做了很多有益的尝试。例如，在教学过程中以问题为导向，引入教学案例，或者将课堂设置成案例教学模式。[②] 再例如，有些老师会依据教学内容，让学生上台做展示，充分调动学生的积极性，也取得了较好的教学效果。教学互动的设置，同样也要适度，不能喧宾夺主。而有的教师，把课堂几乎全交给了学生，学生讨论异常热

---

① 丁雅涌. 人大举行记者会，教育部部长回应热点：教育改革发展要精准发力［N］. 人民日报，2017-03-13（4）.
② 教学案例指在教学环节中融入案例。案例教学指老师指导下，学生对案例进行阅读、讨论、交流及总结，学生处于中心地位。

烈，展示也非常精彩。但学生交流讨论之后，老师却缺乏深度概括和点评的能力。甚至有的老师在互动过程中，基本丧失了课堂驾驭能力。可以说，学生主动性充分体现，教师主导性却无声消失。当最具分量的画龙点睛之笔缺失了，再精彩的课堂也只能是有形无神的。

最后，课堂教学泛娱乐化。《学记》中提出："大学始教，皮弁祭菜，示敬道也。宵雅肄三，官其始也。入学鼓箧，孙其业也。夏楚二物，收其威也。"①可见，教育是规范的、严肃的活动。娱乐的本质是使人获得精神上的愉悦感。因此，从本质上来说，教育和娱乐，是不冲突的，例如我们通常说的"寓教于乐"即是如此。但是，教育娱乐化则是值得警惕的。尼尔·波兹曼在其专著《娱乐至死》中深刻指出，我们身处在这样一个媒介时代："在这里，一切公众话语都日渐以娱乐的方式出现，并成为一种文化精神。我们的政治、宗教、新闻、体育、教育和商业都心甘情愿地成为娱乐的附庸，毫无怨言，甚至无声无息，其结果是我们成了一个娱乐至死的物种。"②尼尔·波兹曼的说法或许稍显夸张，但也深刻指出当前我国高校部分思政课堂的真实情景——教育沦为娱乐的附庸。有的思政课堂成了情景剧表演场所，有的思政课被设置成了游戏闯关，而有些老师使出浑身解数，说评书、穿龙袍，千姿百态。思政课堂成了综艺大杂烩，瓦解了思政课应有的严肃性、政治性。

二、思想政治理论课过度创新的弊端

（一）异化思想政治教育教学目标

培养什么样的人，是高校思想政治工作的核心问题。思想政治理论课是高校思想政治教育的核心课程，是思想政治教育的主渠道，对"培养什么样的人"的问题，更要有清晰的认识。高校思想政治理论课的教学目标具有鲜明的时代特征，密切关注社会发展对人的素质培养的新要求，始终与党的教育方针和阶段性历史任务保持一致。习近平总书记在全国高校思想政治工作会议上强调："提高学生思想政治素质，要教育引导学生正确认识世界和中国发展大势，正确认识中国特色和国际比较，正确认识时代责任和历史使命，正确认识远大

---

① 学记 [M]. 潜苗金，译注. 杭州：浙江古籍出版社，2011：13.
② 尼尔·波兹曼. 娱乐至死 [M]. 章艳，译. 桂林：广西师范大学出版社，2011：56.

抱负和脚踏实地。"① 因此，"四个正确认识"可以说是当前我国高校思想政治工作人才培养目标的具体体现。在改进中加强高校思政课建设，需要创新精神。但创新不是随意的、冲动的和肤浅的。过犹不及，纵观当前思政课领域，对教学内容和教学手段的过度创新，看似热闹非凡，充满活力，实则违背了思想政治理论课教育教学的基本目标和功能。

（二）碎片化的教学内容和形式，消解学生的理性思维能力

高校思想政治理论课既要传递知识，又要培养学生的理性思维能力。要帮助学生学习、掌握马克思主义理论，并且运用马克思主义的世界观和方法论去认识问题、分析问题和解决问题。当代大学生所处的部分外界环境可以说是不利于学生理性思维能力培养的。各种错误的社会思潮，例如拜金主义、极端利己主义、享乐主义，虚无主义，等等，对大学生科学人生观的确立冲击很大。网络时代的去中心性和大量碎片化的信息，在一定程度上消解主流文化的构建和理性思维的培养。因此，思想政治理论课更应发挥主渠道的作用，帮助学生透过现象看本质，寻找每一个碎片化孤立事件的逻辑联系，而不是在娱乐的潮流中走向被同化的境地。

三、以理性创新精神改进和加强思政课建设

（一）以马克思主义理论作为思想政治理论课的学科理论支撑

中共中央宣传部、教育部《关于进一步加强和改进高等学校思想政治理论课的意见》中清晰阐明了马克思主义理论学科与思想政治理论课之间的关系："设立马克思主义一级学科，开展马克思主义理论体系研究，开展马克思主义发展史、马克思主义中国化研究，开展思想政治教育研究，为推进党的思想理论建设和巩固马克思主义在高等教育教学中的指导地位，为加强高校思想政治理论课建设，培养思想政治教育工作队伍提供有力的学科支撑。"高校是学习和宣传马克思主义理论的重要阵地，思想政治理论课教学要以马克思主义理论为学科支撑。思政课一线教师要积极参与到学科建设中，将马克思主义理论教

---

① 习近平在全国高校思想政治工作会议上强调：把思想政治工作贯穿教育教学全过程　开创我国高等教育事业发展新局面［N］. 人民日报，2016-12-09（1）.

学与学术研究有机融合。在思政课具体教学过程中，要将马克思主义中国化的最新成果及时充实到教学中，实现马克思主义理论学科与思想政治理论课之间的良性互动。

（二）以社会主义核心价值观为思想政治理论课的教学主线索

所谓"传道授业解惑"，可以说，不能为学生解惑的思政课教师，是不称职的。当前，世界范围的各种思想文化交流交锋交融日益频繁，巩固马克思主义作为意识形态领域的指导地位面临挑战。国内社会多元价值交织渗透，高校思想政治教育工作形势日趋复杂。形势越严峻，越要坚持不懈地培育和弘扬社会主义核心价值观，将社会主义核心价值观贯穿于思想政治理论课的整个教学过程。习近平总书记尤其重视青年大学生的核心价值观培养。"我为什么要对青年讲讲社会主义核心价值观这个问题？是因为青年的价值取向决定了未来整个社会的价值取向，而青年又处在价值观形成和确立的时期，抓好这一时期的价值观养成十分重要。这就像穿衣服扣扣子一样……人生的扣子从一开始就要扣好。"① 思想政治理论课教师，要以充分的理论自信和开放的心态，敢于直面各种非马克思主义思潮，回应质疑，解答学生的种种困惑。使学生对马克思主义理论真信、真懂、真学、真用。

（三）以科学的内容和合理的形式满足当代大学生的需求和期待

习近平总书记深刻指出："要用好课堂教学这个主渠道，思想政治理论课要坚持在改进中加强，提升思想政治教育亲和力和针对性，满足学生成长发展需求和期待。"② 可见，新形势下，高校思想政治教育课程，无论如何改进和创新，都要符合学生的成长发展需求，要满足学生的期待，要具有针对性。那么当前我国大学生的需求和期待是什么呢？当前高校的学生主体是 95 后，他们出生于一个开放的时代，成长于经济飞速发展、文化多元多样、网络技术日新月异的时代。这样的环境赋予了他们更加开放的思想、独立的性格和个性化的信息接收习惯。当代大学生对待新鲜事物好奇心甚、求知欲强。同时，庞杂的信息圈、多元的文化氛围，使得他们更加期待走出迷惑，拥有是非和价值判

① 习近平谈治国理政［M］. 北京：外文出版社，2014：172.
② 习近平在全国高校思想政治工作会议上强调：把思想政治工作贯穿教育教学全过程　开创我国高等教育事业发展新局面［N］. 人民日报，2016-12-09（1）.

断的能力。因此，高校的思政课创新，无论是内容还是形式，都应真正理解学生的所需所想，为他们答疑解惑。事实上，那些曲解了创新的做法，尤其是在形式上走向娱乐化的思政课堂，看似学生的积极性和参与度很高，可是在学期的学生评教中往往得分并不高，这恰恰说明，学生的需求和期待并不是通过这些过度创新的形式来实现的。

（四）以全员育人的"大思政"理念形成思政课教学合力

思想政治课虽说是高校思想政治教育的主渠道，发挥主要作用。但高校思想政治教育工作，绝非思政课"一家之事"，要坚持"立德树人"是所有教育工作者的神圣使命，要践行全员育人的"大思政"理念。长期以来，思想政治理论课和各个专业课之间，始终存在"两张皮"现象。思政工作创新改革，重要任务之一，就是要挖掘专业课的思想政治教育资源。正如习近平总书记强调："其他各门课都要守好一段渠、种好责任田，使各类课程与思想政治理论课同向同行，形成协同效应。"① 无论是专业课，还是思政课，都要注重在价值引导中凸显学术底蕴，在知识传授中加强价值引领，实现"思政课程"向"课程思政"的积极转化。同时，要明确高校各级党组织在思想政治教育工作中的主体责任。在管理机制上，将思想政治教育工作融入大学生的学习生活和就业创业中，真正形成全方位、立体式的思政教育合力。

作者：钟媛媛（钟媛媛：外交学院马克思主义学院讲师，本文收录在《新形势下高校思想政治工作和思想政治理论课创新》，中国文史出版社，2018年3月）

---

① 习近平. 习近平在全国高校思想政治工作会议上强调：把思想政治工作贯穿教育教学全过程　开创我国高等教育事业发展新局面［N］. 人民日报，2016-12-09（1）.

中篇 02

马克思主义经典著作与理论研究

《共产党宣言》的学、思、行①

"《共产党宣言》发表 170 年来，马克思主义在世界上得到广泛传播。"②《共产党宣言》的话语和思想在人类历史时空回荡的 170 年中，一些声音落地生根而成为现实，一些思想仍然需要在实践中接受检验。那时，"共产主义已经被欧洲的一切势力公认为一种势力"③；现在，共产主义成了一种真实的运动。在历史的尺度上，资产阶级关于"共产主义幽灵"的污蔑已经不攻自破；在现实的期待中，马克思主义关于人的解放的实践不断深化。在中国社会主义革命和建设中，先辈们是把《共产党宣言》当成最基本的教材来学习的。今天，我们从《共产党宣言》中学什么、想什么、做什么，不仅是经典理论的学习问题，更是现实的实践定位问题，要在党的十九大提出的习近平新时代中国特色社会主义思想引领下，从新的高度、新的视野来体会和领悟。

一、学习《共产党宣言》，应该把握什么

（一）把握其中的唯物辩证法和求是精神

《共产党宣言》是在对人类历史及社会问题辩证认识的基础上形成的，它以深切的关怀表达对社会问题的思考。对于资本主义，马克思恩格斯不只是鞭挞和揭露，而是把资本主义的两面性真实地揭示出来；对于共产主义，马克思

---

① ［基金项目］本文系国家社科基金项目"社会主义核心价值观'学思说行'的融合创新研究"（项目编号：19BKS143）；北京社科基金项目"提升社会主义核心价值观的国际话语权研究"（项目编号：18KDC020）的研究成果。

② 习近平. 在纪念马克思诞辰 200 周年大会上的讲话（2018 年 5 月 4 日）［N］. 人民日报，2018-5-5.
③ 马克思恩格斯文集：第 2 卷［M］. 北京：人民出版社，2009：30.

恩格斯不是凭空设想其未来图景，而是通过事实来预测其发展方向。马克思恩格斯都明确肯定"资产阶级在历史上曾经起过非常革命的作用"，资产阶级将商品的平等本质发挥得"淋漓尽致"，尽管造成了社会的畸形状态，却在国家管理制度上孕育出现代形式；资产阶级对封建行会制度的颠覆、对新的交换方式的确立以及对旧的传统思想的否定，极大地改变了人类社会的面貌；资产阶级奔走于世界各地，在造成殖民压迫和殖民统治的同时，也将人们的世界历史性交往推向高潮。《共产党宣言》用联系的观点阐释资本主义的未来命运，与这种全面看待社会发展问题的方法相一致的是求实精神，马克思恩格斯从来不把自己的理论看成僵死的教条和抽象的公式，他们认为："这些原理的实际运用，正如《共产党宣言》中所说的，随时随地都要以当时的历史条件为转移，所以第二章末尾提出的那些革命措施根本没有特别的意义。"① 时移世易，形势变化，不能用老眼光看待新问题，不能用老框框局限新思路。这种尊重现实的求是精神，不仅是无产阶级革命方略的与时俱进，也是对过时内容的积极修正。

从马克思、恩格斯对 1848 年革命后近二十年形势变化的判断中，可以找到实事求是精神的有力佐证：1848 年欧洲革命失败后，马克思恩格斯都毫不怀疑新的革命高潮马上就会到来，事实上到了 1850 年夏季，革命高潮仍然没有到来的迹象，在审视分析当时的形势后，马克思指出："新的革命只有在新的危机之后才有可能。但是新的革命的来临像新的危机的来临一样是不可避免的。"② 形势的变化要求策略也随之变化，在马克思看来，争取普选权成为积蓄力量的重要方式，因为"实行普选权的必然结果就是工人阶级的政治统治"③。这个时候，用理论打好思想基础，用理论武装革命阶级，是当时的主要任务。在总体上，马克思恩格斯对革命形势的判断是实事求是的，他们不惧怕纠正自己在认识上出现的偏差，不惧怕资产阶级理论家的嘲讽，更没有考虑可能会被"革出教门"，在对形势的分析中，他们从来不囿于个别言辞，从不拘泥于个别观点，他们清楚地知道，革命"不是为了拙劣地模仿旧的斗争"

① 马克思恩格斯文集：第 2 卷［M］. 北京：人民出版社，2009：15.
② 马克思恩格斯文集：第 7 卷［M］. 北京：人民出版社，1959：514.
③ 马克思恩格斯文集：第 11 卷［M］. 北京：人民出版社，1995：425.

"不是为了让革命的幽灵重行游荡"①，而是在批判分析旧革命幽灵的同时，积极寻找新形势下的革命时机，因此能在理论和实践中面向未来，开拓新境界。

（二）把握其中的科学社会主义理论和革命精神

《共产党宣言》关于"两个必然"的理论、关于工人阶级使命的理论、关于党的建设理论，都为现代工人阶级新觉醒奠定了思想基础。尽管一些论述随着实践的变化已经不符合实际，尽管一些论断需要进一步修正和完善，但是，它的基本原理在今天仍然是正确的。这些理论是在革命中总结的，也是在革命中逐步完善的，其中寄寓的革命热情和进取精神在国际共产主义运动中一直在赓续延伸。

《共产党宣言》的革命精神在社会主义实践中的表现尤其突出，它使无产阶级的阶级意识从潜隐形式跃升为明显的社会能量，原来分散的力量形式成为聚合起来的能量集体，单个人的力量被凝聚为集体的力量。从无意识到阶级意识的发展过程中，科学社会主义起到了巨大的宣传教育作用，它所显示的思想力量在于更新了人们的思想维度和视角，增强了工人群众的主体意识。由于《共产党宣言》揭示了旧社会的腐朽本质，在共产主义思想教育中，工人阶级逐步认识到自身主体地位丧失的经济根源和思想根源，他们在重新审定社会关系中进一步明确了阶级意识和经济基础的内在关联，摆脱被压迫状况的革命精神由此确立起来，阶级斗争成了贯穿于整个社会发展的一根红线。

《共产党宣言》的革命精神也和人的发展愿望紧密联系，马克思恩格斯从来没有把社会发展的动因归结为某一个方面，经济决定论、历史人物决定论等都是他们反对的。社会基本矛盾、社会革命、科学技术、管理方式等都是社会发展的重要推动力，而这些方面都离不开人的活动。如果一种解放哲学或理论不关注具体的群众运动，如果它只是一种批判式的逻辑推演，其结果只能陷入伦理上的呐喊。人作为社会发展的主体，他的存在状态、活动状态都与自身的精神面貌有关。对于整个社会而言，关于人的解放的理论一直是重要的精神激励，《共产党宣言》不是用悲情诉说悲哀处境，不是用挽歌诅咒资本主义社会，而是把个人的解放与人类命运结合起来，唯其如此，才喊出："全世界无产者，

---

① 马克思恩格斯文集：第2卷 [M]. 北京：人民出版社，2009：472.

联合起来！"这是当时时代声音的真正表达，这种理论和精神超越了激进知识分子空想的乌托邦窠臼，使人的解放不再是彼岸的空幻允诺，而是此岸的现实追求。

（三）把握其中的无产阶级政党理论和进取精神

《共产党宣言》表达了共产党人的社会抱负和奉献精神，它之所以叫《共产党宣言》，基本的原因就是要申明共产党人的社会关怀。在共产党人那里，当前目标与长远目标是一致的，远大理想与共同理想是一致的。共产党人参与的无产阶级和资产阶级斗争的每一阶段，都是走向伟大目标的阶梯。正是由于这一特征，共产党人总是愿意团结一切可以团结的力量。正因为如此，共产党人在思想行动、利益追求等方面都表现出高尚的奉献精神，在利益追求上，共产党人在为广大群众谋利益方面总是走在队伍的前列。这些原则不以某个改革家的发明和构想为依据，而是现实社会中真实关系的表现，它给共产党人以明确的目标，知道把事业引向何处；它给共产党人以科学的方法，预查事物发展进程；它给共产党人以坚定信念，使之信心百倍地引导无产阶级前进。

当《共产党宣言》把自己的理论描述为"消灭私有制"时，就已经注定要与旧的所有制有关的一切"圣物"彻底决裂，在这个过程中，旧思想的消除与新思想的产生都是必然的，"共产主义革命就是同传统的所有制关系实行最彻底的决裂；毫不奇怪，它在自己的发展进程中要同传统的观念实行最彻底的决裂"①。很显然，马克思恩格斯把"两个决裂"作为共产党人革命精神的重要表现。在马克思恩格斯那里，理论从来不是独立于社会实践之外的，它植根于历史活动之中并在其中反思自身和发展自身。"决裂"只是社会革命的一个重要方面，更重要的是"决裂"之后如何按照自己的目标建设新世界。但是，社会不能总是处在激烈的动荡之中，夺取政权之后的"不断革命"会在很多方面让位于建设时期的"不断改革"。因此，"两个决裂"还意味着要创造未来，这也是一种进取精神。

二、学习《共产党宣言》，应该思考什么

（一）思考习近平新时代中国特色社会主义思想和实践的合理性和指

---

① 马克思恩格斯文集：第 2 卷［M］．北京：人民出版社，2009：52．

导作用

《共产党宣言》基本思想没有过时，其中的辩证态度是中国特色社会主义的重要理据和方法论基础。拿社会主义革命的方向和路径来说，马克思恩格斯认为社会主义在发达国家同时胜利才有可能，但他们并不把这一观点作为一个绝对结论，而是要求"基本原理的运用随时随地都要以当时的历史条件为转移"，并且以条件式的语言指出："假如俄国革命将成为西方工人革命的信号而双方互相补充的话，那么现今的俄国公有制便能成为共产主义发展的起点。"①十月革命的胜利在一定程度上给这一思想作了注解，其法理依据就是马克思主义经典思想，其哲理依据是共性与个性的对立统一。有人把 1917 年的十月革命与 1989 年东欧剧变并称为真正的"革命"，但实际上二者不可同日而语，虽然它们都是世界历史上的重大事件，作用的方向却大相径庭，虽然都是从一个制度谱系转向另一个制度谱系，但其力量表达的效果却不一样。但我们不能否认中国新民主主义革命与苏联十月革命的相似性和一致性，因为指导思想是一致的，革命目标是一致的，在经验上也有不少借鉴，革命胜利后的很长时间里，工人阶级政党对社会主义建设道路的理解和实践也是基本一致的。但是，固守或照搬一种模式显然不行，20 世纪陶里亚蒂提出"多中心论"，否认"老子党""领导党"的存在，希望在多样化中求团结，是独立思考本国本党问题的典范。

在中国革命和建设中，中国共产党的思想路线和《共产党宣言》的求是精神是完全一致的，"不唯上、不唯书、只唯实"是我们制定路线方针政策的重要理念。可以说，中国共产党的历代领导集体都把《共产党宣言》作为必读著作，基本要求是灵活运用其中的思想和方法，我们学习《共产党宣言》的重要目的是寻找革命和建设的理论依据及信心。从五四运动时期《共产党宣言》在中国传播开始，中国的先进分子就有了新的观察和解决中华民族命运问题的思想武器。毛泽东和朱德曾以《共产党宣言》为题发表布告，这是把《共产党宣言》精神与中国革命实践相结合的质的飞跃。《共产党宣言》的思想培养了中国共产党人，也影响着中国社会主义革命和建设事业的发展，这是《共产党宣言》思想实践的有力见证。几十年的改革开放后，中国经济社会文化发展都

---

① 马克思恩格斯文集：第 2 卷 [M]. 北京：人民出版社，2009：18.

进入了新时代，需要充分认识当今世界发展态势和发展格局，理解世界社会主义发展面临的困境和机遇，理解不同制度之间求同存异的可能性和必要性；需要充分认识世界多极化、经济全球化、信息社会化、文化多样化的现代性特征，理解这些方面对人类社会运行模式、发展方式、伦理道德、生态环境等问题的影响和挑战。因此，习近平新时代中国特色社会主义思想既是中国现代化的必由之路，也是对时代潮流和世界格局变化的最新把握。

（二）思考中国共产党的建设理论和共产党人的使命

"中国特色社会主义进入新时代，我们党一定要有新气象新作为。打铁必须自身硬。"① 中国共产党是按照《共产党宣言》关于共产党人的理想和目标建立起来的，尽管中国共产党章程有过多次修改，并没有改变党的宗旨，没有改变马克思主义立场。当中国共产党把毛泽东思想写入党章并作为指导思想时，就明确表达了自己的思想选择和行为方向；当中国共产党把邓小平理论写在自己的旗帜上时，也标志着我们在马克思主义中国化的实践中有了新的飞跃。治国理政、"四个全面"、实现中国梦、构建人类命运共同体，都以新的语言和叙事表达了共产主义信念和行动。工人革命的第一步就是使无产阶级转化成统治阶级，争得民主，这第一步目标早已实现，而接下来无产阶级利用其政治统治而夺取的一切生产工具"尽可能快地增加生产力的总量"② 的目标也正在推进并且取得了巨大成就。实现这样的目标，要求共产党人对世界大势、国内形势做出客观的判断，在挑战中寻找机遇，在机遇中应对挑战，根据时间、地点和条件变化做出科学判断。中国特色社会主义理论和实践都将实事求是的精髓内容贯穿其中，我们所讲的制度自信、理论自信、道路自信和文化自信都建立在这一理论成就和实践成就基础上。《共产党宣言》从来不做夸夸其谈的虚论，中国共产党人也继承了这一品质。在利益追求上，它总是把人民群众的需要放在第一位。马克思主义群众观的中国化，在当代表现为"以人民为中心的发展思想"，以人民利益的实现程度为最高标准来判断党的工作。我们讲加强党的建设，净化党的组织，保持共产党人的先进性和纯洁性，不忘初心，牢

---

① 习近平. 决胜全面建成小康社会 夺取新时代中国特色社会主义伟大胜利 [M]. 北京：人民出版社，2017：61.

② 列宁选集：第3卷 [M]. 北京：人民出版社，1995：129.

记使命。

（三）思考资本主义社会现状和社会主义的任务

历史和现实都要求对人类社会的命运给出答案，"资产阶级的灭亡和无产阶级的胜利是同样不可避免的"①。但是，如果把资本主义消亡过程看成"人命危浅，朝不虑夕"，也不符合社会发展的现实。资本主义社会经常受到经济危机的纠缠，这种周期性的危机不仅证明了马克思恩格斯在《共产党宣言》中描述的资本主义发展趋势，也雄辩地说明了社会发展的曲折性和复杂性。如果我们把视角拓展和延伸一下，马克思关于社会形态理论的阐释是对人类社会发展规律性的宏观描述，更是一个包含科学预测的理论叙事。自社会主义制度建立以来，尤其是社会主义阵营形成以来，就有了两种主要的制度在世界范围内竞争和共处的问题，各自的吸引力大小在于各自的发展能力和制度的优越程度，怎样更好更快地发挥社会制度的优越性，是摆在社会主义国家面前的现实问题。尤其是在全球化的今天，技术的发展以及经济的推动使各国之间的联系进一步加强，《共产党宣言》所描述的人类交往及其产品公共化现象再也没有像今天那么明显了，社会主义是一曲壮歌而不是悲歌，它必将在历史关键时刻对人类发展做出自己的判断并努力实现既定的宏伟目标。

20 世纪以来人类历史发展的主旋律是由社会主义和资本主义共同奏出的，在这个共存共处的竞争体系中，资本主义发展遇到了不少难题，经济危机的阴影一直是难以驱散的雾障，金融风暴、次贷危机都曾是而且现在仍然是资本主义挥之不去的心病。社会主义国家在取得巨大成就的同时也面临不少现实问题，在转型发展之中，在顺应世界潮流的过程中，改革成为社会主义国家最紧迫的任务。对于中国社会主义来说，四十年的改革开放为世界上面临类似问题的国家提供可以借鉴的发展思路，所积累的宝贵经验是世界各国的共同财富。我们提出"四个全面"，是辩证认识当下社会发展现实提出的要求，是在中国未来的大视角中设定的目标；我们提出构建人类命运共同体，是基于人类价值观上的最大公约数提出的，是对社会发展现实科学分析的结果。但是，我们也经常听到一些杂音和噪音，认为我们现在的发展是走邪路，是偏离社会主义轨道的，一些人用这种唯心主义思维看待当下的社会，得出了另一种结论。计划

---

① 马克思恩格斯文集：第 2 卷 [M].北京：人民出版社，2009：43.

经济体制所设定的原初图景给社会主义国家的人们展示了具有广泛吸引力的色彩，社会主义市场经济体制所修正的发展模式给社会主义国家的人们提供了现实的期待。但是，社会主义改革的历程也不是一帆风顺，从 20 世纪社会主义国家改革的波折和磨难中，可以看到新思想与旧观念的冲突，看到国际社会控制与反控制的矛盾。我们重温《共产党宣言》，不能把已有理论当作永恒不变的教条，恩格斯的一段话对我们很有启发："即使掌握了从一个大民族本身的生活条件中产生出来的出色理论，并拥有比社会主义工人党所拥有的还要高明的教员，要用空谈理论和教条主义的方法把某种东西灌输给该民族，也并不是那样简单的事情。"① 理论的活学活用是一门学问，是需要长期探索的。还可以看到，人类面临的共同问题越来越多，国家之间的对话领域、范围和内容在不断拓展，实现全球治理的可能性和现实性在增多，中国在遵循人类社会发展规律的基础上对"人类命运共同体"的期待是有理有据并能被广泛接受的。从《共产党宣言》时期的"全世界无产者，联合起来"的思想，到今天"构建人类命运共同体"的思想，不仅在时间序列上和空间位置上对人类未来命运发展做出了思想认识上的维度更新，也在对人类历史和现实的把握中有了更多的理论自信和实践自信。

三、学习《共产党宣言》，应该践行什么

（一）把《共产党宣言》的基本精神与现实发展结合起来

一是把《共产党宣言》的求实求是精神与现实发展结合起来。恩格斯在谈到历史与逻辑的一致时指出："历史从哪里开始，思想进程也应当从哪里开始，而思想进程的进一步发展不过是历史过程在抽象的、理论上前后一贯的形式上的反映；这种反映是经过修正的，然而是按照现实的历史过程本身的规律修正的"②。《共产党宣言》最讲实事求是，而中国共产党从产生到发展的过程中秉承了这种思想——毛泽东同志提出"农村包围城市，武装夺取政权"，靠的是实事求是；"邓小平理论""'三个代表'重要思想""科学发展观""治国理政"等思想的提出，靠的也是实事求是。可以说，中国共产党每一项正确的重

---

① 马克思恩格斯文集：第 10 卷 ［M］. 北京：人民出版社，2009：575.
② 马克思恩格斯文集：第 2 卷 ［M］. 北京：人民出版社，2009：603.

大理论和策略的提出，都离不开实事求是。斯大林曾说："列宁主义是理论的和实践的学校，它能培养特种类型的党的工作者和国家工作者，造成特殊的列宁主义的工作作风。"① 这种作风就是求实之风，是谦逊之风，它将"俄国人的革命胆略"和"求实精神"结合起来，是克服"消极因循习惯、守旧思想、保守主义、思想停滞以及对古老传统的盲从态度的药剂"，是克服"空洞的'革命的'"马尼洛夫精神的武器。这对我们理解共产党人的求是精神也有很多启示，在中国特色社会主义实践中，要有实事求是的党风、政风、作风和文风，把革命热情和科学精神结合起来。在新时代，"加强作风建设，必须紧紧围绕保持党同人民群众的血肉联系，增强群众观念和群众感情，不断厚植党执政的群众基础"②。这是共产党人不忘初心、牢记使命的最基本的要求。

二是把《共产党宣言》涤旧开新的决裂精神与现实发展结合起来。"两个决裂"最现实的意义在于消灭私有制和建设社会主义精神文明，其基本的标志是按照工人阶级国家的要求建立自己的统治和体制，经济文化相对落后的国家尽管可以一下子确立起社会主义制度，却难以摆脱封建残余和愚昧思想的侵扰，先进的社会制度和落后的经济状况形成鲜明对照，"同传统所有制实行最彻底的决裂"就是要清出腐朽的制度残余。先进的社会制度要有先进的文化与之适应，而传统观念在现实中表现出巨大的阻滞力。因此，建设社会主义先进文化，使之与我们的先进制度相适应，与当今技术发展相适应，与现实生产力发展相适应，是社会主义文化强国建设的重要任务。与传统观念决裂的另一个表现就是建设社会主义精神文明，这种"彻底决裂"并不是否定传统文化的所有内容而另起炉灶，它要继承优秀文化传统，通过转化和创新达到净化心灵和涤除尘垢的作用。当下的精神文明建设是"五位一体"文化的有机组成部分，其建设过程也是一体化的。还应该注意，"两个决裂"之后要求的建设内容是相互协调和不可偏废的，物质文明总是与精神文明相互递进。还要处理好中华文明与世界文明的关系，在新时代，中国人民有信心有能力为世界文明做出更大更多的贡献。

---

① 斯大林选集：上 ［M］. 北京：人民出版社，1979：273.

② 习近平. 决胜全面建成小康社会　夺取新时代中国特色社会主义伟大胜利 ［M］. 北京：人民出版社，2017：66.

三是把面向世界的开放进取精神与现实发展结合起来。《共产党宣言》所阐述的资本主义的开拓精神也令人们耳目一新，"它无情地斩断了把人们束缚于天然尊长的形形色色的封建羁绊"①。如果撇开资产阶级的逐利本性、自私本性和殖民罪恶，它们的上述行为应该是最早的全球化活动。资产阶级奔走于世界各地，更新了人们交往的维度和认识世界的方式，显示出人类社会的进取品质，这对当下中国特色社会主义建设也有重要启示。今天，我们也通过"一带一路"走向世界和展示全球关怀，这与资本主义的牟利愿望完全是两码事。我们设想通过这样一些做法来展示中国形象，表达中国声音，体现中国精神，贡献中国智慧。我们是将自己作为与全球命运休戚与共的一员来定位自身发展的，这是我们融入国际社会、奉献国际社会、引领国际社会的决心和行动。

（二）把《共产党宣言》的话语动力与思想建设结合起来

《共产党宣言》的一个重要目的就是"反驳关于共产主义幽灵的神话"。这里有两个方面的任务，一是公开表达自己的立场观点，申明工人阶级政党的努力方向；二是对无产阶级进行思想教育，在全社会确立共产主义理想。在立场表达上，《共产党宣言》对资产者和无产者，对共产党人，对社会主义和共产主义的定位以及执政的共产党人对各种反对党派的定位，加之对它们之间关系的分析和相关评价，都有明确的立场。在政治立场上，"共产党人不屑于隐瞒自己的观点和意图"②；在思想分野上，明确指出了不同思想造成的边界，"共产党一分钟也不忽略教育工人尽可能明确地意识到资产阶级和无产阶级的敌对的对立"③。尽管文字不多，却用词精准，话语洗练，读起来充满激情和朝气。这些方面对我们当下思想理论宣传及话语选择具有指导意义，要在实践中体现中国特色社会主义理论的思想魅力，探索大数据时代的话语形式和表述方式。马克思恩格斯写作《共产党宣言》时，还没有数字技术和网络技术，但是，他们的思想观点在网络虚拟社会里也同样能发挥作用。可以说，网络技术提供了思想宣传的新方式，网络空间提供了人的存在发展的新空间，利用网络技术做好思想政治工作，是我们今天必须面对的任务。历史在发展，社会在进

---

① 马克思恩格斯文集：第2卷［M］. 北京：人民出版社，2009：34.
② 马克思恩格斯文集：第2卷［M］. 北京：人民出版社，2009：66.
③ 马克思恩格斯文集：第2卷［M］. 北京：人民出版社，2009：66.

步，对《共产党宣言》思想的学习和宣传，也要与时俱进，要克服生搬硬套的僵化方式，达到《共产党宣言》基本原理与中国特色社会主义实践的有机结合；要注意语言的变化问题，随着语境的变化做相应的调整，在实际中找出路、找切入、找办法、找效率；要解决好叙事的转化问题，把理论话语说得生动一些，把抽象问题说得具体一些；要探索思想理论宣传的常态化路径，"一刻也不要忘记"共产党人的职责和使命。

（三）把《共产党宣言》的党性要求与个人行为结合起来

一是把《共产党宣言》思想与个人的理想信念结合起来。共产党人必须把坚定理想信念作为开展党内政治生活的首要任务，必须把对马克思主义的信仰、对社会主义和共产主义的信念作为自己的毕生追求。如果思想漂泊不定，心灵居无定所，就会迷失精神家园；如果精神气象散乱，思想态度游移，就会凝聚力不足；如果只在缥缈的思想天国享受精神慰藉，就会有"矜其心，作其意"的疏离感。共产党人必须是党的路线方针的坚定执行者，在宣传党的理论思想时身体力行，把它同"四个全面"的实践结合起来，把理论上的宏大叙述同实践上的深入细致结合起来，提高社会认同，扩大思想影响，把充满宏阔旨趣、寄寓远大抱负、饱含人类关怀的远大理想，用中国声音表达出来，用中国事迹创造出来。

二是把《共产党宣言》中党建理论与个人遵守党章党规结合起来。把遵守党章党规放在国家意识、大局意识中理解和看待，维护党的纪律的严肃性和权威性，把党章党规内化为个人的内在品格，使之成为个人思想和信仰的本色，不管经历多少风雨都永不褪色。在每个共产党员心中，党旗应该永远是鲜红的并且需要不断增添风采，誓言永远是铿锵的并且不断增强魄力，理想永远是坚定的并且不断注入生机。党员干部不能只在形式上入党，不应把入党作为提拔的筹码，不应是晃人眼目的招牌，而应该是人生的界碑和奉献社会的新起点。任何把入党宣誓看成往事，把入党仪式看成过场，把履行义务看成作秀的观点，都是不符合党章要求的。共产党人必须忠诚老实、光明磊落，说老实话、办老实事、做老实人，不当两面派，不做两面人。许多事实表明，思想的疏离会降低党性原则，进而把党章党规置于脑后，把党章党规变成"松紧带"，对别人严对自己松，有时候严有时候松，在这边严在那边松，如果思想上没有了防线，行为也就没有了边界，是非界限就模糊了。

三是《共产党宣言》的价值导向与个人奉献意识结合起来。面对社会喧嚣和多种思潮，要平心静气地理会；面对现实矛盾和利益诉求，要客观辩证地分析。要将马克思主义理论及其中国化的成果应用和贯穿于实践中，彰显马克思主义理论的思想光辉，用现实的成就激励群众的奋斗精神。共产党人要有坚持真理的勇气、奋力拼搏的志气以及献身社会的朝气，要让群众看到共产党的形象是高大的而不是虚假的。共产党人要用马克思主义事业观规范自己的行为，戒除庸俗的形式主义作态，聪明才智要用在推动社会事业上，创造精神要用在促进社会发展上，优秀学识要发挥到为民谋利上。共产党人要旗帜鲜明地讲政治，理直气壮地学马列，不折不扣地办实事。毛泽东同志说："我们同志的思想，我们党的工作，也会沾染灰尘的，也应该打扫和洗涤。"① 由于我们每日每时都面对着社会不良观念的袭扰，由于不良思想经常侵蚀我们的阵地，由于一些人的惰性会使思想尘封起来，这个时候需要"时时勤拂拭，莫使惹尘埃"。

四是把《共产党宣言》精神品格与个人的自觉修养结合起来。在平凡中彰显伟大，在朴实中追求卓越，在创造中提升品质。经常保持达观态度和进取精神，为党为人民甘任其劳，抱定"会当水击三千里"的信念，谱写人生的壮丽篇章。通过学习来增长才干，破除固有的陈旧思维；通过学习来洞明事理，增强融会贯通的能力；通过学习来博古通今，不断提高领导能力和执政水平；通过学习来提升修养，开辟人生追求的新境界；通过学习来提升自信，增强文化软实力；通过学习来纯净思想意识，锤炼出敏锐的智慧、领导的能力、非凡的气度和高尚的情怀。

作者：张明霞 孟宪平（张明霞：外交学院马克思主义学院副教授。孟宪平：南京师范大学公共管理学院教授。本文发表于《学理论》，2020 年第 10 期）

---

① 毛泽东选集：第 3 卷［M］. 北京：人民出版社，1991：1096.

读经典 学原著 树立共产主义理想

——纪念《社会主义从空想到科学的发展》出版140周年

党的十八大以来，习近平总书记多次强调必须坚定共产党人的理想信念，树立共产主义的远大理想。一些人别有用心地提出共产主义虚无缥缈，认为"马克思主义是空想""共产主义是虚构"。为了抵御错误思想，我们必须认真研读马克思主义经典著作，"不断领悟""不断参透"，掌握共产主义的真意，利用思想政治课向大学生传播马克思主义的正能量，牢固树立共产主义伟大理想。《社会主义从空想到科学的发展》是"科学社会主义的入门之作"，被誉为马克思主义"最成熟的、最基本的科学社会主义的理论著作"。在这本小册子中，恩格斯系统而全面地、通俗而又不失深刻地论述了科学社会主义的思想来源、现实基础和基本原理。重读这部原著，把握科学社会主义"科学"之真正内涵，传播马克思主义的真理，将共产主义事业进行到底，或许是对伟大导师最好的纪念。

一、写作背景

19世纪70年代后期，欧洲资本主义开始逐渐向帝国主义过渡，工人运动逐步复苏：德国社会民主党在经历了反社会党人法的致命打击后，更加迅速地成长起来；在其他西欧和中欧国家中，工人运动都有了令人欣慰的发展，一些工人阶级的政党纷纷建立起来。这些成就，特别是对德国社会民主党和法国工人党来说，都应直接地或间接地归功于马克思和恩格斯。

当德国社会民主党决定在国外出版自己的机关报时，马克思恩格斯给予了极大的关注。但是报纸交给一个监督委员会负责引起了马克思恩格斯的愤怒，他们认为这个委员会的成员是鼓吹阶级妥协的机会主义分子，拒绝给该报撰稿。不久，监督委员会就暴露了他们要把党置于有教养的资产阶级的领导之下的企图。马克思恩格斯迅速写出文章，反对阶级合作的改良主义。经过德国社会民主党领导人的认真考虑，撤掉了该委员会，保证了德国社会民主党的工人阶级性质和正确的发展方向。

经历了巴黎公社失败后，工人运动在 19 世纪 70 年代后期开始活跃起来。恩格斯通过拉法格同法国工人运动建立起联系，并为《平等报》写稿，宣传科学共产主义，为 1879 年 10 月法国工人党的建立做好了理论上的准备。1880 年年初，法国《社会主义评论》编辑贝·马隆为使法国社会主义者了解欧洲，特别是德国社会主义的思想财富，计划在该刊第一期上发表一篇"也能作为小册子出版的写得通俗易懂的关于马克思的研究文章或评论"①。这个想法最后由拉法格转告给恩格斯，恩格斯答应了拉法格的请求，将《反杜林论》中的概论和第三编中的第一章和第二章改编补充，作为一本独立的著作，以《空想社会主义和科学社会主义》为题，发表在《社会主义评论》上，同年又在法国出版了单行本。

就这样，马克思恩格斯一方面继续自己的理论研究，一方面通过理论著作或亲自参与指导着德法等国的革命运动，帮助他们在实际斗争中走向成熟。在这样的背景下，仅在 19 世纪 90 年代初期，即恩格斯写第 4 版序言时，《社会主义从空想到科学的发展》已经被译成近 10 种语言，发行了数万册，为马克思主义在工人阶级中的广泛传播做出了重要贡献。《恩格斯传》的作者海因里希·格姆科夫这样评价《社会主义从空想到科学的发展》对工人的宣传作用。他说："新一代的工人，不曾亲自与国际工人协会建立过直接的关系，也几乎没有读过协会纲领性文件。他们首先靠恩格斯的这本著作，树立了斗争中的世界观基础，懂得了社会主义发展的规律性，并加强了自己必胜的信念。"②

---

① 转引自杨玲. 社会主义从空想到科学的发展通俗著作考：兼与魏鸿彬同志商榷［J］，理论探讨，1992（2）：72.

② 海因里希·格姆科夫. 恩格斯传［M］，易廷镇，侯焕良，译. 北京：人民出版社，2000：452.

二、"科学"的含义

如果说"不成熟的理论，是同不成熟的资本主义生产状况、不成熟的阶级状况相适应的。解决社会问题的办法还隐藏在不发达的经济关系中，所以只有从头脑中产生出来"①，那么在差不过又过了 80 多年后，杜林仍然要从他那至上的头脑中构想出一个新社会制度的标准体系，而完全无视资本主义已经获得较大发展的事实，这真是对伟大空想社会主义者最拙劣的模仿。那些被他称之为"社会炼金士"的空想社会主义者在当时至少是必要的，而杜林的唯一目的却是去发现——"哲学之石"。马克思恩格斯的社会主义学说之所以能够成为"科学"，是因为他们从来没有试图构建理性的社会，而是从现实的基础出发。他们看到空想社会主义所受到的时代的局限，也看到空想社会主义者露出的天才的思想火花。马克思恩格斯从来没有贬低资本主义社会所取得的一切优秀的文明成果，反而将它们作为自己的理论基础；他们从来没有满足于已经取得的成就，而是主张不断补充修正发展和完善他们的理论。这就是"科学"的全部含义。

（一）"从已有的思想材料出发"

一种新思想的形成，总是要借助以往的优秀思想文化提供的思想材料。"科学社会主义"同任何新的学说一样，它必须首先从"已有的思想材料出发"。"已有的思想材料"，从广义上讲，指人类历史上一切优秀思想文化遗产；从狭义上来说，指空想社会主义特别是 19 世纪初期的三大空想社会主义者的学说。

空想社会主义是西欧由原始资本主义发展引起的一种现代化的思想反应。近代资本主义的发展、启蒙运动和法国大革命使乌托邦脱离了完全的道德批判和悲观情绪，从而具有了以历史乐观主义规定未来和改造世界的特点。空想社会主义者做出了在资本主义生产关系尚不成熟阶段对未来理想社会探索可以达到的最高成就，他们的理论成果成为科学社会主义直接的思想来源。科学社会主义和空想社会主义都倡导建立一种高于资本主义的新的、美好的社会制度，希望通过新制度的建立使人民摆脱贫困、剥削、愚昧，从而获得平等、自由、

---

① 恩格斯. 社会主义从空想到科学的发展 [M]. 北京：人民出版社，2014：42.

理性和全面发展。

马克思恩格斯特别肯定 19 世纪三大空想社会主义者为现代社会主义做出的杰出贡献，并对空想社会主义者的"空想性"做出了客观的分析与评价。"德国理论上的社会主义永远不会忘记，它是站在圣西门、傅立叶、欧文这三个人的肩上的。虽然这三个人的学说含有十分虚幻和空想的性质，但他们终究是属于一切时代最伟大的智士之列的，他们天才地预示了我们现在已科学地证明了其正确性的无数真理。"①

同时，恩格斯又一针见血地指出了空想社会主义的局限性。在资本主义生产还很不发达的时代，"社会所表现出来的只是弊病，消除这些弊病是思维着的理性的任务……这种新的社会制度是一开始就注定要成为空想的，它越是制定得详尽周密，就越是要陷入纯粹的幻想"②。

空想社会主义者试图从生产、分配、劳动、教育和社会生活等方面构建一个不同于资本主义、超越资本主义的社会主义制度。因此，空想社会主义具有改造旧社会、建立新社会的革命的性质。但是，空想社会主义的革命性质是一种浪漫主义的革命气质。他们中的大多数人认为通过和平的、渐进的方式，借助人类的理性，而无须任何暴力的手段，就可以完成向未来社会主义社会的转变。空想社会主义这种革命浪漫主义的实质，将人的意志、信念和精神力量放大到了推动社会进步、变革的最终决定力量上，从而成为与科学社会主义在方法论上最根本的区别。

马克思在《共产党宣言》中指出，"至今的一切社会都是建立在压迫阶级和被压迫阶级的对立之上的"③。在资产阶级和无产阶级的对立中，资产阶级创造了极大的生产力，在历史上起过非常革命的作用，但是随着资产阶级生产关系再也容纳不了它创造的财富时，与它一同发展起来的工人阶级开始联合起来，成为与资产阶级对立的一切阶级中真正的革命阶级。这个阶级将承担起资本主义掘墓人的角色，用暴力推翻全部现存制度。在空想社会主义看来，无产阶级只是资本主义制度下受剥削、令人同情的"客体"。他们既没有能力，为

---

① 马克思恩格斯文集：第 2 卷 [M]. 北京：人民出版社，2009：218.

② 恩格斯. 社会主义从空想到科学的发展 [M]. 北京：人民出版社，2014：42.

③ 马克思，恩格斯. 共产党宣言 [M]. 北京：人民出版社，2014：39.

没有必要，去反对资产阶级和整个资本主义制度。大多数空想社会主义者认为可以通过说服教育、道德感召和地区示范等改良主义措施，以那些天才人物的天才头脑符合理性的设计为蓝图，完成资本主义社会向未来理想社会的过渡，而不必打破旧的国家机器。马克思恩格斯从唯物史观出发，指出了空想社会主义者错误的根源，"他们拒绝一切政治行动，特别是一切革命行动；他们想通过和平的途径达到自己的目的，并且企图通过一些小型的、当然不会成功的试验，通过示范的力量来为新的社会福音开辟道路。这种对未来社会的幻想描绘，在无产阶级还很不发展、因而对本身的地位的认识还基于幻想的时候，是同无产阶级对社会普遍改造的最初的本能的渴望相适应的"①。

（二）"深扎在物质的经济的事实中"

马克思恩格斯的社会主义学说之所以能成为"科学"，是因为马克思恩格斯没有从人们的头脑中去寻找社会变迁和政治变革的终极原因，而是在"生产的现成物质事实"上，建立起社会主义学说的整个体系。现代社会主义就是资本主义生产力和生产方式之间的矛盾在思想上的反映和在工人阶级的头脑中的观念的反映。

空想社会主义对资本主义的剥削现象、不平等现象和私有制等社会弊病展开了猛烈的批判和道德伦理的谴责，但是，他们从未解释过资本主义工业制度的本质和作用。正如恩格斯所说，"以往的社会主义固然批判了现存的资本主义生产方式及其后果，但是，它不能说明这个生产方式，因而也就制服不了这个生产方式；它只能简单地把它当作坏东西抛弃掉"，然而问题恰恰在于"一方面应当说明资本主义生产方式的历史联系和它在一定历史时期存在的必然性，从而说明它灭亡的必然性，另一方面应当揭露这种生产方式的一直还隐蔽着的内在性质"②。马克思通过发现历史唯物主义和剩余价值学说，揭开了资本主义生产的秘密和资本生产的过程："无偿劳动的占有是资本主义生产方式和通过这种生产方式对工人进行的剥削的基本形式；即使资本家按照劳动力作为商品在商品市场上所具有的全部价值来购买他的工人的劳动力，他从这种劳动力榨取的价值仍然比他为这种劳动力付出的多；这种剩余价值归根到底构成

---

① 恩格斯. 社会主义从空想到科学的发展［M］. 北京：人民出版社，2014：61-62.

② 恩格斯. 社会主义从空想到科学的发展［M］. 北京：人民出版社，2014：60.

了有产阶级手中日益增加的资本量由以积累起来的价值量。"① 以此为基础，马克思恩格斯指出，资本主义社会中社会化的生产和资本主义私人占有的矛盾，决定了资本主义私有制必将为社会主义公有制所代替，社会主义的胜利和资本主义的灭亡同样是不可避免的。唯物史观和剩余价值学说为马克思恩格斯的社会主义学说奠定了科学基础，实现了社会主义思想史上的第一次飞跃。

（三）密切联系工人运动

马克思恩格斯的学说不仅深深扎根于经济的事实中，而且与工人运动发展密切相连。他们亲自参加工人阶级的各种实际斗争，并根据工人阶级的实践不断丰富和发展自己的理论体系。在这里我们只需要简单回顾马克思恩格斯在1848年欧洲革命、1871年巴黎公社革命和国际工人协会中的实践活动就足以说明，马克思恩格斯是如何在工人阶级运动中保持着自身理论的现实性、科学性和实践性的。

马克思恩格斯以各种方式参与轰轰烈烈的1848年欧洲革命斗争：马克思创办《新莱茵报》，谴责小资产阶级的软弱和不切实际，批判大资产阶级对革命的背叛，自始至终密切关注革命的进程；马克思恩格斯努力开展了共产主义者同盟的组织建设和各种宣传活动，并和其他盟员并肩参加武装起义。革命结束后，马克思恩格斯撰写了大量论著来总结欧洲革命的历史经验如《1848年至1850年的法兰西阶级斗争》《德国的革命和反革命》和《路易·波拿巴的雾月十八》，等等。

在国际工人协会时期，马克思恩格斯奠定了协会的思想基调和无产阶级运动的基本路线，建立并巩固了协会的组织基础，领导国际开展支持各国工人阶级的经济斗争和政治斗争等。在各种工人运动和斗争中，协会不断地发展壮大，为自己赢得了"第七强国的地位"，马克思恩格斯的理论学说也得到了广泛的传播。

从巴黎人民起义那天起，马克思就以极大的热情关注着巴黎方面的动向。他尽一切可能从封锁的巴黎得到更多的消息；马克思还致电公社委员弗兰克尔和瓦尔兰，在紧急关头提出重要建议；马克思对公社内部的争执，表现出极大

---

① 恩格斯. 社会主义从空想到科学的发展 [M]. 北京：人民出版社，2014：60.

的关怀与担心，并对公社的政治、财政和军事措施提出看法与建议。巴黎失陷后的第三天，马克思的《法兰西内战》就以国际工人协会宣言的形式在伦敦出版，并迅速引起轰动。马克思简明而深刻地分析了法国近代以来的阶级斗争史，证明巴黎公社如何成为旧的阶级统治的对立物，并对巴黎公社的经验和未来共产主义社会做出了较为深刻的总结和详尽的描述。

可见，没有对工人阶级经济地位和历史任务的洞察，没有对工人阶级运动的关注与参与，就不会有那么多出色的理论著作的问世。这是马克思主义的生命力所在，也是马克思主义留给我们的宝贵财富。

三、方法论的启示

在这本伟大的著作中，恩格斯不仅为我们提供了分析研究社会主义的方法论原则，而且它本身就是运用这些方法的典范。

从现实的基础出发，而不是从抽象的原理出发，从变化的、不断发展的眼光出发，而不是从一成不变的、固定的眼光出发，是马克思恩格斯科学社会主义的根本方法。马克思恩格斯同空想社会主义的差别在于，他们对资本主义的认识突破了道德、情感和伦理的观念，把它的发展看成是一种历史的进步和生产力发展的必然。空想社会主义者提出了许多天才的思想，还有一些资本主义学者也提出过废除私有制的主张，但是这些积极的主张仍然只能停留在猜想和预测的水平。同时，这也是马克思恩格斯将辩证法应用到唯物史观所得出的科学的结论。恩格斯指出："要精确地描绘宇宙、宇宙的发展和人类的发展，以及这种发展在人们头脑中的反映，就只有用辩证的方法，只有不断地注视生成和消逝之间、前进的变化和后退的变化之间的普遍相互作用才能做到。"[①] 这一点，对我们如何处理当代社会主义和资本主义之间的关系仍具有重要的指导意义，同时也向我们提出了对资本主义新变化的研究任务。只有立足于研究当代资本主义在政治、经济、社会和文化领域的新变化，才能将马克思主义的现代化置于现实的基础之上。

马克思恩格斯通过分析资本主义社会的基本矛盾指出了未来社会主义社会的发展趋势，但是他们并没有对未来社会做具体详细的描述。马克思恩格斯从

---

① 恩格斯. 社会主义从空想到科学的发展 [M]. 北京：人民出版社，2014：52.

来都不赞成对未来社会的特征做细节的勾画，也没有为未来社会规定具体的发展模式。对于已经取得无产阶级革命胜利、建立起无产阶级专政的国家来说，如何在本国的现实基础上，建立、发展和完善社会主义制度，无疑是科学社会主义理论的新命题。现在，我们正迎来马克思主义在新时代大获得大发展的绝好时机。无论是中国特色社会主义制度建设本身，还是中国特色社会主义的理论发展，都必须以马克思恩格斯为我们提供的科学方法论为根本指导，坚持马克思主义的现代化同中国化共同推进。

中国特色社会主义道路的开辟、中国特色社会主义制度的完善和中国特色社会主义理论体系的创建是人类社会发展史上的重大实践创新和理论创新，是马克思主义在中国传播、发展的历史必然结果。这些创新不是从头脑中产生，而是立足于中国经济文化发展相对落后的基本现实；这些创新不是否定前人已有的文明成果，更不是要抛弃马克思主义的指导地位，而是在吸收国外一切优秀的文化遗产的同时，将本国的思想文化传统同马克思主义的基本原理在新时代更深入地结合起来，不断探索马克思主义中国化的新路径。中国特色社会主义制度不是凭空建立起来的，它以第一代共产党人创立起来的社会主义基本制度为根基，在改革开放理论的正确指导下，不断地发展完善。从思想理论建设上看，毛泽东思想、邓小平理论、"三个代表"重要思想、科学发展观和习近平新时代中国特色社会主义思想构成了中国特色社会主义理论体系的核心内容。这些思想理论一脉相承，是马克思主义中国化的理论创新成果。

马克思恩格斯时刻关注资本主义的发展，注重分析新现象、研究新问题，不断地补充已有的理论体系，做出新概括，得出新结论。马克思主义无论从其内容上说，还是从方法论上而言，都没有过时，特别是经历了 20 世纪社会主义的曲折发展之后，我们更应当自觉地运用马克思主义的科学方法，立足中国改革开放的新经验和国外资本主义的新发展，不断开拓中国特色社会主义和世界社会主义发展的新机遇、新局面和新前景。

作者：孟艳（孟艳：外交学院马克思主义学院讲师）

从阶级阶层看中国社会

——重读毛泽东《中国社会各阶级的分析》

如何认识和把握一个社会的阶级和阶层，一直以来都有着多种的分析视角，角度不同，所得到的结论就会有所差异，而谈及研究分析问题，不仅涉及研究的目的和内容，也涉及研究的方法和途径。《中国社会各阶级的分析》是《毛泽东选集》第 1 卷①的开篇之作，近日有关研究工作的开展，让笔者再次关注并重读这篇文章，也因此有了更多的思考和认识。本文试图结合《中国社会各阶级的分析》，从把握毛泽东研究中国社会阶级阶层的具体内容和方法出发，阐发应如何认识和把握当代中国社会，同时也更深刻挖掘毛泽东这篇力作的当代价值及影响。

一、《中国社会各阶级的分析》主要内容及初步认识

《中国社会各阶级的分析》写于 1925 年 12 月，当时正值中国现代历史进程中的第一次国内革命战争时期，也是毛泽东及中国共产党人初步认识中国社会、探索中国革命道路的重要阶段。之所以说是初步认识和探索，这不仅符合中国共产党领导中国革命的实际发展进程，而且也预示了这篇文章中所阐发的精华思想在以后的认识和实践中会得到进一步的展开和完善，得以丰富和发展，下文对此也将有所介绍。

毛泽东写作此文的直接目的是反对当时党内存在着的两种倾向②：第一种

---

① 毛泽东选集：第 1 卷［M］. 北京：人民出版社，1991：3-11.

② 毛泽东选集：第 1 卷［M］. 北京：人民出版社，1991：3.

倾向，以陈独秀为代表，只注意同国民党合作，忘记了农民，这是右倾机会主义；第二种倾向，以张国焘为代表，只注意工人运动，同样忘记了农民，这是"左"倾机会主义。这两种机会主义都感觉自己力量不足，却不知道到何处去寻找力量，到何处去取得广大的同盟军。毛泽东指出，中国无产阶级的最广大和最忠实的同盟军是农民，这样就解决了中国革命中的最主要的同盟军问题。①

《中国社会各阶级的分析》整个篇幅并不是很长，但在文章一开头，毛泽东就给出了"谁是我们的敌人？谁是我们的朋友？这个问题是革命的首要问题"②的清晰结论，这也直接点明了此文的写作目的和意图。毛泽东谈道："中国过去一切革命斗争成效甚少，其根本原因就是因为不能团结真正的朋友，以攻击真正的敌人。革命党是群众的向导，在革命中未有革命党领错了路而革命不败的。我们的革命要有不领错路和一定成功的把握，不可不注意团结我们的真正的朋友，以攻击我们的真正的敌人。"③也就是说，革命的首要问题是分清敌友，而分清敌友是为了团结朋友、打击敌人，以达到革命成功的目的。文章接下来便结合当时中国社会各阶级阶层的状况，来详细分析论证革命的敌友及有关问题。值得一提的是，《中国社会各阶级的分析》一文的写作结构非常紧凑严整，毛泽东围绕"中国社会各阶级的情况是怎样的"做了翔实的分析和阐述，可归纳总结为以下几个方面：

（一）中国社会的阶级和阶层包括哪些

从毛泽东对当时中国社会阶级的划分情况看，主要有地主阶级和买办阶级、中产阶级、小资产阶级、半无产阶级、无产阶级及游民无产者。而在每一阶级内部，又包含有多个社会阶层，如小资产阶级，实际涵盖自耕农、手工业主、小知识阶层以及小商人等，而这里的"小知识阶层"又包括学生界、中小学教员、小员司、小事务员、小律师等；半无产阶级，实际涵盖绝大部分半自耕农、贫农、小手工业者、店员、小贩等；无产阶级，则包括有现代工业无产阶级和农村无产阶级，所谓农村无产阶级，指的是包括长工、月工、零工等在

---

① 毛泽东选集：第1卷［M］．北京：人民出版社，1991：3.
② 毛泽东选集：第1卷［M］．北京：人民出版社，1991：3.
③ 毛泽东选集：第1卷［M］．北京：人民出版社，1991：3.

内的雇农。① 从中不难看出，毛泽东作为独立自主探索中国特色革命道路的中国共产党人的突出代表，对中国社会阶级阶层的把握是非常详尽而深入的，这在当时对认识和了解中国这样地域广阔、人口众多、关系复杂、矛盾纷繁的国家是非常重要的，也是难能可贵的。解决中国的革命问题，必须从准确地把握国情开始。

（二）中国社会各阶级阶层的社会地位

毛泽东主要阐述分析的是各阶级阶层的社会经济地位。具体来看，地主阶级和买办阶级，他们的生存和发展是和中国最落后、最反动的生产关系联系在一起的②，这里主要点明了其与封建主义和帝国主义的关系；中产阶级，主要是指民族资产阶级，他们和中国城乡资本主义的生产关系相连③；小资产阶级，其中特别是自耕农和手工业主，他们所经营的都是小生产的经济④；半无产阶级，其中特别是半自耕农、贫农和小手工业者，他们所经营的是更细小的小生产的经济⑤；游民无产者，主要是失了土地的农民和失了工作机会的手工业工人，他们的生活极不安定⑥。需要着重强调的是，毛泽东在谈到无产阶级，特别是现代工业无产阶级时，给予了马克思主义的科学分析和历史定位，他指出："现代工业无产阶级约两百万人。中国因经济落后，故现代工业无产阶级人数不多。两百万左右的产业工人中，主要为铁路、矿山、海运、纺织、造船五种产业的工人，而其中很大一个数量是在外资产业的奴役下。工业无产阶级人数虽不多，却是中国新的生产力的代表者。"⑦

（三）中国社会各阶级阶层的政治态度及敌友划分

仅仅指出社会各阶级阶层的经济地位并不足以把握和认识一个社会。毛泽东之所以不惜笔墨详细分析论证中国社会各阶级阶层的经济地位，其根本目的是要准确揭示由经济地位所决定的各阶级阶层人们的政治态度，主要是对待革

---

① 毛泽东选集：第 1 卷 ［M］．北京：人民出版社，1991：8．

② 毛泽东选集：第 1 卷 ［M］．北京：人民出版社，1991：4．

③ 毛泽东选集：第 1 卷 ［M］．北京：人民出版社，1991：4．

④ 毛泽东选集：第 1 卷 ［M］．北京：人民出版社，1991：5．

⑤ 毛泽东选集：第 1 卷 ［M］．北京：人民出版社，1991：6．

⑥ 毛泽东选集：第 1 卷 ［M］．北京：人民出版社，1991：8．

⑦ 毛泽东选集：第 1 卷 ［M］．北京：人民出版社，1991：7-8．

命的态度，并由此区分谁是我们的敌人，谁是我们的朋友。地主阶级和买办阶级，在殖民地、半殖民地的中国是真正的社会权力阶级、统治阶级，但其所代表和维护的恰恰是中国最落后、最反动的生产关系，阻碍中国生产力的发展，他们的生存和发展，是附属于帝国主义的①，因此，他们是新民主主义革命的对象；中产阶级，主要是指民族资产阶级，这个阶级是与比当时的中国封建主义更进步的资本主义生产关系相联系，但同时又受帝国主义的压迫和封建主义的束缚，也正因如此，这一阶级有可能成为革命团结的对象；小资产阶级由于其总体上社会经济地位不高，大多数人并不反对革命，革命高潮时更是会积极参加革命，或是附和革命②，因此往往也会成为革命队伍中的成员；半无产阶级，其中由于包括大多数的农村人口，特别是绝大部分半自耕农和贫农，连同其他小手工业者、店员、小贩等阶层，他们的经济地位总体低下，对于革命宣传极易接受③，往往会是革命的积极参与者和拥护者；游民无产者，他们往往很能勇敢奋斗，但有破坏性，如引导得法，可以变成一种革命力量④。关于现代工业无产阶级，毛泽东在清晰阐明"工业无产阶级人数虽不多，却是中国新的生产力的代表者"⑤ 的基础上，进一步指出现代工业无产阶级"是近代中国最进步的阶级，做了革命运动的领导力量"⑥。

我们还需要进一步拓展认识这篇文章的历史地位。前文说过，该文是毛泽东及中国共产党人初步认识和把握中国社会的重要标志，是毛泽东及中国共产党人探索、开创中国特色革命道路的重要思考发端，其精华思想在以后的认识和实践中得到了进一步的展开和完善，主要标志分别是完成于 1939 年 12 月的《中国革命和中国共产党》⑦ 以及完成于 1940 年 1 月的《新民主主义论》⑧。《中国革命和中国共产党》的写作正直抗日战争最艰难的时间，是由毛泽东和其他几个在延安的同志合作写作的一个课本。其中第一章"中国社会"，是其

---

① 毛泽东选集：第 1 卷 [M]. 北京：人民出版社，1991：3-4.
② 毛泽东选集：第 1 卷 [M]. 北京：人民出版社，1991：6.
③ 毛泽东选集：第 1 卷 [M]. 北京：人民出版社，1991：7.
④ 毛泽东选集：第 1 卷 [M]. 北京：人民出版社，1991：8.
⑤ 毛泽东选集：第 1 卷 [M]. 北京：人民出版社，1991：8.
⑥ 毛泽东选集：第 1 卷 [M]. 北京：人民出版社，1991：8.
⑦ 毛泽东选集：第 2 卷 [M]. 北京：人民出版社，1991：621.
⑧ 毛泽东选集：第 2 卷 [M]. 北京：人民出版社，1991：662.

他几个同志起草，经过毛泽东修改的；而第二章"中国革命"，则是毛泽东的亲笔之作。① 在第二章中，毛泽东深刻阐释了中国革命的对象、任务、动力，更加翔实地分析了当时中国的社会阶级和阶层，明确指出了中国革命的性质、前途，中国革命的两重任务和中国共产党等关于新民主主义的重要思想。而在紧接着的《新民主主义论》中，毛泽东更是精辟、完整地论证了新民主主义的政治、经济和文化。至此，我们不难发现，毛泽东 1925 年对中国社会阶级阶层问题所进行的深刻认识和分析，实际构成了后来得以确立的毛泽东思想的主要内容之一——新民主主义革命理论形成的思想基础的重要组成部分。在新民主主义革命理论指导下，中国解决了一个由农民占人口绝大多数的落后大国如何进行民主革命、重新获得完整的民族独立、为实现国家富强和现代化创造条件的世界性历史课题。

二、《中国社会各阶级的分析》与正确把握当代中国社会

毛泽东《中国社会各阶级的分析》一文的写作距离今天已有 90 多年的时间，然而文中阐发和透射出的思想精华至今值得回味。以下谈三个方面的认识和思考。

（一）科学认识阶级阶层是为了正确把握中国社会

在中国近现代历史上，中华民族必须面对和解决的一个问题是如何重新获得完整的民族独立，为实现国家富强，走向现代化创造现实条件，为此，无数仁人志士进行了艰苦卓绝的奋斗和努力。然而，真正完成这一道路探索，并取得成功的是中国的无产阶级及其政党——中国共产党，毛泽东在这里是最突出的代表人物。正如毛泽东所说的那样："革命党是群众的向导，在革命中未有革命党领错了路而革命不败的。"② 而革命党要做到"不领错路"，就必须深刻认识现实社会，正确把握社会基本特征和发展规律。

通常来讲，认识把握社会的具体内容涉及很多的方面，但最重要的是基本国情。毛泽东指出："认清中国的国情，乃是认清一切革命问题的基本的根

---

① 毛泽东选集：第 2 卷 [M]. 北京：人民出版社，1991：621.
② 毛泽东选集：第 1 卷 [M]. 北京：人民出版社，1991：3.

据。"① 所谓基本国情，既可以从生产力的角度看，也可以从生产关系的角度看。生产力状况直接体现为现实的经济发展水平，而生产关系如何直接涉及既定社会条件下人们在生产过程中所处的地位及相互关系，这里的"人们"，既是指具体的自然人，更是指一定的人群、群体、阶级、阶层，认识他们所处的经济地位和经济关系是认识社会、把握国情的关键所在。因此，毛泽东在20世纪20年代对中国社会阶级阶层状况的揭示，直接关系到对中国国情的把握，没有这一把握，就谈不上对中国社会的正确认识，谈不上制定行之有效的方针策略并取得社会实践上的成功，因而也就不能推动社会发展和进步。这一思想逻辑同样适应于现代中国社会。今天，我们仍然要认清中国社会的阶级阶层问题，准确分析各阶级阶层所处的社会地位，特别是经济地位，从而正确把握各阶级阶层的政治态度。请注意，今天我们这里所说的政治态度，主要是指各阶级阶层的人们对改革开放及建设中国特色社会主义的思想认知。这种思想认知的具体情况，直接关系到能否更好地促进社会主义改革和现代化发展。

（二）科学认识阶级阶层关系到如何具体分析现实中国社会

可以说，毛泽东当年对中国社会阶级阶层的分析和认识，直接为我们研究今天中国的社会阶级阶层问题提供了思考路径。

第一，中国社会目前的阶级阶层有哪些？笔者比较认同的划分是工人阶级、农民阶级、干部、知识分子和新的社会阶层。在这里，工人阶级、农民阶级、干部、知识分子是改革开放前就已经有的传统划分，其中的干部和知识分子实际上又可以归到工人阶级的整体概念中，且这种认识至今有效。而新的社会阶层主要产生于改革开放之后，是随着中国经济体制、所有制结构、分配结构以及社会就业、社会分工结构等的改革和变化而出现的。在新的社会阶层中，又可以具体细分为民营科技企业的创业人员和科技人员、受聘于外资企业的管理技术人员、个体户、私营企业主、中介组织的从业人员和自由职业者，等等。② 在这里，我们能清晰地观察到，当今中国社会的阶级阶层划分也是非常复杂和细化的。1956年，以社会主义改造完成为标志，中国的社会阶级阶层曾一度变得相对简单划一，阶级斗争尽管在一定范围、一定条件下依然存在，

---

① 毛泽东选集：第2卷［M］. 北京：人民出版社，1991：633.

② 闫志民. 中国现阶段阶级阶层研究［M］. 北京：中共中央党校出版社，2002：27-29.

但剥削阶级作为一个整体已经基本被消灭，以工、农为代表的劳动阶层基本覆盖了中国的社会阶级阶层。但 20 世纪 70 年代末开启的改革开放，极大地改变了中国社会，以经济体制改革为先导的社会全面改革触动了所有制结构、分配结构、就业结构、分工结构等一系列的变化和调整，随之带来的是社会阶级阶层结构的复杂化与精细化。尽管工人阶级、农民阶级依然是当今中国社会两大基本力量，"两大阶级的基本格局没有改变"①，但其内部的衍生及外部的延展，使得这两大阶级结构不再简单划一，加之新的社会阶层的不断出现，早已使中国构建起了一个多层级、立体化的现代阶层分工社会。正因如此，关于当代中国社会的阶级阶层问题，一度成为学界研究的热点，而关于社会阶层的划分，比较有影响的还有以职业分类为基础，以组织资源、经济资源和文化资源的占有状况为标准的十大阶层归纳。② 在此不做赘述。

第二，目前中国社会各阶级阶层的社会地位，特别是经济地位如何？关于这个问题，可以从多个层面分析。一方面，就总体情况看，鉴于中国社会目前并不存在整体意义上的剥削阶级及阶级压迫，所以各阶级阶层在社会生产过程中的地位总体来说是平等的，特别是在以公有制为主体的社会经济、政治、文化领域；另一方面，社会分工差异的客观存在，决定了人们的实际经济地位存在差异，特别是在以劳动收入为衡量标准的前提下。不同的社会阶层，往往处于社会分工的不同层级，所获得的劳动收入不同，进而社会经济地位不同。而同一阶层处于不同社会分工领域的人或群体之间，也存在着经济地位上的现实差距。尤其需要指出的是，在我们今天允许私营经济、外资经济存在的情况下，剥削在一定范围、一定程度上是存在的，这不仅会造成部分社会群体和个人之间一般意义上的经济地位的差异，更会带来不同社会群体和个人之间经济权利上的不平等关系，处理不好，会导致社会群体之间的矛盾与冲突。此外，从所有制和分配的角度看，不同的所有制形式会带来不同的分配方式，由此也就会产生不同的分配结果，分配结果的多寡不同，某种意义上也就意味着人们所处的社会经济地位的不同。

第三，目前中国社会各阶级阶层的政治态度和政治定位是怎样的？前文提

① 闫志民. 中国现阶段阶级阶层研究 [M]. 北京：中共中央党校出版社，2002：25.
② 陆学艺. 当代中国社会阶层研究报告 [M]. 北京：社会科学文献出版社，2002：8.

到，在当代中国，所谓政治态度，主要是指社会各阶级阶层的人们对改革开放及建设中国特色社会主义的思想认知。因此，首先，从目前我国社会整体情况看，各阶级阶层的人们，包括私营企业主阶层在内，都积极拥护改革开放，热情参与中国特色社会主义建设，这是主基调，必须加以肯定。其次，鉴于工人阶级、农民阶级两大基本力量仍是中国目前社会阶级阶层的基本覆盖，因此，我们仍然坚持工人阶级、农民阶级是推动中国改革开放、建设中国特色社会主义最重要的社会力量。其中，工人阶级依然是社会先进生产力的代表，是国家的领导阶级，是建设中国特色社会主义事业的根本力量。而农民阶级与工人阶级结成联盟，是建设中国特色社会主义事业的基本依靠力量，这是我们对工、农两大基本社会力量的定位。这个定位本身也包含这样的蕴意，即我们之所以要实行改革开放，建设中国特色社会主义，其最终目的就是为着工、农及广大劳动阶层的根本利益，因为他们是我们这个社会的真正主人。这里有必要厘清的一点是，一个社会阶级或阶层的经济收入与其经济地位二者之间往往表现为正相关，但一个社会阶级或阶层的政治态度与其经济地位和收入多寡不是所谓的"正向"关系，而往往恰恰"相反"，这符合民主革命时期毛泽东对中国社会各阶级经济状况和对待革命态度的分析逻辑，弄清楚这一点，我们才能真正理解在当代中国关于工人阶级是国家的领导阶级的政治定位，以及工人阶级是全面建成小康社会、坚持和发展中国特色社会主义的主力军的政治判断，而农民阶级是工人阶级可靠的同盟军，是我国社会主义现代化建设和改革开放基本的依靠力量。

（三）科学认识阶级阶层服务于建设中国特色社会主义这一根本目标

今天，我们之所以还要研究社会阶级阶层问题，除了它是当今中国社会发展中的一个现实问题本身，还因为这直接关系到中国特色社会主义建设的发展。如前所述，毛泽东在《中国社会各阶级的分析》一文开篇即点明了他写作此文和研究中国社会阶级阶层问题的目的，而分清敌友，是为着团结朋友、打击敌人，使革命取得成功。同样道理，尽管今天已经不是民主革命时期，也不是社会主义革命时期，而是早已完成社会主义革命，进入社会主义建设和改革的历史阶段，但我们仍须认清中国的阶级阶层，明确各阶级阶层对改革开放和建设中国特色社会主义的政治立场和态度，进而对各阶级阶层进行政治定位，其中心目的是调动一切可以调动的力量、团结一切可以团结的人投身社会主义现代化建设，为实现中华民族的伟大复兴，完成近代以来中华民族第二大历史任务而奋斗。也正因为如此，除了对工人阶级（知识分子是中国工人阶级的一部分）和农民阶级的明确的政治定位，对新的社会阶层（包括私营企业主阶层在内）整体的政治定位则是"中国特色社会主义事业的建设者"。这一对新的社会阶层的定位，并不否定工人阶级、农民阶级的重要地位，也不否定在我国目前，尤其在私营企业主阶层中，存在着占有他人剩余劳动即剥削现象。在我国现阶段，在一定条件下和一定范围内存在剥削现象，但理解这个问题还需要补充以下认识：其一，私营企业主所从事的经营活动与我国基本经济制度中的多种经济成分相联系，是基本经济制度本身应有之义；其二，在不否认存在一定程度剥削的同时，我们同样要肯定私营企业主阶层对社会主义建设的贡献；其三，私营经济成分作为我国多种经济成分的一部分，是从属于占主体地位的公有制经济的，是为初级阶段的社会主义经济服务的。只有对我国目前存在的新的社会阶层，尤其是私营企业主阶层的作用和地位进行全面的理解和认识，我们才能对我国目前的社会阶级阶层的地位做出准确的判断。

三、《中国社会各阶级的分析》对当代中国社会研究的启示

（一）关于研究社会阶级阶层问题的理论基础和出发点

仔细阅读《中国社会各阶级的分析》，我们可以清晰把握这篇文章的研究方法，其中最值得推崇和肯定的是，毛泽东在阐释中国社会阶级阶层问题时，坚持马克思主义的立场观点、坚持历史唯物主义世界观，他在阐发中国社会阶级阶层经济地位时，将生产力、生产关系、生产方式作为分析问题的理论基础和出发点，这是科学的研究方法，是对马克思主义政治经济学基本原理的准确运用，是毛泽东将马克思主义的基本原理具体应用于研究中国的实际，这便是我们今天所倡导和坚持的马克思主义中国化。马克思主义中国化的科学内涵是非常丰富的，其中首要的一点就是要紧密联系中国实际，运用马克思主义解决中国的实际问题。所谓运用马克思主义，就是指要运用马克思主义的基本原理。对中国共产党人来说，关于马克思主义中国化的思想，尽管毛泽东在1925年写作《中国社会各阶级的分析》时还并不非常清晰，但今天我们学习这篇文

章，却能发现这一思想精华实际早已蕴含在中国共产党人对中国社会、中国国情的把握和对中国革命道路的探索过程之中。更值得称道的是，毛泽东对当时中国社会各阶级阶层实际经济地位认识极其深入，他能准确描述各阶级阶层经济状况的具体差别以至极细微之处，如他在分析半无产阶级时，详细区分了绝大部分半自耕农和贫农以及贫农中的两个部分，并指出由于经济地位存在的实际差异，"故半自耕农的革命性优于自耕农而不及贫农"。① 他为中国共产党人更准确地辨别和把握中国社会各阶级阶层对待革命的态度提供了可靠依据，而这里所运用的马克思主义世界观和方法论对我们分析当代中国社会阶级阶层问题仍具有重要引领和示范作用。

（二）关于阶级、阶级斗争和阶级分析法

关于什么是阶级，列宁曾有过经典的定义。"所谓阶级，就是这样一些大的集团，这些集团在历史上一定社会生产体系中所处的地位不同，对生产资料的关系（这种关系大部分是在法律上明确规定了的）不同，在社会劳动组织中所起的作用不同，因而领得自己所支配的那份社会财富的方式和多寡也不同。所谓阶级，就是这样一些集团，由于它们在一定社会经济结构中所处的地位不同，其中一个集团能够占有另一个集团的劳动。"② 列宁的这一定义是对马克思主义唯物主义史观的继承，是对马克思主义关于阶级、阶级斗争学说的运用和发展。不仅如此，我们还可以发现，毛泽东在《中国社会各阶级的分析》中，每每谈到阶级，都是列宁经典定义下的阶级概念，而且这一概念也符合当时中国的社会实践。然而，研究当代中国的社会阶级阶层问题，有一点认识需要强调，1956 年以后，经过社会主义改造的中国，剥削阶级作为一个整体已经基本消灭，以此为标志，阶级斗争不再是中国社会的主要矛盾，取而代之的是人民日益增长的物质文化需要同落后的社会生产力之间的矛盾。尽管在以后的十年"文革"期间，"以阶级斗争为纲"被重新提上日程，但实践证明那是一种错误的思想认识。改革开放后，以经济建设为中心的工作重点转移使"阶级斗争"迅速淡出人们的视线。今天，每当谈到中国社会的"阶级阶层"，人们更多的理解是在"阶层"层面，而非"阶级"层面，这是伴随中国社会发展

① 毛泽东选集：第 1 卷 [M]. 北京：人民出版社，1991：7.
② 列宁选集：第 4 卷 [M]. 北京：人民出版社，1972：10.

所出现的客观现象，需要正视。但新的问题是，随着"阶级"概念的被淡化，又出现了一种否定"阶级"、否定"阶级斗争"的倾向，这便造成了另一种思想偏差。我们需要明确的是，1956年社会主义改造的完成，只是标志着阶级斗争不再是中国社会的主要矛盾，但这不是说"阶级""阶级斗争"从此不存在了，而社会主义初级阶段的基本国情决定了不可能在今天就完全实现消灭"阶级"和彻底结束"阶级斗争"的任务。正如恩格斯所说："这些相互斗争的社会阶级在任何时候都是生产关系和交换关系的产物，一句话，都是自己时代的经济关系的产物。"① 在当代中国，阶级这一概念不仅有着历史的缘起，更是一种客观现实，与之相联系，阶级斗争在一定范围、一定条件下不仅存在，而且在特殊情况下还会很激烈，对此，我们必须保持清醒的认识。作为马克思主义研究问题的重要方法之一，阶级分析法是考察阶级社会的重要工具和手段，也是当代社会科学研究的基本方法之一。今天我们可以观察到的一个基本事实是，阶级、阶级斗争在目前世界大多数国家都是一种不容否认的客观现实，而资本主义社会是当代最典型的阶级社会。因此，研究现代中国和世界问题，阶级分析法具有特殊的重要价值，在社会科学研究方法体系中更是不可或缺。

（三）关于生动朴实、实事求是的思想学风

在写作特点和风格上，《中国社会各阶级的分析》写作目的清晰，内容翔实、论证有力，语言表达朴素无华、直切主题，集中展现了毛泽东的理论品格和思想风范。回味文章内容，我们会注意到，在相关问题的阐释中，毛泽东引述了大量的实际典型材料，用事实说话，且语言表达朴实、通俗、生动。举例来说，毛泽东在分析中国的中产阶级时指出，"他们对于中国革命具有矛盾的态度：他们在受外资打击、军阀压迫感觉痛苦时，需要革命，赞成反帝国主义反军阀的革命运动；但是当着革命在国内有本国无产阶级的勇猛参加，在国外有国际无产阶级的积极援助，对于其欲达到大资产阶级地位的阶级的发展感觉到威胁时，他们又怀疑革命"②。毛泽东在这里实际上阐释了中国民族资产阶级的"两面性"或"两重性"③。为了能够更准确、形象地表达这一思想，毛

---

①　马克思恩格斯选集：第3卷［M］. 北京：人民出版社，1972：66.

②　毛泽东选集：第1卷［M］. 北京：人民出版社，1991：4.

③　毛泽东选集：第2卷［M］. 北京：人民出版社，1991：639.

泽东还引用事例写道："有一个自称为戴季陶'真实信徒'的，在北京《晨报》上发表议论说'举起你的左手打倒帝国主义，举起你的右手打倒共产党'"①毛泽东讲道："这两句话，画出了这个阶级的矛盾惶遽状态。"② 关于民主革命时期中国民族资产阶级的"两面性"，毛泽东在之后的《中国革命和中国共产党》《新民主主义论》等文章中做了进一步地深入阐释，也可以说，对民族资产阶级"阶级特点"的精辟分析和阐释构成了毛泽东及中国共产党人关于新民主主义革命思想的重要内容。而对中国民族资产阶级的这一"特征定位"，不仅与中国民族资产阶级实际状况十分的贴切和吻合，而且中国革命的具体实践也在不断证实其正确性。由此，我们的深刻体会是，如果没有源于客观的社会实践，没有实事求是的思想学风，就不会有科学的理论成果。以毛泽东为代表的中国共产党人就是凭着这种脚踏实地、实事求是、忠于实践的探索精神，总结、创造出了一整套关于中国民主革命的理论——新民主主义革命理论，并引领中国革命取得成功。这里之所以要特别强调《中国社会各阶级的分析》的写作特点和风格，除了这是文章本身的鲜明特色外，更重要的是期望借此警示当下中国的理论研究和思想学风。

作者：崔朝东（崔朝东：外交学院马克思主义学院副教授，本文发表于《外交评论》，2017 年（增刊），第 162 期）

---

① 毛泽东选集：第 1 卷 ［M］. 北京：人民出版社，1991：4.
② 毛泽东选集：第 2 卷 ［M］. 北京：人民出版社，1991：4.

马克思主义对宗教消亡与人的解放关系的理解①

宗教的存在具有历史性，宗教的消亡具有过程性，不能把它理解为短期的行为，也不能把它夸大为永恒的存在。任何一种宗教都不是无缘无故产生的，任何一种宗教都有其发展的经历。当今世界上大的宗教派别，基本上都经历了从小到大的过程。基督教的发展中，最初的教义和形式比较简单，后来的东西，有不少是希腊罗马加进去的。因此，宗教的形成和发展过程是不断适应一些人思想和心理需要的过程，也是不断地吸收和借鉴其他文化内容的过程。对于宗教消亡问题，要放在思想史的背景中来理解，要从认识发展的规律来体会。

一、"神的逍遥"：宗教产生与社会发展

（一）宗教的思想根源

实现人的解放与实现宗教消亡是一致的，其最基本的方面是要把宗教徒从幻想的存在物中解脱出来，使他们不在精神枷锁之下痛苦呻吟。这一目标不是靠幻想或假说来实现的，也不能靠"同现实的影子"进行哲学斗争来实现，青年黑格尔哲学主张的"只要我们教会他们如何用符合人的本质的思想来代替这些幻想、批判地对待这些幻想、从头脑里抛弃掉这些幻想"②，就能实现人的

---

① ［基金项目］本文系国家社科基金项目"网上思想文化阵地的型构模式及建构方式研究"（项目编号：16BKS118）；北京社科基金项目"提升社会主义核心价值观的国际话语权研究"（项目编号：18KDC020）；黑龙江省哲学社会科学规划项目"马克思主义文化动力观对中国特色社会主义文化建设的启示研究"（项目编号：16KSE06）的阶段性研究成果。

② 马克思恩格斯全集：第3卷［M］. 北京：人民出版社，1960：15.

解放，无异于痴人说梦。宗教源于思想认识问题，拿原始宗教来说，人们不知道大自然为什么会有风雨雷电、阴晴圆缺、白天黑夜、四时交替以及生老病死，于是就想象有一种神秘的不可抗拒的力量在支配着世界，进而产生神灵崇拜、图腾崇拜等。这种基于对自然认识缺乏深刻认识基础上的思想意识，只有在不断提高觉悟中得到纠正。在处理同宗教的关系时，避免出现伤害宗教感情的事情，也是解决思想问题的重要方面。在人与神颠倒的世界中，一切伟大的、美好的、真正人性的事物都被归诸神，历史充满神性、非人性和兽性。列宁曾经提到，解决宗教消亡的思想根源问题，虽然可以通过宣传、教育等方式的斗争，但不可采取过激的斗争行为，以免引起有宗教信仰群众的愤恨，从而造成群众因宗教信仰问题而产生的分裂，破坏团结的力量。列宁看到了斗争可能引起的宗教矛盾，由此造成的群众分裂和力量分散无疑是革命内能的巨大减损，因此这种斗争应该是适度的有理、有利、有节的斗争。在当时的德国哲学看来，假如人能够充分认识自身，并将自我作为各种复杂生活关系的量化标准，进而处理好所处环境的各项事宜，才能真正领悟化解现代谜语的真谛。实际上，人所固有的本质比主观臆想的"神"的本质高尚得多，真正的复归不是归于"神"而是归于"人"，这是宗教消亡中的思想解蔽过程。

（二）宗教的经济根源

共产党人的理想建立在科学的无神论基础上，它以唯物主义世界观为基础，在制定之初，就应该找到宗教产生的真正历史根源和经济根源，对无神论的宣传也必然成为党的工作内容之一。要做到这一点，仅仅从理性出发是不够的，无神论作品或启蒙著作不能冲淡无产阶级的政治任务，违心地谈论宗教问题是没有意义的。对于宗教采取极端态度的做法，在马克思恩格斯以及列宁那里都是持否定态度的，在工人政党纲领里直接宣布无神论并表示向宗教宣战，也是他们不能接受的。对宗教实行无原则的妥协和让步也是不合适的，在《反杜林论》中，恩格斯批判了杜林对唯心主义和宗教所做的让步，也批判了杜林在社会主义社会中禁止宗教存在的主张，认为这种形式不过是俾斯麦宗教政策的翻版，他试图用另一种方式重复俾斯麦的蠢举。因为俾斯麦的斗争将最表面的、资产阶级虚伪的反教权运动作为工作的重点，这使得一部分工人阶级和民主派忽略了阶级斗争的重要性，进而颠倒了政治分野与宗教分野的主次关系，最终的结果除了巩固天主教徒的好战的教权主义外，对真正的文化事业毫无益处。在实际工作中，工人阶级政党应该耐心地组织和教育无产阶级，而不是冒险地向宗教宣战，"宣布宗教为私人的事情"① 实际上就是在一定程度上遵循宗教自行灭亡的事实。

（三）宗教的自然根源

自然始终是宗教的基本背景，宗教作为一种历史进程中的思想意识，是作为"外来的补充"的"不高尚的限制"形式出现的。自然作为宗教的最初的原始的对象，提供可供想象和表达的素材，以此为基础的各种原始宗教被赋予自然意蕴。在以后的发展中，宗教也未能与自然形成明显的分界，在驰骋纵横的想象中，人、神、自然之物、精神之物等构成复杂多元的意识景观，这首先体现于自然力量当中，进而演进为不同民族的纷繁冗杂的人类文化。考察个人的思想历程以及人的本性，人心中神性的火花、好善的举止、对知识的渴求和对真理的渴望，都会被欲望的火焰吞没，崇尚德行的热情会被罪恶的诱惑声淹没。这种历史境遇造成浮躁的物质享受胜于对文化精神内涵的追求，造成"人是自然界唯一达不到自己目的的存在物，是整个宇宙中唯一不配做上帝创造物的成员"② 的意识。这种历史根源与不同的宗教环境有密切联系，恩格斯在《风景》中描述的古希腊国家的泛神论宗教意识，宾根郊区具体化了的宗教，北德意志荒原造就的犹太人的世界观，"其实神不过是通过人在自己的不发达意识这个混沌物质［Hyle］中对人的反映而创造出来的"③。历史的起源处也是宗教源头，沧海桑田、日月轮回，给宗教增添几许神秘、几多虚幻、几段传说，生活在物质世界中的人希冀配飨神的福祉，希冀天国的光辉更多地投射到自己身上。这样一个"用头立地"的历史过程难免带来思想与实践的矛盾，人靠"神"维持生活，"神"创造了生活的源泉，"双脚站立"的实体经常被"思想倒立"的客体所支配，自然力量、社会力量共同影响着神秘力量的构想形式，这是思想矛盾和精神空灵的自然和社会根源，也是宗教消亡中应当直面的。

（四）宗教的心理根源

宗教要符合合理性心灵，这一点连宗教自身也不能公开否定。有宗教思维

---

① 马克思恩格斯全集：第1卷［M］. 北京：人民出版社，1956：182.
② 马克思恩格斯全集：第1卷［M］. 北京：人民出版社，1995：450.
③ 马克思恩格斯全集：第3卷［M］. 北京：人民出版社，2002：519-520.

就会有宗教虔诚，若以理性作为宗教虔诚的基础，结果是不会虔诚的。宗教心灵是基础，宗教教义是果实，心灵之花育出精神之果，其中包含着理性的思考和非理性的偏执。作为一种获得心理认可的宗教形式，如若采取不理不睬的态度，就是在一定程度上忽视宗教人性的一面，但是，如果极力迎合宗教的心理需求而无视宗教的非理性方面，也不是马克思主义政党应当持有的态度。对宗教心理基础的认识，要把"上帝的理性"和"我们的理性"联系起来看待，宗教不过是人的心理世界、精神世界的外在映像，对于宗教徒来说，这是一个心灵净化和精神洗礼过程，它不仅要否定宗教形式，也必然否定内心的精神基础。但应该知道，无神论和共产主义既不是人所创造的对象世界和对象形式的本质力量的消逝、舍弃和丧失，更不会是返回到非自然的、不发达的简单状态去的贫困，它们应该是人的本质的现实的生成和真正的实现。宗教心理在宗教仪式中表现明显，不管教义上有多少差异，不管宗教仪式是简约还是烦琐，也不管祈祷词语句法和意义有多大差别，都是在表达一个心理，即对神的膜拜和祈求。守住宗教生活中的清规是证明自己教籍的重要方面，教规的宽容与严谨，是宗教含义的外部显映，基督教、犹太教、伊斯兰教等都无一例外地通过教规表达教义，在神灵的诫命命面前，大多数宗教徒是以其虔诚获得心灵慰藉的，所谓"信则有，不信则无"大致是这种情况的述说。

二、"神的黄昏"：宗教解放与政治解放

（一）宗教解放与政治解放不能分开

所谓政治解放就是通过资产阶级革命实现的自由与平等，这是摆脱宗教束缚的过程。政治解放使人们在政治上实现平等，但并没有废除社会的不平等，因为社会不平等的根源是私有制。宗教解放与政治解放不是一回事，宗教具有自身的局限性，它并不完全是政治解放的前提，但二者有密切的关系。在马克思看来，犹太人争取信教自由的斗争，实质上是政治问题。尽管犹太教义与基督教义都是统治阶级借以麻醉人民的鸦片，因此必须同样进行彻底批判；但是作为一个政治问题，必须支持犹太人信教自由的斗争。马克思恩格斯还指出，青年黑格尔派"自我意识""绝对观念"，把人的自我意识看成自然界和社会现象的基础和本原，鼓吹资产阶级个性解放和自由主义，反对封建专制制度和

封建等级束缚，把批判的锋芒指向封建专制制度的主要思想支柱，揭露了基督教的反动性，指出基督教在改造古代世界上曾经起到的积极作用及其时效性，也指出基督教所宣扬的迷信思想，使人变成了人所创造的偶像的附庸，成为封建统治阶级欺骗和奴役人们的工具。实现宗教解放的资产阶级政治国家不仅没有废除私有制，反而以资本主义私有制为前提，宗教解放是一个现实的问题而不是一个纯粹宗教问题，需要对国家以及对构成国家基础的市民社会进行批判。

（二）宗教消亡和政治解放都是在现实中实现的

宗教发展与政治解放的过程中，宗教观念与人权观念是不断地搏杀的，其中的"漫画式"形式包含着社会发展的本质形式，教权的萎缩就是人权的扩大。政治解放并不要求改变私有制，也不要求人们放弃宗教，也不能完全废除人的本质的异化，人们依旧过着"天国的生活"和"政治共同体的生活"，"甚至在政治解放已经完成了的国家，宗教不仅仅存在，而且是生气勃勃的、富有生命力的存在，那么这就证明，宗教的定在和国家的完成是不矛盾的"①。因此，政治解放使人摆脱了外在枷锁之后又戴上了市民社会的枷锁，现代民主制只是实现了形式上的平等。私有财产是宗教存在的物质基础，私人财产被消灭时，宗教产生和存在的物质基础随之消失，宗教意识也会"像烟雾一样，在社会的现实的、蓬勃的空气当中自行消失"②。宗教作为旧社会赖以存在的重要基础，使得对宗教的批判成了一切其他批判的前提，宗教批判的意义在于通过间接的方式反对虚幻世界，它摘去了奴役人们的锁链上的虚幻的花朵，革命者的任务不仅仅是宗教批判，还要把"对天国的批判变成对尘世的批判，对宗教的批判变成对法的批判，对神学的批判变成对政治的批判"③。宗教消亡和政治解放都是"此岸世界"的事情，是现实社会的任务。就发展趋向看，当市民社会内部通过暴力方式产生政治国家，当人通过政治形式实现自我解放的时候，宗教的存在现状就会发生根本性的动摇。实现这样的目标，可能的手段是："废除私有财产、限定财产最高额、没收财产、实行累进税"，甚至要"通

---

① 马克思恩格斯文集：第1卷［M］．北京：人民出版社，2009：27．
② 马克思恩格斯全集：第1卷［M］．北京：人民出版社，1956：446．
③ 马克思恩格斯文集：第1卷［M］．北京：人民出版社，2009：4．

过消灭生命、通过断头台"① 来实现。

（三）宗教消亡与政治解放的历史阶段性

马克思恩格斯认为，私有财产的消灭意味着宗教产生和存在的基础随之消失，寄托在人们头脑中的宗教意识也会"像烟雾一样，在社会的现实的、蓬勃的空气当中自行消失"②，这是一个历史过程。政治解放对不平等性的废除，意味着人们在政治上不平等的废除，但没有废除人们在社会上的不平等，要走向人的解放，还需要一个长远的历程。政治解放不要求废除私有财产，也不要求抛弃迷惑心灵的宗教意识，在这个层面上谈不上消灭宗教。路德在反对罗马宗教时提出"信仰自由"和"思想自由"的口号，他用信念上的奴隶制战胜了现实的奴隶制，通过世俗的僧侣化把僧人变成世俗人，用心灵的枷锁代替肉体的枷锁。这些方面只是在一定程度上把宗教实用化，而与政治解放无涉。资产阶级的自由平等要求与宗教的禁欲主义是明显不同的，尽管宗教改革对于平等意识的发展具有推动作用，二者的距离却是明显存在的，在社会发展中的历史性极其明显。

三、"神的落日"：宗教消亡与人类解放

（一）宗教解放对人的解放具有奠基作用

从源头上看，宗教消亡问题要解决宗教异化和人性复归问题，即解决思想异化和经济异化。因为宗教异化本身属于思想意识领域，而经济异化划归现实生活范畴，因此对异化的扬弃要从这两个方向入手。但是，宗教解放所主张的"无神论"与未来共产主义社会的"无神论"还是有一些差别的。在思想认识上，如果人们不能够通过道德、宗教、政治和社会自身的话语逻辑来揭示出其附属的阶级利益，那他们将始终是在政治上受蒙蔽，自身受欺骗的个体牺牲品。在列宁看来，解决问题的有效办法是在社会中找到一种力量，通过教育和组织，使之成为除旧立新的力量。随着社会主义的发展，宗教将消逝。宗教的消逝必须由社会发展来促成，而教育又必须在社会发展中起重要作用。要推翻

---

① 马克思恩格斯全集：第 3 卷 ［M］. 北京：人民出版社，2002：175.
② 马克思恩格斯全集：第 1 卷 ［M］. 北京：人民出版社，1956：446.

现实存在的封建专制统治，必须"联系对政治状况的批判来批判宗教，而不是联系对宗教的批判来批判政治状况"①。从现实看，"只有当实际日常生活的关系，在人们面前表现为人与人之间和人与自然之间极明白而合理的关系的时候，现实世界的宗教反映才会消失"②。物质生产和社会生活的自由结合，人们的自觉活动对社会命运的影响日益增多，神秘的面纱逐渐被揭掉，而计划性和自觉性的增强，是消除宗教偏见进而实现人的解放的重要前提。

（二）人的解放是更高级的形式或阶段

人的解放把人从宗教中解放出来，政治解放把国家从宗教中解放出来，这意味着人借助国家这个中介把自己从宗教中解放出来，意味着人能够借助国家这个中介宣布自己成了无神论者，进而宣布国家成为无神论者。但这个解放是以抽象的、有限的、局部的、间接的方式超越了宗教的限制，是必须而且只能借助国家实现对宗教限制的超越，它把自己的全部非神性、自己的全部人的无约束性内容寄托在国家身上。政治解放只把宗教从政治生活领域转入市民社会生活领域，从公法领域转入私法领域，没有在市民社会生活中废除宗教，个人在世俗生活中还是要受到宗教的约束。宗教消亡会使人的思想认识得到极大提高，是人的精神束缚和物质困惑基本消除之后的事情。只要人能认识自身、并以自身为尺度安排周遭世界，就能够真正解决现代发展之困厄。政治解放是人类思想史上的巨大跃迁，如何从政治解放走向人的解放，又是马克思主义理论中的大问题。

（三）宗教消亡走向人类解放是一个消除虚幻思想的过程

从宗教的产生到闵采尔的宗教改革再到路德的宗教改革，其中的幻想内容和虚幻色彩给人以乌托邦的诱惑。抽掉具体内容的彼岸之神频频向世人召唤，似乎神祇的光芒会毫无悬念地洒落人间，人间的一切灾难可以轻如火花般的消失，救世主义偶像拨弄思想之弦而奏出的圣曲将人们带入天国和天堂。用脱离现实环境的"社会"取代旧社会，用感性的内容虚构"真实世界"，在彼岸寻找身心栖息之所，已经把人的解放引向歧途。因此，人的解放不是单纯的思想运动，而是那种消灭现存状况的现实的运动。思想自由与个性自由有很多一致

---

① 马克思恩格斯选集：第4卷 [M]．北京：人民出版社，1995：528.
② 马克思恩格斯文集：第5卷 [M]．北京：人民出版社，2009：97.

性，随着宗教的消亡，随着人的解放的逼近，人们的行为会突破宗教解放和政治解放设定的边界而走向真正自由而全面的发展，各民族的精神产品就成了公共财产。人的解放是现代语境中规划的图景，不是充满宗教悲愁的思想征程，这是一个充满能动精神和乐观精神的过程，理性精神和辩证眼光在其中起着重要作用，个人行为与集体行为、私人边界与公共边界、当前发展与未来发展，都越出了虚幻想象而在现实中得到合理解决。

作者：张明霞（张明霞：外交学院马克思主义学院副教授，本文发表于《佳木斯大学社会科学学报》，2018 年第 6 期）

马克思主义文化动力思想论析①

马克思主义文化动力思想是指马克思恩格斯及其后继者对文化力量的本质及其内涵的深入认识和阐释。这一思想是马克思主义关于人的发展、社会发展的合力思想的重要内容，是在经济、政治、社会的关联中对文化的存在样态、社会功能等方面做出的科学分析。马克思主义文化动力观的发展有一个历史脉络和谱系，在科学社会主义诞生之初有自己的原生形态，在世界社会主义运动中有自己的延伸形式。

一、马克思主义文化动力思想形成和基本脉络

马克思主义文化动力思想开创了对文化动力认识的先河，它对后来的社会主义国家的文化实践产生作用，苏联"文化革命"对文化力量的理解，中国共产党提出的文化软实力、文化生产力，都在各自的理论和实践中对文化做出进一步阐释。不少西方马克思主义在这一问题的认识上另辟蹊径，也显示出马克思主义文化动力思想的理论魅力。

（一）马克思恩格斯文化动力思想的形成和发展

以辩证唯物主义和历史唯物主义为根基的马克思主义文化动力思想，以历史事实和实践为依据，以社会发展和人类解放为终极目标。其发展过程大致经历了三个阶段。第一阶段，由黑格尔的理性文化思想到费尔巴哈人本唯物主义的转变。首先，在《德谟克利特的自然哲学和伊壁鸠鲁的自然哲学的差别》

① ［基金项目］本文系国家社科基金项目"社会主义核心价值观'学思说行'的融合创新研究"（项目编号：19BKS143），北京社科基金项目"提升社会主义核心价值观的国际话语权研究"（项目编号：18KDC020）的研究成果。

中，马克思阐述了自我意识决定一切的观点，显然是因为受到历史唯心主义的影响，盲目夸大了文化因素的决定作用；其次，马克思在《莱茵报》工作时期，阐明了文化自由的观点。马克思认为自由表达思想观念是重要的，也是发挥书报等文化产品作用的前提条件。充分肯定了文化在社会进步中的作用；再次，马克思的《〈黑格尔法哲学批判〉导言》是其唯物主义文化思想的来源，在一定程度上实现了对唯心主义文化思想的批判，使得马克思历史唯物主义文化观得以形成。第二阶段，马克思历史唯物主义文化观成形。首先，在《1844年经济学哲学手稿》中，马克思立足于物质生产实践，对文化的起源、内涵和动力作用进行详细论述，确立了历史唯物主义文化思想，明确指出："思想本身根本不能实现什么东西。思想要得到实现，就要有使用实践力量的人"①；其次，在《德意志意识形态》中，更加系统地论述历史唯物主义文化思想，表明了人是文化的创造者；再次，《共产党宣言》被公认为是马克思主义文化思想的纲领性文件。全面论述了文化是不断发展的理论，并预测了未来文化的发展趋势以及人类全面自由发展的前途。第三阶段，马克思主义文化动力思想的丰富和完善。首先，在《资本论》中马克思结合物质生产实践来论述了文化动力思想，表明文化在社会发展中具有重要作用；其次，马克思在晚年的《人类笔记》中，对文化多样性和统一性有了新的认识；再次，马克思晚年的信函深刻论证了社会一定发展阶段作为生产力所决定的生产关系的总和的经济基础与基于经济基础并与之兼容的意识形态和相应系统而产生的上层建筑之间的辩证关系。

（二）列宁的文化动力思想及其实践

苏联作为第一个马克思主义理论的践行者，其文化建设的目标也是培养全面发展的人，这与马克思主义文化动力思想一脉相承。但在继承和发展中，却呈现出发展和畸变的两面性。列宁领导的苏联革命和建设时期，对马克思主义文化动力思想的理解符合历史境遇，在基本理论、立场以及表达方式等方面都体现了在继承中发展和飞越的思想。继承性主要体现在列宁坚持历史唯物主义的方法和立场，主张从民族大众的生产和生活中建构文化内容，提出文化成就的判断标准："只有那些已经深入文化、深入日常生活和成为习惯的东西，才

---

① 马克思恩格斯文集：第 1 卷 [M]. 北京：人民出版社，2009：320.

能算作已达到的成就"①，并且辩证理解和发挥了文化动力思想，把文化置于开放语境中理解，使文化、政治和经济协调发展。倡导民众彻底同旧世界观决裂，主动创造一个崭新的世界。"革命战争如果使群众意识到自己是在同剥削者作斗争，那么，这种革命战争就会唤起创造奇迹的毅力和才能。"② 在这个创造过程中，工人阶级是苏联"文化革命"的坚实基础，广大农民是"文化革命"的依靠力量，知识分子是先进文化建设的传播者和践行者。以上思想都较好地继承和发展了马克思主义文化动力的思想。到了斯大林时期及其后期，出现了与马克思文化动力思想原则相违背的实践探索，意识形态建设僵化反动，造成实践上的诸多失误，在早期的社会主义建设过程中，为人们示范了错误理解马克思主义文化动力思想的反面案例。由于斯大林模式的影响，苏联文化建设实践完全忽视了马克思主义文化理论的能动性，并沉浸于已有成绩的保守状态，使马克思主义文化动力思想逐渐畸变。如赫鲁晓夫把马克思主义宗教信仰自由的表达搁置一旁，戈尔巴乔夫曾经主张思想文化松绑，然而却走向了政治自由化和利益多元化，完全扭曲了文化生态环境。

（三）马克思主义文化动力思想在中国的继承和开新

一是在传统与现代的融合中体现的文化力量。马克思主义立足于生产实践，阐述文化动力的思想内容。而人类在不同历史时期实践方式不断革新，因此对于文化动力思想的语言叙述也要在继承中创新。中国的文化传统博大精深，其中儒家文化在优秀的历史文化体系中影响根深蒂固。就中国实际而言，在新民主主义革命和社会主义建设中我们选择了马克思主义作为自己的指导思想。当儒家传统的文化语系碰撞中国特色社会主义文化语系时，我们既不能丢掉传统，丧失精神家园，也不能裹足不前，马克思主义文化强国战略，决定着文化软实力建设的方向和性质。中国传统的儒家文化力图通过对"人的本质"的规定，来追求道德的自我完善和精神愉悦的实现，强调自我约束和自我提升。马克思主义在中国的传播和实践，将人的意志和主动性反作用于物质要素，使文化成为人的本质力量的对象化。在日益完善的社会实践活动中，人们不断将本质力量外化于客观世界，在追求美好中继续创造美好，使客观存在更加符合人的需

---

① 列宁专题文集：论社会主义 [M]. 北京：人民出版社，2009：367.
② 列宁选集：第 4 卷 [M]. 北京：人民出版社，1995：72.

求。这就将儒家"道德自律型"的文化追求融于物质生产活动，为人的全面发展创造物质条件。马克思主义文化动力思想以实践为基础，在继承中发展和完善，充分体现了马克思主义文化动力思想是历史逻辑与现实逻辑的统一体。

二是在坚持群众路线和人民主体性中体现的文化力量。马克思主义文化动力思想的表达离不开人民群众的实践活动，这种文化特质充满人文关怀，指向人的文化提升和全面发展。中国共产党倡导的群众路线和以人为本就是这一思想在文化建设上的集中体现。文化是应人民群众的现实需求而产生的生活习惯和精神依托，各种文化形式都是人民群众的伟大创举。毛泽东把新民主主义文化概括为民族的科学的大众的文化，体现了新中国文化建设和人民利益的一致性；以人为本充分体现了马克思主义人本思想在中国特色社会主义建设中的理论继承和自觉表达；"三个代表"重要思想把最广大人民群众的根本利益和先进文化的发展方向结合在一起，体现了新时期文化建设要以群众利益为主导的方向和性质；社会主义和谐文化建设，体现了人民大众通过改造自我，积极创造美好现实生活的文化自觉；习近平新时代中国特色社会主义文化，坚持以人民为中心的发展导向，强调坚定文化自信，激发全民族文化创新创造活力，推动社会主义文化繁荣兴盛。中国共产党将马克思主义群众文化思想转化为现实的文化建设路线，善于通过正确的路线方针政策带领人民不断前进，善于从实践过程中发现和解决问题。文化生活和创造中能够体现人民对于文化的需求，文化力量只有来源于群众，才能充分发挥文化的动力作用。

三是在坚定文化自信中体现的文化力量。马克思恩格斯历来重视文化意识和信仰在革命和社会主义建设中的能动作用。在今天，文化强国战略之于中华民族伟大复兴的实现具有重要的现实意义。因此，如何树立高度的文化自觉、文化自信，就成为中国特色社会主义文化建设这一议题领域中的先决性课题。一个国家、一个民族的强盛，总是以文化兴盛为支撑的，中华民族伟大复兴需要以中华文化发展繁荣为条件。文化自信是中华民族对传统文化和马克思主义文化的充分肯定和接纳；文化自觉则是在文化自信的基础上吸收和借鉴外来文化精髓，继往开来，在历史的进程中实现文化的发展和进步；文化自强则是在新的历史时期，努力培养文化自信和文化自觉，进而实现文化的反思和超越，形成坚定的理想和信念。要夯实人民群众文化建设的基础，提高人民群众的文化修养，从而增强中国特色社会主义文化的说服力，在使人民群众享受高品质的文化生活的同时，提高中国特色社会主义文化的世界影响力和竞争力，进而引领中国经济发展走向新的更加持久的繁荣。中国特色社会主义文化体系的建设，既要通过核心价值观来提升社会主义意识形态的凝聚力，也要通过文化体制改革不断催生中国特色社会主义文化的生产力和创造力。"人无精神则不立，国无精神则不强。精神是一个民族赖以长久生存的灵魂，唯有精神上达到一定的高度，这个民族才能在历史的洪流中屹立不倒、奋勇向前。"① 在社会大发展大变革大调整时期，我们要增强文化自信、文化自觉和文化自强，挖掘马克思主义文化动力思想的潜力，将文化动力思想发扬光大。

二、马克思主义文化动力思想的基本内容

马克思主义文化动力思想是对人的本质或本质力量实现形式的文化描述，是对文化力量本质及作用的深层次概括，"是关于文化力量的形成过程、作用机理和表达机制等方面的理论体系"②，包括意识形态、科学技术、文化教育、精神信仰和宗教文化等的能量寄托和力量表达。文化作为社会发展的重要动因和成果，对社会的经济政治发展具有能动作用，也是造成人们日常生活变迁的重要因素。

（一）意识形态的力量及其作用

文化成为政治力量是一种意识形态转变，这对于推动思想领域的宣传工作，从而对艺术、文学、教育等从多方面的加以规范具有重要的作用。意识形态客观存在于任何一个社会中，任何一种文化产生和发展都必须植根于意识形态的环境和土壤中。意识形态作为人类文化发展的主导力量体现在以下三个方面：第一，意识形态为文化的产生提供既定的环境土壤。阶级社会中，每个人从出生到死亡都生活在既定的意识形态中，"一切已死的先辈们的传统，像梦魇一样纠缠着活人的头脑"③，任何文化创造都必须符合统治阶级的意志，意识形态决定了文化生产的价值取向；第二，意识形态为文化的发展提供了既定

---

① 习近平. 在纪念红军长征胜利八十周年大会上的讲话（2016 年 10 月 21 日）［M］. 北京：人民出版社，2016：9.

② 孟宪平. 论马克思恩格斯文化动力观的话语叙事及其谱系［J］. 社会科学研究，2015（3）：44.

③ 马克思恩格斯文集：第 2 卷［M］. 北京：人民出版社，2009：471.

的思维方式。人们在社会中受到现有意识形态的影响，在既定的思维方式下进行着社会化活动，并在认识和反思过程中成为一个有文化、有思想的人，但是这种文化生产方式，必然是在统治阶级思维方式的影响和规范下形成的，因而必然具有主流意识形态的文化特质；第三，意识形态为文化的形成提供了既定的评价标准。任何文化创造都需要接受社会的检阅。而这种评阅的价值标准必然符合统治阶级的价值取向。统治阶级正是依据评价标准的制约来引导和规制人民大众的文化生产和创造活动，从而影响整个人类文化的发展方向和服务对象。在阶级社会中，意识形态力量不仅为文化的产生提供了精神支持，而且为文化的发展指明了方向。伴随着物质生产条件的改善，人民的意识形态也会相应地发生改变。在新的意识形态不断取代旧的意识形态的过程中，有一部分曾经居于主流地位的意识形态也将会转化为历史的积淀保留下来，为人们构建新的意识形态体系提供精神素材，影响新文化的创造活动，加速或是延缓人类前进的历史进程。

（二）科学技术的力量及其作用

"科学是一种在历史上起推动作用的、革命的力量"①，是人类思想解放的有利杠杆，是推动社会进步的革命性力量。科学技术可以转化为生产力。科学技术本身虽然并不能直接创造价值，但是作为知识形态的生产力是一种间接、潜在的物质力量。科学以技术为载体，可以间接作用于生产中物的因素和人的因素，从而提高人的劳动能力、革新劳动工具、提高劳动效率，由此科学便真正成为致富的手段。科学技术先促进生产力的发展，而后间接作用于生产关系的变革。马克思曾经提道：蒸汽机"比其他任何东西都会使全世界的社会状况革命化"，"蒸汽、电力和自动走锭纺纱机甚至是比巴尔贝斯、拉斯拜尔和布朗基诸位公民更危险万分的革命家"。② 当先进的科学技术应用于生产领域，改变了人们生产和生活的方式，新的生产关系就必然取代旧的生产关系，生产方式发生变革后，人类社会就步入了一个新的历史阶段。

科学技术是加速思想解放的精神动力。科学技术通过改变生产方式和生活

---

① 中共中央文献研究室. 习近平关于科技创新论述摘编［M］. 北京：中央文献出版社，2016：23.
② 马克思恩格斯文集：第 2 卷［M］. 北京：人民出版社，2009：579.

方式而渐入人们的日常生活，为思想解放准备充分条件。科学技术促进了生产力的发展，加速世界范围内分工，推动世界历史的形成。当地域性的历史被世界历史所代替时，人与人之间交往更加频繁，一种新的国际分工加速财富的生产，同时促进了各民族在政治和文化方面的融合。"由于一切生产工具的迅速改进，由于交通的极其便利，把一切民族甚至最野蛮的民族都被卷到文明中来了。"① 部分地区的政治和文化不断受到世界历史的熏陶，进而融入整个世界的前进大潮中，科学技术转化为人类摆脱自身束缚的媒介。科学技术的应用，极大缩短了社会必要劳动时间，促使人们从繁重的日常工作中解放出来，从而有较多的时间发展自己的爱好和兴趣，拓展自己的生活世界，充分发掘个体潜能，为人的自由全面发展提供必要的物质条件。

（三）文化教育的力量及其作用

文化教育在劳动中产生，并且改变了人类的生产方式，提高了精神境界，加速了人类社会的进程。首先，文化教育能够提高劳动能力。人的劳动能力是存在于人体中的体力和脑力的总和，其劳动能力高低取决于劳动力的质量和物质技术条件。而教育对于提高劳动力素质和促进技术进步功不可没。人生来具备从事简单劳动的能力，但是复杂劳动在同样的时间内创造的价值是简单劳动的多倍，必要的文化教育和技术培训可以提高劳动生产率，增加社会财富，从而使人类尽快从物质生活要求的奋斗中解脱出来，进入各尽所能、各取所需的理想生活状态。其次，教育可以将科学技术转化为现实的生产力。如恩格斯所言："教育将使年轻人能够很快熟悉整个生产系统，将使他们能够根据社会需要或者他们自己的爱好，轮流从一个生产部门转到另一个生产部门。"② 的确，科学技术本身并不是生产力，它只有与生产中人的因素和物的因素相结合，才能转化为现实的生产力。当劳动者通过专门的技术培训，掌握了先进的科学技术后，就可以将先进技术应用于生产领域，进而将科学技术转化为现实的生产力。同时，新技术的运用可以调动人的思维能力和创造活力，不断为技术更新准备条件。可见教育是社会进步和人类全面发展的动力支持和保障。从历史维度考察教育，教育具有较为明显的阶级属性。教育在资本主义制度体系中历来

①　马克思恩格斯文集：第2卷 ［M］. 北京：人民出版社，2009：35.
②　马克思恩格斯文集：第1卷 ［M］. 北京：人民出版社，2009：689.

具有加强统治、强化意识形态灌输的作用。统治阶级通过宗教教育和道德教育来僵化工人阶级的思想，扼杀无产阶级的革命热情。马克思在《资本论》中讲道："未来教育对所有已满一定年龄的儿童来说，就是生产劳动同智育和体育相结合，它不仅是提高社会生产的一种方法，而且是造就全面发展的人的唯一方法。"① 马克思认为通过教育可以让群众掌握理论，文化教育变成了无产阶级革命的动力；通过教育，坚定无产阶级的共产主义信念，并号召无产阶级同一切剥削阶级的意识形态进行彻底决裂；通过教育，丰富人们的知识，提高人类的技能，改善整体素质，使人们能够在正确世界观和方法论的指导下，回归人的本质，造就自由个性和全面发展的人。

三、马克思主义对文化力量作用方式的分析

不是所有的文化都是自变量，文化力量也不都是自发性的，其产生的是积极影响还是消极影响，就要看它作用于其他社会因素的情况。"文化最终还要受到构成和组成文化的所有力量和因素的影响，这是导致文化十分复杂和独特的原因。"② 文化具有顺应性，即使是同质文化，在不同时期、不同环境、不同阶段中，其产生的影响力也不尽相同。中国古代有"文以载道"之说，但是，"文"有力量才能"载道"。文化力量的表现是一个综合过程，且文化的内蕴力体现在对实际问题及其实质的表达深刻与否。对于作为社会主体的个人来讲，整个社会的文化氛围都会对其产生重大影响，每个人都是社会文化人，不可能完全脱离社会环境而存在。

（一）社会实践是体现文化力量的基本方式

首先，人的实践活动是社会文化的创造者。观念不能实现任何东西，要将观念转变为现实，必须借助于社会主体的实践活动。一方面，人民在实践中不断生产精神财富。人民群众作为社会历史的开拓者，基于无产阶级价值观和世界观，生产符合自己阶级利益的文化内容，并反作用于社会实践；另一方面，文化力量的表达以人的社会实践为载体。人的实践是根据自己的精神需要不断

---

① 马克思恩格斯文集：第9卷［M］．北京：人民出版社，2009：339．
② 保罗·谢弗．文化引导未来［M］．许春山，朱邦俊，译．北京：社会科学文献出版社，2008：87．

改造客观世界的过程，与此同时彰显文化的内在动力。所以文化力量的产生只能是人的实践活动。其次，文化动力通过人的实践活动得以践行和深化。一方面，文化的力量如果离开实践就是一纸空文，无论是意识形态、科学技术还是文化教育，如果不与人的实践相结合，就无法发挥其动力作用。由于文化力量结合的主体不同，其文化力量的强弱程度也存在差异；另一方面，社会主体在文化实践的过程中，不断将自己的文化认识作用于客观世界，推动社会不断进步。在文化与物质世界相互作用的过程中，文化力量必须不断验证和修正自己的观念，使文化思想越来越具有真理性和实践性，更好地指导人们的社会实践，促进生活世界的革新。

（二）政治引领是体现文化力量的重要形式

一定时期的政治因素直接制约文化动力的性质和方向，当然文化因素也会间接作用于政治生活，引领和促进社会变革。首先，政治因素制约文化动力的性质和方向。在阶级社会中，统治阶级利用政治特权来限定主流文化的特质和趋向。无产阶级作为先进生产力的代表，其衍生的文化力量具有促进社会进步的正向能量，而其他阻碍社会进步的一切文化力量，竭尽所能施展自己的文化魅力，来为自己的阶级立场唱赞歌。当然，各种文化力量的作用程度，要取决于他们的政治地位。资产阶级会把他们的自由和民主思想强推给所有民族，意图按统一方向来实践其文化立场；而马克思主义描述的未来社会应该是在生产力高度发达基础上的人类肉体的解放和精神的复归，在自由平等的氛围中进行文化创造和自由生活。其次，文化因素引领政治变革的方向。文化学习是政治生活的一部分，文化争鸣也是不同阶级进行斗争的手段和工具。如美国意图通过文化和信息的渗透，占领意识形态的主阵地，现在网络上的新闻主动权被美国牢牢控制，大部分的语言和图片由他们发布，其目的就是通过文化熏染来主导全球政治生活，为政治变革奠定基础。即使是稳步前进的社会状态也需要文化力量的引导和推动。积极向上的文化氛围能引导人民大众积极投身生产和实践，合力创造社会生活的完美景象，"文化上的每一个进步，都是迈向自由的一步。"①

（三）经济生活是体现文化力量的物质基础

经济因素是社会发展的决定性力量，社会生产和再生产决定文化等诸多因

---

① 马克思恩格斯文集：第9卷［M］. 北京：人民出版社，2009：120.

素的发展方向和趋势，文化也会不断反作用于经济社会发展。经济发展决定文化力量。如果一个社会还没有具备变革生产关系的物质基础，这个基础既包括生产力水平，也包括群众基础，那么变革的美好愿望即使表达过上千次，也不具有任何实际意义。人们的观念和意识必然随着社会存在的改变而改变，人们只有在衣食住行等基本生存需要得到满足后才会从事文化活动。随着人类社会依次经历人的依赖阶段、物的依赖阶段和人的自由全面发展阶段，人类的文化活动和诉求也在逐步增多，文化动力逐步得以提升。在原始社会人们之间是一种低水平的平等，从而产生相互需要的平等关系；而到了资本主义社会，人们对物质产品产生极大依赖，于是才有拜金主义产生；到了未来高度发达的共产主义社会，人们的精神世界将是充实而美好的，不会受到物质匮乏的任何牵绊，于是会产生更多体现精神需求的优秀文化作品。生产力的快速发展，为文化生产提供了良好的环境土壤，任何优秀文化成果的产生都离不开生产和交换的发展，其必然植根于活生生的生活世界。文化生产具有相对独立性，任何活动都在一定的文化观念指导下进行。文化以一种润物无声的方式影响和制约着人们的行为和选择，为经济活动提供精神动力。一方面，先进的科学技术和思想观念为物质生产提供智力支持，提供先进生产工具，指导人们不断改善生产方式和方法，提高劳动生产率，促进社会不断进步；另一方面，优秀的文化成果可以促进先进法律制度、政治理论和道德观念等理论的生成，为物质生产活动和社会革新提供制度保障。这种良好的社会文化氛围会以文化动力的角色助推经济发展和社会进步。文化力量是社会前进的重要推动力，是我们在实践中寻求发展的着眼点。一方面，应该引导文化力量释放出积极的正能量，规避其产生负面效应的现实境况。另一方面，要发挥文化发展的合力效应。诚然，文化之中蕴含着拓展发展道路的潜在能量，但文化力量的展现是以健全的文化体系构建为前提的，只有改善文化体系才能改善社会体系，而文化体系的优化与文化力量的表达是一个互动的过程。

作者：张明霞（张明霞：外交学院马克思主义学院副教授，本文发表于《漯河职业技术学院学报》，2021 年第 1 期）

马克思恩格斯关于太平天国运动的论述
及其当代价值

马克思恩格斯很早就开始关注中国。1845 年 2 月，恩格斯在埃尔伯费尔德的演说中曾提道，《南京条约》签订后中国被迫开放港口及其对英国工业的影响。马克思恩格斯在《德意志意识形态》中、恩格斯在《共产主义原理》等文中都谈到，由于英国的机器化大生产和世界市场的存在，中国的手工业将遭到毁灭性打击，从而中国将走向社会主义革命，走向共和国。

在马克思恩格斯关于中国的论述中，太平天国运动所占篇幅并不算多，相对比较集中的论述体现在 1853 年 6 月 14 日刊登于《纽约每日论坛报》的《中国革命与欧洲革命》和 1862 年 7 月 7 日刊登于《新闻报》的《中国记事》。前者写于太平天国运动兴起、定都南京之时，后者写于太平天国运动颓靡、走向衰落之时。将两篇文章连续、对比来看，同时辅以散落于其他文章中的相关论述，有利于准确、全面地把握马克思恩格斯对太平天国运动的总体观点及其独特的国际视野，加强马克思恩格斯关于太平天国运动论述的研究，不仅有助于加深对这一重大历史实践本身的认识，而且有助于推进对马克思恩格斯关于中国问题相关论述的研究，进一步夯实 21 世纪中国马克思主义发展的理论基础，具有十分重要的当代价值。

一、太平天国运动是英国对中国进行殖民侵略的直接产物

马克思最早在《中国革命与欧洲革命》一文中提到了太平天国运动。在这篇文章和后来的论述中，太平天国运动被称为"中国革命""革命运动""起义"，太平军被称为"起义者""汉族造反者"等。马克思恩格斯将太平天国运动兴起和影响置于世界历史的国际视野下，并在运动进行的同时，做出了精

辟的分析。

随着资本主义的入侵，中国的民族危机、经济危机和社会危机日益加深，在各种压迫和剥削之下，广大人民特别是农民群众走上反抗斗争的道路，如第一次鸦片战争时期广州三元里人民反抗英国殖民者的斗争。马克思写道："中国的连绵不断的起义已经延续了约十年之久"，这些起义在 1851 年"汇合成了一场惊心动魄的革命"①，即太平天国运动。

太平天国运动历时 14 年，波及 18 个省，建立了与清政府统治对峙的政权，颁布了第一个比较系统的资本主义发展方案，使其具有了不同于以往农民战争的新特点，是中国旧式农民战争的最高峰，并成为 19 世纪中叶亚洲民族解放运动中，起义时间最久、规模最大、影响最深的一次人民反抗运动。

太平天国运动发生的原因十分复杂。马克思鲜明地指出，推动太平天国运动的"毫无疑问是英国的大炮"②。当然，"大炮"是一个非常形象的、直接的、关于资本主义侵略的表述。具体说来，太平天国运动发生的直接原因包括③：欧洲人的干涉、鸦片战争、鸦片战争所引起的现存政权的动摇、白银的外流、外货输入对经济平衡的破坏等，其中白银大量外流是非常重要的一个原因。

鸦片贸易使清政府的白银大量外流，甚至有"枯竭的危险"。在 19 世纪前，中国与欧美的海上贸易一直维持着较为稳定的贸易出超、白银入超的局面，英属东印度公司在对华贸易中几乎常常处于贸易逆差、甚至无法维持收支平衡。但是，从英国向中国大量走私鸦片开始，白银扭转了其 300 多年的流向，由入超变为出超。即使保守估算，在鸦片战争爆发前，中国每年的白银流出量绝不在一千万两以下。④ 白银的大量外流引发银价的高涨，这意味着以白银形式缴纳的各种赋税的增加，也就意味着人民的实际负担大大加重。

工业革命开始后，英国的纺织业发展非常迅速。到 1830 年，英国的棉纺织行业基本完成了手工生产向大机器生产的转变。在成功开拓了欧洲、非洲和

---

① 马克思恩格斯选集：第 1 卷［M］. 北京：人民出版社，2012：779.

② 马克思恩格斯选集：第 1 卷［M］. 北京：人民出版社，2012：779.

③ 马克思恩格斯论中国［M］. 北京：人民出版社，2018：122.

④ 严中平. 中国近代经济史统计资料选辑［M］. 北京：中国社会科学出版社，2012：25–26.

美洲市场后，英国殖民者又把商品倾销的目标转向了中国。通过签订《南京条约》和《天津条约》，以英国为首的欧美国家开始向中国输入大量商品。中国的纺织业也因为受到来自英国棉、毛织品的冲击而受到损害，与其相关的社会生活也受到不同程度的破坏，人民生活也因此发生了很大变化。

所有这些"造成了两个后果：旧税更重更难负担，旧税之外又加新税"①。总而言之，资本主义的入侵，无论是通过武装侵略，还是鸦片贸易，最终导致人民赋税负担过于沉重，成为各地民变的最直接的导火索。

正因为如此，太平天国运动具有反抗清王朝腐朽统治和外国侵略的正义性质。习近平总书记在庆祝中国共产党成立100周年大会讲话中，再次重申了这一点。太平天国运动沉重打击了封建清王朝的统治，使其"甚至没有力量经受人民革命的危机"，"就连一场激烈爆发的起义"也都变成了看来无法医治的慢性病；它很腐败，无论是控制自己的人民，还是抵御外国的侵略，一概无能为力。② 太平天国提出了重新分配财产和消灭私有制等要求，很大程度上加速了中国封建统治走向瓦解，恩格斯在揭露英国对中国进行鸦片贸易和鸦片战争的侵略性质的同时，指出"中国人的可怕暴行"是"'保卫社稷和家园'的战争"，是"一场维护中华民族生存的人民战争。虽然你可以说，这场战争充满这个民族的目空一切的偏见、愚蠢的行动、饱学的愚昧和迂腐的野蛮，但它终究是人民战争"。③ 太平天国运动作为当时反抗运动的代表，是为反抗清王朝、抗击殖民侵略而战的，不应否认太平天国运动对推动中国社会变革、打击封建势力和外国侵略这样一个基本史实。在这个闭塞的天朝上国中，人数最多、受封建剥削最严重的农民阶级将推翻满人的统治和资本主义侵略，进而建立新秩序作为自己的历史使命。但是不幸的是，受到阶级局限性、错误的指导思想等因素影响，太平天国运动最终走向失败。

英国的大炮和鸦片贸易引发了农民的反抗，同时冲击着清王朝的统治。鸦片像腐蚀人的身体与意志一样，腐蚀着因为纵容私贩鸦片而发了大财的南方官吏，破坏着中国家长制的权威——"这个庞大的国家机器的各部分间的唯一的

---

① 马克思恩格斯选集：第1卷 [M]. 北京：人民出版社，2012：780.
② 马克思恩格斯选集：第1卷 [M]. 北京：人民出版社，2012：822.
③ 马克思恩格斯选集：第1卷 [M]. 北京：人民出版社，2012：798-799.

精神联系"①。而民变与起义也多集中在资本主义侵略较为频繁的南方地区。马克思谈道，天朝帝国终将在各种起义、革命的撼动之下，并最终在英国大炮的轰击之下，丧失自己的统治。"英国的大炮破坏了皇帝的权威，迫使天朝帝国与地上的世界接触。"接下来，马克思极富启发性地论述道："与外界完全隔绝曾是保存旧中国的首要条件，而当这种隔绝状态通过英国而为暴力所打破的时候，接踵而来的必然是解体的过程，正如小心保存在密闭棺材里的木乃伊一接触新鲜空气便必然要解体一样。"② 在这里，马克思以极为形象的比喻指出，中国被迫进入世界历史进程就是天朝帝国逐渐解体的过程。这种观点得到其他历史学家的进一步阐发，芝加哥大学历史学教授菲利普·A.库恩在《剑桥中国晚清史》中也表达了类似的观点。库恩写道："与外国接触本身还提供了一种新的历史催化剂，那就是强烈地冲击着中国现存的社会结构和价值观念的外来宗教。统治阶层应付这种冲击的方式决定了中国近代史上的政治社会环境。"③

二、天朝帝国的解体与太平天国运动对西方世界的影响

清王朝解体的过程，马克思认为并不会太久。一方面，太平天国运动将中国分为势均力敌的两个区域，双方暂时都不能将对方取而代之；另一方面，第二次鸦片战争已经开始，俄国在中国东北部地区对清政府统治构成进一步的军事威胁。这些都将加速旧中国的灭亡，并因此点燃整个亚洲的革命运动。"过不了多少年，我们就会亲眼看到世界上最古老的帝国的垂死挣扎，看到整个亚洲新纪元的曙光。"④

解体之后的中国又将走向何方呢？1850 年，马克思恩格斯在一篇时评中指出，最反动最保守的中国可能会在不久的将来变为自由、平等、博爱的"中华共和国"⑤。这个"共和国"是一个什么样国家呢？马克思恩格斯在时评中并

---

① 马克思恩格斯选集：第 1 卷 ［M］. 北京：人民出版社，2012：779.
② 马克思恩格斯选集：第 1 卷 ［M］. 北京：人民出版社，2012：780-781.
③ 费正清，刘广京. 剑桥中国晚清史 1800—1911 年：上卷 ［M］. 中国社会科学院历史研究所编译室，译. 北京：中国社会科学出版社，1985：257.
④ 马克思恩格斯选集：第 1 卷 ［M］. 北京：人民出版社，2012：800.
⑤ 马克思恩格斯论中国 ［M］. 北京：人民出版社，2018：134.

没有具体地展开。但是依据马克思恩格斯同时期关于"共和国"的相关主张、时评中关于中国社会主义的论述以及两人对未来社会的设想，未来中国有可能成为超越英、法等所谓的文明国家的真正的"民主共和国"。同时，这个"共和国"也可能包含了向社会主义过渡的意味。一场不可避免的社会变革到底会对古老的中国产生什么样的结果，马克思恩格斯没有过多的论述，正如他们没有对未来社会做出过多的细节描述一样。问题在于中国发生的一切即将发生的一切将对西方世界产生什么样的影响。

马克思恩格斯研究中国问题，从来都是把中国看作世界历史的有机组成部分。中国虽然被英国的大炮轰开了大门，却绝不单纯是被动挨打的角色，反过来还要引起西方世界的震动。"中国革命将把火星抛到现今工业体系这个火药装得足而又足的地雷上，把酝酿已久的普遍危机引爆，这个普遍危机一扩展到国外，紧接而来的将是欧洲大陆的政治革命。"①

中国革命对英国并通过英国对欧洲产生什么影响，马克思恩格斯认为这不是一个难回答的问题。对这个问题考察的出发点就是英国的经济状况。马克思指出，虽然英国的工业自 1850 年以来有了空前的发展，但是市场的扩大仍然赶不上英国工业的增长，最终会像以往的情况一样，不可避免地引起新的危机。如果这个时候，一个大的市场突然缩小，那么危机的来临必然加速。太平天国运动对英国正是会起这种影响。② 在很多地方，马克思恩格斯特别举出了茶叶这个必需品的涨价和中国市场缩小对英国进出口贸易产生的影响。

在近代中国的对外贸易中，茶叶扮演着非常重要的角色，以致清政府形成了"以茶制夷"的共识。1845—1846 年，英国输往中国的工业产品，与中国运往英国的茶相比，贸易逆差高达 35%—40%。③ 马克思在《中国革命与欧洲革命》中也非常详细地提到这一点。太平天国运动爆发后，《北华捷报》报道英国人对东南地区的茶叶非常关注，一度担忧会因此失去茶叶。茶叶价格的上涨、且必须使用"现金现银"交易的现实，加之由于战乱中国对英国进口的棉、毛纺织品的需求的大量减少，这些必将给英国的进出口贸易造成巨大的

---

① 马克思恩格斯选集：第 1 卷 ［M］. 北京：人民出版社，2012：783.
② 马克思恩格斯选集：第 1 卷 ［M］. 北京：人民出版社，2012：781.
③ 周重林，太俊林. 茶叶战争：茶叶与天朝的兴衰 ［M］. 武汉：华中科技大学出版社，2012：26.

冲击。

与此同时，英国正在发生的农业歉收，并由此导致的一切农产品的涨价，使英国的贸易已经开始了新一轮的商业危机。中国鸦片贸易的萎缩，将对印度的鸦片生产、印度的收入以及印度商业资源造成致命的打击，从而加重和延长已有的经济危机，使得列强在自己国家内部的各种冲突日趋严重，各列强之间的冲突也将越来越尖锐。

马克思去世后，恩格斯始终坚持了这一主张。1894 年，恩格斯在给弗·阿·左尔格的信中写道："在中国进行的战争给了古老的中国以致命的打击。闭关自守已经不可能了；即使是为了军事防御的目的，也必须敷设铁路，使用蒸汽机和电力以及创办大工业。这样一来，旧有的小农经济制度（在这种制度下，农户自己也制造自己使用的工业品），以及可以容纳比较稠密的人口的整个陈旧的社会制度也都在逐渐瓦解。千百万人将被迫离乡背井，移居国外；他们甚至会移居到欧洲，而且是大批的……这样一来，资本主义征服中国的同时也将促进欧洲和美洲资本主义的崩溃。"① 总之，中国发生的革命性变化反过来必将对西方资本主义世界产生重大的、甚至是颠覆性的影响。

三、太平天国运动具有一切东方运动所共有的局限性

马克思恩格斯对太平天国运动的看法，在 19 世纪 60 年代有一个转变，这个转变主要体现在《中国记事》中。马克思一针见血地指出了这场革命的历史局限性："除了改朝换代以外，他们不知道自己负有什么使命。他们没有任何口号。他们对民众说来比对老统治者们说来还要可怕。他们的使命，好像仅仅是用丑恶万状、毫无建设性的破坏来与停滞腐朽对立。"②

在这篇文章中，马克思引用了英国驻宁波领事夏福礼写给驻北京公使普鲁斯的一封信。这封信不仅明显地带有侵略者的偏见，而且充满着矛盾与不实的描述。③ 马克思由这封信得出的结论听起来有些刺耳，其中的观点当然也有值得商榷的地方。但是，马克思对太平天国运动局限性的认识，可以说是最早

---

① 马克思恩格斯选集：第 4 卷［M］. 北京：人民出版社，2012：655.
② 马克思恩格斯论中国［M］. 北京：人民出版社，2018：122.
③ 具体可以参考：吟唎. 太平天国革命亲历记：下册［M］. 王维周，译. 上海：上海古籍出版社，1985：425-431.

的、最深刻的认识。时至今日，恐怕也少有人能够超越。

在《中国记事》中，马克思引用夏福礼信中的内容，指出太平军存在的各种问题。比如，太平军的士兵靠抢掠战利品生活，如遇到抵抗，就行使刽子手一样的职能，在他们看来，"一个人头并不比一个菜头贵"①，他们到处制造恐惧，引起恐惧，破坏就是唯一的结果。对于这个"刺激"的评价，我们一定要结合马克思恩格斯的全部论点来看，否则，得出的结论是不可信的、不可取的。

马克思认为，太平天国运动的弊病，可以说是一切东方运动所共有的。在东方各国，"社会基础停滞不动，而夺得政治上层建筑的人物和种族却不断更迭"②。在清政府初次受到外部势力冲击，统治刚刚开始动摇的时候，是不可能指望一次农民运动就彻底推翻它的。太平天国运动所具有的宗教的特征，尽管有些不伦不类，但是，"这是一切东方运动所共有的"③。从更为普遍意义上来说，"起来反抗的民族在人民战争中所采取的手段，不应当根据公认的正规作战规则或者任何别的抽象标准来衡量，而应当根据这个反抗的民族所刚刚达到的文明程度来衡量"④。太平天国运动的这些弊病与局限性，恰恰就是"停滞的社会生活的产物"⑤ ——农民深烙着时代给他的印记。

在长期的封建社会中，地主、商人、高利贷者通常结合在一起，进入近代以来，外国资本—帝国主义势力又同封建势力、买办势力相勾结，共同压迫、剥削中国农民，他们人数最多，毫无政治权利，生活状况极度恶化，所以具有强烈的革命要求，是中国革命的主力军，是进行社会变革的坚实力量。但是，农民所具有的作为小生产者的阶级局限性，使得他们无法领导变革中国社会的任务。马克思指出，小农不能代表自己，一定要别人代表他们。⑥ 农民既可以和资产阶级合作，也可以和无产阶级合作，合作的对象代表了农民运动不同的发展方向。农民既是保守的农民群体，也是革命的农民群体，农民的革命性最

---

① 马克思恩格斯论中国 [M]. 北京：人民出版社，2018：123.
② 马克思恩格斯论中国 [M]. 北京：人民出版社，2018：122.
③ 马克思恩格斯论中国 [M]. 北京：人民出版社，2018：122.
④ 马克思恩格斯选集：第1卷 [M]. 北京：人民出版社，2012：799.
⑤ 马克思恩格斯论中国 [M]. 北京：人民出版社，2018：125.
⑥ 马克思恩格斯选集：第1卷 [M]. 北京：人民出版社，2012：763.

终是由其经济地位和受压迫状况决定的。1936年，毛泽东在《中国革命战争的战略问题》中对土地革命战争经验进行了总结。毛泽东深刻认识到：农民阶级虽然是"革命战争的主力军，然而他们的小生产的特点，使他们的政治眼光受到限制（一部分失业群众则具有无政府思想），所以他们不能成为战争的正确的领导者。"① 阶级的局限、进而时代的局限是真正的局限。"在新的生产方式出现之前，他们不可能单凭自己的力量找到一条取代封建制度的出路。当封建制度还没有东西能够取代的时候，太平天国不能不回到封建制度。"②

太平天国运动不可能超出农民运动的局限性，不可能跳出运动所处的那个时代的局限，因此，太平天国运动必然会走向衰败，但是这场运动却开启了近代中国革命的序幕，以一种独特的方式极大地影响了中国近现代史的走向，正如有学者指出，"太平军叛乱在许多方面是中国前近代史与近代史之间的转折期……宣告着中国的传统制度崩溃在即"③。对于这一点，国内学者也有相关的论述。比如《枢纽》一书作者曾经指出，在镇压太平天国起义的过程中，汉族地方官员得到了重用，曾国藩、左宗棠、李鸿章、胡林翼等一批中兴名臣崛起，他们可以征收商品在各省运输的过境税，也就是厘金，从而减弱了中央政府对地方财政的控制力。为镇压太平天国，清政府下放了很多权力，如官员的任免权等，并培养了具有相当实力的地方军队。在镇压太平天国的过程中，清政府开启了洋务运动的进程。总之，太平天国起义打破了清政府内部汉、满、蒙、回、藏各群体间的平衡，汉人成为中国财政秩序、军事秩序、人才秩序和精神秩序的主导，从而埋下了革命的种子。

因此，对太平天国运动的认识，既要看到其作为一场农民运动不可避免的局限性，也要看到这场农民运动在中国近现代史上的重要影响。

四、马克思恩格斯关于太平天国运动论述的当代价值

马克思恩格斯研究太平天国运动的方法具有极其重要的方法论价值。

唯物史观是马克思恩格斯的两大发现之一，是马克思恩格斯的社会主义学

---

① 毛泽东选集：第1卷［M］．北京：人民出版社，1991：183．
② 陈旭麓．近代中国社会的新陈代谢［M］．上海：上海三联书店，2017：76．
③ 费正清，刘广京．剑桥中国晚清史1800—1911年：上卷［M］．中国社会科学院历史研究所编译室，译．北京：中国社会科学出版社，1985：257．

说能够成为科学的重要的方法论基石。马克思恩格斯关于太平天国运动的相关分析与论述是他们应用唯物史观分析现实问题的又一典范。一方面，马克思恩格斯指出太平天国运动的正义性和进步性，另一方面，他们又"毫不留情"地指出太平天国运动的破坏性和局限性。特别在对运动破坏性和局限性的分析上，马克思恩格斯始终从东方国家停滞的物质生产和社会生活这样一个具有普遍意义的视角进行阐发。这样，马克思恩格斯从历史的高度上，而不是从伦理道德的高度上，站到了被殖民国家和被压迫人民一边。

此外，值得关注的是马克思恩格斯以世界历史的眼光和辩证法的精神，分析了西方殖民侵略对东方国家解体的影响以及太平天国运动对西方国家的影响。在马克思恩格斯看来，人类历史在向世界历史转变，这已经是"完全物质的、可以通过经验证明的行动"。大工业已经把世界各国人民联系在一起，把所有地方性的小市场联合成一个世界市场，文明国家的革命必然会引起其他国家的革命，其他国家的变革也必然会引起文明国家的动荡。在各国联系日益紧密、全球化不断深化发展的今天，马克思恩格斯唯物史观的方法论和世界历史的研究视角仍具有极其重要的理论意义和实践价值。

最后，学习马克思恩格斯的研究方法，应当区分哪些是研究方法，哪些是具体结论，不能将两者混为一谈。这一点不仅是我们学习马克思主义的正确方式，也是我们强调马克思主义当代价值的研究的出发点。我们不能将学习囿于马克思恩格斯对具体问题做出的具体结论，盲目地把这些作为普遍真理，而应当看到，正如前文所分析的那样，马克思恩格斯在分析问题、得出结论时，所采用的具有普遍意义的方法。尽管由于各种原因，一些结论未必完全正确，但马克思恩格斯科学的研究方法却散发着永恒的光芒。

马克思恩格斯对太平天国运动的评价引发对革命相关问题的深入思考。

革命具有双重面向，破坏只是其中的一个方面。革命是对社会进行变革的方式之一，相对于改良式的变革方式，革命的破坏性更大、是对整个社会制度的颠覆性变革。通过哪种方式完成社会变革，终究是由历史进行选择、决定的。总有一些人以革命的破坏性太大、代价太大为由，否定革命。不论抱有什么样的初衷，这完全是对革命的误读。一方面，革命具有破坏与重建的双重面向。革命肩负着两个使命，一个是对旧社会的完全的摧毁，另一个是对新社会的重建。在近代史上，这个"重建"不是要回到朝贡社会的历史周期律中，而是要建立一个区别于旧社会性质的新社会。有时，这两个使命是分开的，但在革命的范畴内，"重建新社会"一定是以"破坏旧社会"为前提的。另一方面，需要对革命的破坏性代价进行具体分析，不能一概而论。马克·吐温曾经写道：法国历史上"存在着两种'恐怖统治'：一种是以火热的激情进行谋杀，另一种则是以冷血无情的方式进行；一种仅仅持续数月，另一种则持续了上千年；一种害死了上千人，另一种却害死了上亿人。"而人们往往只对那短暂的恐怖感到"恐怖"，却忽略了那些由"挨饿、受冻、言语辱骂、酷刑加身、绝望心碎导致的慢性死亡"。① 如果要对认识革命问题划一条历史唯物主义的底线的话，那么恩格斯的这段话恐怕是最合适不过了——"革命不能故意地、随心所欲地制造，革命在任何地方和任何时候都是完全不以单个政党和整个阶级的意志和领导为转移的各种情况的必然结果"②。

对马克思恩格斯关于太平天国运动的论述和观点，一定要全面地、联系地去看，不能选择性地解读；一定要从世界历史的视角去看，从同一时期关于英国的世界贸易和国际关系去看，不能仅仅局限于有限的几篇论述；一定要历史地、辩证地去看，不能对他们的局限性避而不谈，也不能对他们相关论点的现代价值视而不见。

马克思恩格斯关于中国问题的论述是回击历史虚无主义的强大武器。

马克思主义是中国化马克思主义的理论渊源，其中马克思恩格斯关于中国问题的论述是马克思主义的重要组成部分，特别对我们认识相关的中国近代史问题提供了重要的参考，为我们在新时代推进马克思主义中国化提供了坚实的理论根基。近年来，历史虚无主义沉渣泛起，影响非常恶劣。学习马克思恩格斯认识、分析中国问题和其他历史问题的方法对我们批驳历史虚无主义，增强历史自信，进而全面增强四个自信，都具有重大的现实意义。

2014 年 7 月，习近平总书记在纪念全民族抗战爆发七十七周年仪式上指出，"历史就是历史，事实就是事实，任何人都不可能改变历史和事实。付出了巨大牺牲的中国人民，将坚定不移捍卫用鲜血和生命写下的历史。任何人想

---

① 斯塔夫里阿诺斯. 全球史纲 [M]. 张善鹏，译. 北京：北京大学出版社，2017：62.
② 马克思恩格斯选集：第 1 卷 [M]. 北京：人民出版社，2012：304.

要否认、歪曲甚至美化侵略历史，中国人民和各国人民绝不答应！"① 在全面深化改革的关键历史时期，我们应当更加全面抓好马克思主义理论的学习和教育工作，充分认识到马克思主义的"巨大真理威力和强大生命力"，充分认识到"我们依然处在马克思主义所指明的历史时代"②，马克思主义不仅没有过时，而且是我们认识世界、改造世界的强大思想武器，为世界社会主义指明了正确前进方向。"马克思主义是我们立党立国的根本指导思想，是我们党的灵魂和旗帜。"③ 学好马克思主义、用好马克思主义理论武器，是每一位中国共产党党员的必须锻炼的本领。"中国共产党为什么能，中国特色社会主义为什么好，归根到底是因为马克思主义行！"④

中国特色社会主义已经进入新时代，世界社会主义也发展到新阶段，在新的历史方位上，我们应当进一步全面推进对马克思恩格斯关于中国问题相关论述的研究，为 21 世纪中国马克思主义发展夯实理论基础，为习近平新时代中国特色社会主义思想提供不竭的理论源泉。

作者：孟艳（孟艳：外交学院马克思主义学院讲师）

---

① 习近平. 在纪念全民族抗战爆发七十七周年仪式上的讲话［EB/OL］. 新华网，2014-07-07.

② 习近平谈治国理政：第 2 卷［M］. 北京：外文出版社，2017：65-66.

③ 习近平. 在庆祝中国共产党成立 100 周年大会上的讲话［M］. 北京：人民出版社，2021：13.

④ 习近平. 在庆祝中国共产党成立 100 周年大会上的讲话［M］. 北京：人民出版社，2021：13.

马克思主义的领导方法论初探

——学习《党委会的工作方法》有所思

　　《党委会的工作方法》是毛泽东同志1949年3月在党的第七届中央委员会第二次全体会议上所作的结论的一部分，后来被编入《毛泽东选集》（第四卷）独立成篇。2016年年初，习近平总书记就学习这篇光辉文献专门做出重要批示，对各级党委（党组）领导班子成员特别是主要负责同志重温这篇著作提出了明确要求。这表明，《党委会的工作方法》非但没有过时，还一如既往地对各级党委（党组）的领导工作具有重要指导意义。那么，应该如何活学活用这篇穿越历史的光辉文献、把握其马克思主义的科学领导方法论原则、从而与时俱进、创造性地把领导工作提升到新境界新水平呢？这理应成为广大党员、特别是各级领导同志重温这篇著作时必须思考的关键问题！

　　《党委会的工作方法》言简意赅，所谈论的问题意识非常明确集中。它聚焦的不是一般的、泛泛而谈的工作方法，而是特定的、涉及如何开展好党委"领导工作"的方法，因此，它的首要讨论对象是各级党委（党组）的干部尤其是主要领导同志。《党委会的工作方法》列有十二条，分别有所针对，概括起来可以分为以下五个方面：处理上下级以及同级之间的纵横关系（第1—4条）、全面而有重点地开展和落实工作任务（第5、6条）、调查研究基础上的识数定性（第7、12条）、会风文风作风的改善优化（第8、9、11条）、团结统战的重要性（第10条）。这些内容虽然各有侧重，但并非彼此割裂，而是互相关联、共同构成一个领导方法论的原则系统。《党委会的工作方法》给我们提供的不是教条，而是马克思主义的思想方法和工作方法的源头活水。要活学活用《党委会的工作方法》的领导方法论精髓就必须探本溯源，唯此才能得其法旨、纲举目张、豁然贯通、万变归宗。那么，统括《党委会的工作方法》所涉及的五个方面共计十二条内容的根本方法究竟是什么呢？

需要特别强调的是，毛泽东同志在谈论《党委会的工作方法》时有一个非常具体的历史和逻辑前提，即"党委会议制度"。换言之，没有"党委会议制度"就没有《党委会的工作方法》。1948 年 9 月，毛泽东同志在为中共中央起草的一个决定中指出："党委制是保证集体领导、防止个人包办的党的重要制度……必须建立健全的党委会议制度。"① 后来，邓小平同志 1956 年在党的第八次全国代表大会上所作的《关于修改党的章程的报告》中还着重指出："中央在一九四八年九月关于健全党委制的决定，对于加强党的集体领导，尤其起了重大的作用……这个决定在全党实行了，并且直到现在仍然保持着它的效力……这个决定的重要意义，在于它总结了党内认真实行集体领导的成功经验，促使那些把集体领导变为有名无实的组织纠正自己的错误，并且扩大了实行集体领导的范围。"② 进一步来讲，"党委会议制度"所凝结和体现的乃是"民主集中制"这一我们党根本的组织领导原则。据此而论，《党委会的工作方法》所列五个方面共计十二条内容正是对"党委会议制度"及其"民主集中制"原则在逻辑上和历史中具体的创造性的展开和延伸。一言以蔽之，统括《党委会的工作方法》的那个一以贯之的根本方法就是我们党的"民主集中制"这一根本组织领导原则。因此，要深入掌握《党委会的工作方法》所蕴含的领导方法论真髓就必须对"民主集中制"原则有所觉悟，既知其然更知其所以然，唯此才能真正尊重、维护并且能动地贯彻落实这项根本的组织领导原则，进而在实践中结合具体实际不断优化党委领导工作的制度建设、不断深化对领导方法论的探索。

"民主集中制"是我们党开展组织领导工作的一件传世法宝，是马克思主义领导方法论的内核，与生俱来地分享着马克思主义所特有的鲜明的实践性、科学性和阶级性。首先，"民主集中制"是我们党在马克思主义理论指导下结合革命与建设的斗争实践、不断总结成功经验与失败教训的基础上逐渐确立起来、坚持下来的集体领导性质的组织原则。它绝非抽象的思辨理论设计，恰恰

① 毛泽东选集：第 4 卷［M］. 北京：人民出版社，1991：1340.
② 邓小平文选：第 1 卷［M］. 北京：人民出版社，1994：229-230.

相反，它来源于实践、指导实践并接受实践的检验。在此意义上，作为组织领导原则的"民主集中制"也必然能动地导向实践层面的、感性现实的组织领导制度。毛泽东同志指出："要党有力量，依靠实行党的民主集中制去发动全党的积极性。"① 原则可以在有了觉悟的头脑中发挥主导作用，而制度则以规矩和纪律的方式进一步约束行为，这两个方面恰如人之身心，有机统一、内在关联，从而释放出巨大的生命活力。就此而论，马克思主义的领导方法论在思想观念中是原则意识的觉悟，在实践层面则表现为组织制度的建设与运行，简言之，是原则与制度的高度统一。因此，"民主集中制"既是一种思想原则也是一种组织制度，"党委会议制度"就是"民主集中制"原则在党的领导实践中的制度体现。其次，"民主集中制"是我党践行辩证唯物主义认识论路线的生动写照，是一切从实际出发、具体问题具体分析、实事求是的探索过程中取得的智慧成果。它在组织工作、领导决策上所具备的强大科学性优势，不仅可以得到理论上的论证，更可以在实践检验的结果上获得决定性的支撑。无论在革命时期还是在建设、改革时期，几代中央领导集体对"民主集中制"的科学性有高度一致的认可和自信。习近平总书记2014年9月5日在庆祝全国人民代表大会成立60周年大会上指出："民主集中制是中国国家组织形式和活动方式的基本原则。"② 此外，"民主集中制"是服务于无产阶级先锋队、领导广大人民群众开展斗争的制胜法宝，具有鲜明的阶级特质，它是马克思主义群众史观和群众路线在我们党的组织领导原则和制度上的具体体现。它在原则和制度上根本地保障了广大党员同志的党内民主，能够充分调动广大党员同志和人民群众参与政治的积极性和创造性。"民主"是人民内部的民主、党内的民主，"集中"则是在"民主"基础上形成统一意志、形成战斗力，从而组织领导广大党员同志和人民群众一起开展实际的斗争和工作。总之，"民主集中制"所禀赋的实践性、科学性和阶级性，都打着马克思主义的鲜明烙印，是原则与制度的高度统一，是马克思主义领导方法论独具特色、别具一格的根本体现。

如果说作为马克思主义领导方法论内核的"民主集中制"是根本大法，是

---

① 毛泽东选集：第1卷［M］．北京：人民出版社，1991：278．

② 习近平．在庆祝全国人民代表大会成立60周年大会上的讲话［EB/OL］．人民网，
　　2014-09-05．

"纲"，那么《党委会的工作方法》的内容就是系于此"纲"上的"目"。
"纲"的现实性、丰富性、生动性需要"目"的具体规定性来转化和实现。纲
举目张乃能贯通，通则圆活乃能为用，体用兼备则虽临万变而不离其宗。"纲"
是体，"目"为用；"纲"是党章中已明确规定了的组织领导原则和制度安排，
"目"则是作为领导工作主体的干部个体对"纲"的思想政治觉悟及其能动的
实践转化方式。"纲"是一般性的，"目"是特殊性的。毛泽东同志早就讲过：
"我们共产党人无论进行任何工作，有两个方法是必须采用的，一是一般和个
别相结合，二是领导和群众相结合。"① 事实上这两个方法都内蕴在《党委会
的工作方法》中并得到了淋漓尽致的体现和贯彻。基于这样的看法，我们再来
审视《党委会的工作方法》就可以更立体把握其所蕴含的领导方法论系统的基
本结构。

　　《党委会的工作方法》所列的五个方面共计十二条内容涉及的都是干部个
体在实际领导岗位上必然要面对的基本问题类型以及相应的解题原则。其中，
处理好上下级之间的纵向关系以及同级之间的横向关系是领导方法论上的基本
课题，也是充分发挥党内民主、调动各方积极性、统一思想、形成共识、有力
集中的内在要求。谁处理不好这一纵一横的关系，谁就当不了好领导，就领导
不好工作，就会对我们党的事业造成损失甚至伤害。实际上，处理好这一纵一
横关系的关键仍然在于如何处理党内的"民主"与"集中"的关系问题。"要
把问题摆到桌面上来""互通情报""不懂得和不了解的东西要问下级，不要
轻易表示赞成或反对"都是落实党内民主的方法原则；"党委书记要善于当
'班长'""应该很好地学习和研究""做宣传工作和组织工作"则是在党内民
主基础上实现有力集中的应有之义。至于全面而有重点地开展和落实工作任务
（"学会'弹钢琴'""要'抓紧'"）、调查研究基础上的识数定性（"胸中
有'数'""划清两种界限"）、会风文风作风的改善优化（"'安民告示'"
"'精兵简政'""力戒骄傲"）、团结统战的重要性（"注意团结那些和自己
意见不同的同志一道工作"）等其他四个方面共计八条内容，则是如法处理上
下级以及同级之间一纵一横关系的进一步展开和细化。因而，从根本上讲，
《党委会的工作方法》就是对"民主集中制"的生动解读和具体揭示，离开

---

① 毛泽东选集：第 3 卷 ［M］. 北京：人民出版社，1991：897.

"民主集中制"谈《党委会的工作方法》就会难得要领。

值得注意的是，毛泽东同志在《党委会的工作方法》的简短篇幅内密集地运用了"学习""研究""讨论""交流""分析""综合""调查"等字眼，我们认为这种特定的语言表述形式并非偶然的、随意的，而是承载着、传达着非常关键的实质性信息和内容——"党委会的工作方法"或者说马克思主义的领导方法论是一门大学问，如何贯彻落实"民主集中制"的原则、制度、精神没有现成的、教条的标准答案，而只有一些仅供参考的指导性原则，并且对这些指导性原则的活学活用仍然必须以切实提升干部个体的思想政治觉悟和处理现实问题的工作能力为前提，因此，唯一的途径就是在马克思主义基本原理指导下的调查、研究、学习。在此意义上，《党委会的工作方法》也是一部干部培训指南。事实上，我们党历来重视对干部的教育培养、历来强调干部的学习成长。新时期习近平总书记谆谆劝勉全党同志："好学才能上进。中国共产党人依靠学习走到今天，也必然要依靠学习走向未来。我们的干部要上进，我们的党要上进，我们的国家要上进，我们的民族要上进，就必须大兴学习之风，坚持学习、学习、再学习，坚持实践、实践、再实践。"① 那么，学什么、怎么学？要学习的东西很多、可供采取的途径也不少，然而从提升领导干部的政治思想觉悟和工作方法的角度来看，有一个根本任务是不可或缺的，正所谓"学马列要精，要管用的"②。习近平总书记明确指出："学哲学、用哲学，是党的一个好传统。要坚持用马克思主义哲学教育武装全党，党的各级领导干部特别是高级干部要原原本本学习和研读经典著作，努力把马克思主义哲学作为自己的看家本领，掌握科学的世界观和方法论，更好认识规律，更加能动地推进工作。"③ 一言以蔽之，以马克思主义理论武装起来的具有强大战斗力的干部队伍是贯彻落实党的领导、开创党的事业新局面的关键所在。在革命时代中，毛泽东同志认为"这些干部和领袖懂得马克思列宁主义，有政治远见，有工作能力，富于牺牲精神，能独立解决问题，在困难中不动摇，忠心耿耿地为民族、为阶级、为党而工作。党依靠这些人来联系党员和群众，依靠这些人对群众的

① 习近平总书记系列重要讲话读本［M］. 北京：学习出版社，2014：94.
② 邓小平文选：第3卷［M］. 北京：人民出版社，1993：382.
③ 习近平总书记系列重要讲话读本［M］. 北京：学习出版社，2014：175.

坚强领导以实现打倒敌人之目的。这些人不要自私自利，不要个人英雄主义和风头主义，不要懒惰和消极性，不要自高自大的宗派主义，他们是大公无私的民族和阶级英雄，这就是共产党员、党的干部、党的领袖应该有的性格和作风。"① 在为实现中华民族伟大复兴的中国梦而奋斗建设的时期，老一辈领导干部的觉悟、作风和素质仍然是我们永不过时、务必学习思齐的光辉榜样！

　　综上所述，我们党的马克思主义领导方法论的基本结构是系统清晰的，即坚持"民主集中制"这一根本原则、健全并依托"党委会议制度"开展组织领导工作、提倡调研学习强化干部的教育培养。概言之，重温《党委会的工作方法》掌握其领导方法论精髓就必须用"民主集中制"来统括贯通，用马克思主义理论特别是哲学基本原理来升华和驾驭五个方面共计十二条内容，结合当前的工作实际来学习和调研，从而创造性地活学活用。以上是对毛泽东同志这篇光辉文献所蕴含的马克思主义领导方法论进行的初步探索，尽管略有层次但仍不免烦冗，如果一定要用简明的几句话来概括一下，我们认为可以是这样：民主集中、制度健行、一纵一横、持则秉公、调研学习、从容圆通。

　　作者：唐瀚（唐瀚：外交学院马克思主义学院讲师，本文收录在《2016年外交学院科学周论文集》，世界知识出版社，2017 年 12 月）

---

① 毛泽东选集：第 1 卷［M］．北京：人民出版社，1991：277.

论新时代机关党的政治建设

作为一个历经百年峥嵘岁月的马克思主义政党，中国共产党始终重视党的自身建设，在思想、组织、作风、纪律、制度等方面，在实践中不断创新和积累经验。党的十九大报告，第一次把党的政治建设纳入党的建设总体布局，并强调要"以党的政治建设为统领"，"把党的政治建设摆在首位"。2018 年 7 月 12 日，中央和国家机关党的政治建设推进会在京召开，习近平总书记强调，中央和国家机关首先是政治机关，必须旗帜鲜明讲政治，坚定不移加强党的全面领导，坚持不懈推进的政治建设。① 由此，机关党的政治建设成为新时期党建研究和党建工作的一个重点。2019 年中共中央《关于加强和改进中央和国家机关党的建设的意见》再次强调党的政治建设的首要地位。② 同年 7 月 9 日，习近平总书记在中央和国家机关党的建设工作会议上，结合党建新形势、新任务，对如何全面提高中央和国家机关党的建设质量，建设让党中央放心、让人民群众满意的模范机关，进行了全面的战略部署。③

一、机关党的政治建设的基本内容

党的政治建设是党的根本性建设，决定党的建设方向和效果。中国共产党作为马克思主义政党，具有崇高政治理想、高尚政治追求、纯洁政治品质、严明政治纪律。为此，习近平总书记在论及党的政治建设时，曾概括了七个方面

---

① 习近平对推进中央和国家机关党的政治建设作出重要指示 ［EB/OL］. 人民网，2018-07-12.

② 关于加强和改进中央和国家机关党的建设的意见 ［M］. 北京：人民出版社，2019：3.

③ 习近平. 在中央和国家机关党的建设工作会议上的讲话 ［EB/OL］. 新华网，2019-11-01.

的重点，即把准政治方向、坚持党的政治领导、夯实政治根基、涵养政治生态、防范政治风险、永葆政治本色、提高政治能力。这也可以说是机关党的政治建设的基本内容。

第一，把准政治方向。政治方向是关系一个政党前途命运的首要问题，集中体现于党的政治纲领和奋斗目标，具体细化于党的各级机关、组织及党员的政治追求。我们党在创建之初，就确立了共产主义的远大奋斗目标。时至21世纪的今天，中国共产党的政治追求一如既往，并在实践中得到具体展现。习近平总书记指出，我们所要坚守的政治方向就是共产主义远大理想和中国特色社会主义共同理想，"两个一百年"奋斗目标，就是党的基本理论、基本路线、基本方略。① 对于广大党员干部来说，把准政治方向，就是既要坚持共产主义的奋斗目标，又不能脱离社会主义的现实发展阶段，要将共产主义崇高理想转化为当前阶段的具体工作实践，坚持远大理想与具体目标的有机统一。

第二，坚持党的政治领导。十三届全国人大第一次会议表决通过的《中华人民共和国宪法修正案》将"中国共产党领导是中国特色社会主义最本质的特征"写入宪法总纲②，在此基础上，关于中国特色社会主义制度的最大优势是中国共产党领导，党是最高政治领导力量的认识也进一步得到升华。回顾中国共产党的历史，自1921年中国共产党的诞生到1949年新中国的成立，标志着我们党领导人民探索中国革命道路取得最终成功；1978年中国开启改革开放新征程，经过40多年的奋发图强，我国经济总量已跃居世界第二。中国革命、建设和改革的历史已充分证明，只有中国共产党才能救中国，才能发展中国。2018年《中华人民共和国宪法修正案》的出台，更是以国家宪法的形式确认了中国共产党的领导地位。为此，各级党政机关的广大党员和领导干部必须从尊重和遵守国家宪法的角度，认识坚定和坚持党的领导的重要性。

第三，夯实政治根基。《中国共产党章程》总纲中这样写道："中国共产党是中国工人阶级的先锋队，同时是中国人民和中华民族的先锋队。"③ 这是对我们党的性质的深刻认识和总结。中国工人阶级是我们党的阶级基础，工人

---

① 习近平主持中共中央政治局第六次集体学习并讲话［EB/OL］. 中国政府网, 2018-06-30.

② 中华人民共和国宪法［M］. 北京：法律出版社, 2018：60.

③ 中国共产党章程［Z］. 北京：人民出版社, 2012：1.

阶级的利益和中国人民及中华民族的利益是根本一致的。我们党不仅代表中国工人阶级的利益，同时也代表中国人民和中华民族的利益。党的政治根基是否夯实，不仅要看其阶级基础，还要看其群众基础，更要看其人心向背。为此，我们党必须把赢得民心、汇集民智、为民服务作为工作的重要着力点，时刻同人民群众保持血肉联系，不断夯实党的政治根基。

第四，涵养政治生态。政治生态关乎一个政党能否保持长期、健康、稳定的发展，营造风清气正的良好政治生态，是永葆党的先进性和纯洁性的内在要求，是党的政治建设的基础性工作。习近平总书记指出，必须将营造良好的政治生态作为党的政治建设的基础性、经常性工作，要锲而不舍、常抓不懈。[①]党的政治生态的好坏可从多方面得到体现，如党内政治风气是否健康、党员工作作风是否优良、组织选人用人标准是否科学规范、干部考核晋升渠道是否公开透明，等等。中国共产党历来十分重视党内政治纪律、政治规矩的建立和完善。党的十八大以来，为适应新形势下党的建设需要，落实全面从严治党，中共中央先后印发了《中国共产党廉洁自律准则》《中国共产党纪律处分条例》《关于新形势下党内政治生活的若干准则》《中国共产党党内监督条例》《中国共产党党和国家机关基层组织工作条例》。这一系列规章制度的出台不仅标志着中国共产党将思想建党与制度治党的有机统一，也为营造良好、健康的机关党建环境提供了法律和制度保证。

第五，防范政治风险。政治风险往往和政治失误甚至是政治错误紧密相连，强调忧患意识、风险意识是我们党对历史经验的科学总结，也是我们党在面对经济全球化、政治民主化、文化多样化的世界环境下维护民族、国家和自身发展的深刻启示。习近平总书记曾指出：中国是个大国，"决不能在根本性问题上出现颠覆性错误"[②]。就中国现实情况讲，所谓根本性的问题，在经济、政治各领域有诸多表现，而从政治层面看，最根本的是政治制度、政治道路问题。我国宪法明确规定："社会主义制度是中华人民共和国的根本政治制度……禁止任何组织和个人破坏社会主义制度。"[③] 要实现中华民族伟大复兴、

---

① 习近平主持中共中央政治局第六次集体学习并讲话［EB/OL］.中国政府网，2018－06－30.
② 习近平谈治国理政［M］.北京：外文出版社，2014：348.
③ 中华人民共和国宪法［M］.北京：法律出版社，2018：60.

建设社会主义现代化强国，离不开社会主义这个根本政治方向，不能违反和有悖于社会主义的根本宗旨，否则就会犯颠覆性的政治错误。各级党政机关以及广大党员和领导干部必须对此有清醒认识，为防范政治风险，必须注重对广大党员干部的意识形态教育，加强思想政治工作。

第六，永葆政治本色。政治本色是中国共产党人的根本"底色"，也是中国共产党人的基本价值规范，它要求广大党员和各级党政干部，特别是高级领导干部要善德、自律、遵纪、守法，发挥党员先锋模范作用，政治本色也可通过党员、干部的言行作为，传递、延伸、拓展到社会生活的各个领域。因此，对于那些有悖于共产党人政治本色和规范要求的行为，要坚决抵制、予以严惩。习近平总书记多次强调，要坚决把反腐败斗争进行到底，使我们党永不变质、永不变色。① 我们党也深刻认识到"党的先进性和党的执政地位都不是一劳永逸、一成不变的"②，新时代更要"坚持不忘初心、继续前进"③。永葆共产党人政治本色，是对党的政治建设提出的更高要求，也是具体任务。

第七，提高政治能力。政治能力的内涵极其丰富，包含了辨别政治是非、保持政治定力、驾驭政治局面、防范政治风险等各种能力。提高政治能力，重点要抓各级干部队伍，特别是高级领导干部队伍的建设。领导干部是党的路线、方针、政策能否得到有效贯彻执行的直接主体责任人，其质量如何关系到党员队伍的整体水平。习近平总书记曾明确指出，各级领导干部特别是高级干部要不断提升把握方向、把握大势、把握全局的能力，善于从政治上分析问题、解决问题。④ 应该说，干部队伍建设好了，才能切实调动广大党员和基层群众的积极性，才能更好地让党的政策落地生根、服务人民、惠及百姓。各级领导干部特别是高级领导干部，要切实担负起党和人民赋予的政治责任，加强自身政治能力培养，提高自身政治素质。

---

① 习近平主持中共中央政治局第六次集体学习并讲话 [EB/OL]. 中国政府网，2018-06-30.

② 中共中央关于加强和改进新形势下党的建设若干重大问题的决定辅导读本 [M]. 北京：人民出版社，2009：5.

③ 习近平谈治国理政：第2卷 [M]. 北京：外文出版社，2017：33.

④ 习近平主持中共中央政治局第六次集体学习并讲话 [EB/OL]. 中国政府网，2018-06-30.

二、机关党的政治建设的地位作用

党的建设是一项伟大工程，也是一个非常复杂的系统，涉及思想、组织、作风、纪律、制度及政治等诸多方面，而政治建设是党的根本性建设，决定了党的建设的方向和效果，我们党从初期建立到发展壮大的各个历史阶段都离不开这一根本性建设。政治建设在机关党的建设中的地位与作用主要体现在以下几个方面。

第一，政治建设居于机关党的建设首位。党的十九大强调把党的政治建设摆在首位，以党的政治建设为统领，全面推进党的政治、思想、组织、作风、纪律建设，将制度建设贯穿其中。加强党的政治建设是对党的建设的成功经验的科学总结，是党建理论的重大创新。思想建设是党的基础性建设，要把坚定理想信念作为党的思想建设的首要任务，加强思想建设、坚定理想信念，关键是用习近平新时代中国特色社会主义思想武装全党；组织建设突出党的组织体系和管理功能，涵盖中央、地方、基层多个层级，遵循贯彻民主集中制原则；作风建设围绕对党员、党组织的行为规范要求，包括思想作风、学习作风、工作作风、领导作风、干部作风等，在实践上倡导实事求是，理论联系实际；纪律建设着重面向党员干部自身，包括政治纪律、经济纪律、组织纪律、廉洁纪律、群众纪律、工作纪律、生活纪律，强调发挥党规、党纪的作用，依规治党；制度建设既涉及党内规范条例的完善和落实，也涵盖促进国家宪法及各项法律制度的执行和实施，新时代党的制度建设更加彰显法治精神，体现依宪治党。而党的政治建设是党的根本性建设，决定了党的建设方向与效果，不抓党的政治建设或背离党的政治建设指引的方向，党的其他建设就难以取得预期成效。

第二，政治建设是机关党的根本性建设。党的政治建设是党的根本性建设，决定了党的建设方向和效果，换句话说，加强党的政治建设，就是要回答和解决党何以为党、党从哪里来、到哪里去的问题，在这些方面，党的建设不能出现失误和偏差。比较来看，不同国家、不同社会、不同演进历史的政党，在其建设和发展过程中，往往会有一些相同或相似的地方。但这不等于说可以不加区分地混淆不同政党的根本属性。中国共产党是马克思主义的执政党，而不是其他什么政党，更不是资产阶级政党。中国共产党的本质属性决定了它要以马克思主义为指导，以人民为中心，坚持社会主义、共产主义理想。如果放弃以马克思主义为指导、背离为人民服务的宗旨、放弃社会主义和共产主义的目标和理想，就称不上是无产阶级政党，就有悖于党的宗旨。这是根本性的问题，决定党的建设方向和最终命运。

第三，政治建设决定机关党的建设实效。党的建设是理论问题，同时也是实践问题，且最终要看建设实践上能否取得成功。从上述机关党的建设基本内容看，强调把准政治方向、坚持党的政治领导、夯实政治根基、涵养政治生态、防范政治风险、永葆政治本色、提高政治能力，其目的都是为了要使我们的党成为具有坚强领导能力、为人民群众所爱戴、担得起中华民族复兴使命的先进政党组织。为此，全面从严治党、深入推进反腐败成为必然的要求。党的十八大以来，以习近平同志为核心的党中央，深化政治改革、严惩贪污腐败，极大地改善了党风、政风和社会风气，凝聚了党心，赢得了民心，党的建设卓有成效。

第四，政治建设是机关党的建设统领。机关党的思想、组织、作风、纪律、制度建设，有着各自不同的内容和特点，同时它们又构成了一个有机整体。就这个有机整体而言，它不是各项建设的一个简单累加，而是围绕一个共同的目标和方向的有机体，这个目标和方向正是由政治建设所决定的。党的建设目标就是要把党建设成为走在时代前列、朝气蓬勃的马克思主义执政党，在这一总体目标引领下，从各项具体建设着手。值得一提的是，十九大报告在阐述全面推进党的各项建设时，提出要"把制度建设贯穿其中"①，这与强调"以党的政治建设为统领"并不矛盾。制度建设是党的各项建设的体制机制保障，政治建设本身也要依靠制度规范。而政治建设"统领"作用的提出，实际上是指明了政治建设在机关党的建设体系中应处于把控全局的地位。

三、机关党的政治建设的重大意义

第一，保持机关党的先进性和纯洁性。巩固党的执政基础和执政地位，必须保持党的先进性和纯洁性，这是全党面临的根本问题和时代课题。之所以说是根本问题，是因为党的先进性和纯洁性关乎党的性质本色，机关党组织、党

---

① 十九大报告辅导读本 [M]. 北京：人民出版社，2017：61.

员干部是党的建设任务的主要承担者，其直接反映了党的形象和党的建设水平；之所以说是时代课题，是因为党的先进性不是一劳永逸、一成不变的。面对市场经济等诸多利益的影响，党的先进性与纯洁性面临着被损害与弱化的挑战。历史证明，一个政党过去先进不等于现在先进，现在先进不等于永远先进，这是用辩证唯物主义和历史唯物主义观察问题得出的结论，也是对国际共产主义运动经验教训的总结。因此，只有加强党的政治建设，才能维护和保障党的机体不受侵害，才能使广大党员和领导干部牢记党的政治理想，永葆党的政治本色。

第二，强化机关党的责任意识和政治担当。习近平总书记在提到好干部的标准时特别强调了"信念坚定、为民服务、勤政务实、敢于担当、清正廉洁"几项基本要求，其中"为民服务、勤政务实"讲的就是责任意识，而"敢于担当"首先是有政治担当。具体来说，为人民服务，就是要求各级机关党组织和广大党员干部要忠于人民，做人民需要的事；勤政务实，就是要求机关党组织和广大党员要"勤勉敬业、求真务实、真抓实干、精益求精"，注重实绩；而敢于担当，就是要求机关党组织和广大党员干部做到坚持原则、勇于负责，"面对大是大非敢于亮剑，面对矛盾敢于迎难而上，面对危机敢于挺身而出，面对失误敢于承担责任，面对歪风邪气敢于坚决斗争"。① 培养责任意识和政治担当，是机关党的政治建设的重要内容。

第三，推进机关党的建设总体工程。"实现伟大梦想，必须建设伟大工程"是十九大报告作出的明确结论。机关党的建设涵盖党的建设全部领域和全部内容。在机关党的总体建设体系中，政治建设作为首要和统领，其功能作用具体体现在三个方面：一是为机关党的整体建设确定方向和目标，及时纠正和调整机关党的建设中出现的失误或偏差；二是通过改善机关党的政治生态，维护机关党的整体建设环境；三是借助机关党的政治能力建设的提高，真正提升党建总水平。建设工作千头万绪，抓住政治建设这个首要内容，党的建设总体工程就能更好推进。

第四，开创机关各项事业发展新局面。中国特色社会主义事业需要党的领导，而要更好实现党的领导，除了要加强党的自身建设，还要最终落实在激励

---

① 习近平谈治国理政 [M]. 北京：外文出版社，2014：412-413.

人民、带领人民投身社会主义建设事业中。各级党政机关、广大党员干部尤其是领导干部是建设中国特色社会主义的带路者、领头人，要起到先锋模范作用。只有各级党政机关将党的建设搞好了，才能更好地凝聚党心、汇聚民心，促进党和国家各项事业长足发展。"党政军民学，东西南北中，党是领导一切的"，这是毛泽东主席曾经提出的著名论断，党的十九大报告进一步阐明了这一思想。党的领导不是悬在半空，而是植根于人民的，党的十九大报告在阐释"坚持党对一切工作的领导"的同时，又进一步论述了"以人民为中心"的思想，指出"人民是历史的创造者，是决定党和国家前途命运的根本力量"。①没有人民的参与，党和国家各项事业就无从谈起，努力激发人民群众的主动性和创造力，调动其加快社会主义现代化建设的积极性，是各级机关党组织、广大党员干部，尤其是党员领导干部义不容辞的职责和使命。

四、机关党的政治建设总体目标及其实现路径

习近平总书记在中央和国家机关党的建设工作会议上强调要全面提高中央和国家机关党的建设质量，建设让党中央放心、让人民群众满意的模范机关。②而要实现这一总体目标，需要在思想认识上、实践操作上多管齐下，探索有效的实现路径。

第一，在思想认识上牢固树立"四个意识"，坚定"四个自信"。2016 年 1 月 29 日，中共中央政治局会议上首次提出"四个意识"，同年 7 月 1 日，习近平总书记在庆祝中国共产党成立 95 周年大会上的讲话中进一步强调："全党同志要增强政治意识、大局意识、核心意识、看齐意识，切实做到对党忠诚、为党分忧、为党担责、为党尽责。"③"四个意识"逐渐成为人们所熟悉的党建"热词"。"四个意识"的具体内涵虽各有侧重点，但核心围绕一个，即"维护党中央权威和集中统一领导"。谈及"四个自信"，在党的十八大报告中提出了坚定中国特色社会主义道路自信、理论自信和制度自信，之后习近平总书记在庆祝中国共产党成立 95 周年大会上的讲话进一步发展了这一思想，阐明

---

① 十九大报告辅导读本［M］. 北京：人民出版社，2017：20-21.
② 习近平. 在中央和国家机关党的建设工作会议上的讲话［EB/OL］. 新华网，2019-11-01.
③ 习近平谈治国理政：第 2 卷［M］. 北京：外文出版社，2017：44.

"坚持不忘初心、继续前进，就要坚持中国特色社会主义道路自信、理论自信、制度自信、文化自信"。① 由此，"四个自信"最终确立。"四个自信"涵盖了四个方面的内容，但都围绕着"中国特色社会主义"这一主题。"四个意识"和"四个自信"紧密联系、相辅相成。维护党中央权威和集中统一领导即坚持党的领导，这是建设中国特色社会主义的根本保证，而坚持中国特色社会主义制度自信首先是对坚持党的领导制度坚定不移。各级党政机关广大党员和领导干部对此要认真理解，全面领会。

第二，在实践操作上带头践行维护党中央权威和集中统一领导，做到"两个维护"。维护习近平总书记党中央的核心和全党的核心地位、维护党中央权威和集中统一领导，即"两个维护"，这是在实践层面树立"四个意识"、坚定"四个自信"的必然要求。中国共产党是拥有9000万党员的世界第一大党，对于这样一个庞大的政治组织，如果没有一个坚强的领导核心，没有统一的思想行动，党的力量就会被削弱，就无法发挥应有作用，更谈不上带领中国人民最终完成中华民族伟大复兴的历史使命。党的十九届四中全会，将完善坚定维护党中央权威和集中统一领导的各项制度作为坚持和完善党的领导制度体系的重要内容加以强调②，也让我们更加清晰地认识到"两个维护"提出的重要性。而如何真正做到"两个维护"，就各级党的机关而言，有三个层面的具体要求，即要做到"三个表率"③：一是机关党组织、广大党员和党员领导干部要在深入学习贯彻习近平新时代中国特色社会主义思想上做表率。十八大以来，由于国内外形势变化和我国各项事业的发展，带来了很多新的问题需要解决，习近平新时代中国特色社会主义思想，就是在对这些问题进行深刻研究和总结基础上所形成的理论成果，并成为我党指导思想的重要组成部分。党的各级机关广大党员和领导干部必须带头认真学习和领会；二是机关党组织、广大党员和领导干部要在始终同党中央保持高度一致上做表率。这里的所谓"保持一致"，就是不偏离、不违反、更不背道而驰，就是同向而行，且协调一致。

---

① 习近平谈治国理政：第2卷［M］.北京：外文出版社，2017：36.

② "中共中央关于坚持和完善中国特色社会主义制度、推进国家治理体系和治理能力现代化若干重大问题的决定"辅导读本［M］.北京：人民出版社，2019：6-7.

③ 习近平对推进中央和国家机关党的政治建设作出重要指示［EB/OL］.人民网，2018-07-12.

十九大报告指出，全党要坚定执行党的政治路线，"在政治立场、政治方向、政治原则、政治道路上同党中央保持高度一致"①。这一路线的真正落实，要求党的各级机关、广大党员和领导干部首先要做到；三是机关党组织、广大党员和党员领导干部要在坚决贯彻落实党中央各项决策部署上作表率。党的十九大对"两个一百年"目标已经作出了新的部署，全面深化改革、决胜全面建成小康社会、精准扶贫、实施乡村振兴战略、建设创新型国家、实施中国制造2025 等目标已定，而关键在落实。贯彻党的各项方针决策，不是简单地宣传或"走过场"，而是需要有"钉钉子"精神，真抓实干，干出成效，这需要党的各级机关率先行动，走在前面。

第三，进一步解决好机关党的政治建设的现实具体问题，建设让党中央放心、让人民群众满意的模范机关。要实现"模范机关"政治建设的总要求，需要重视三个方面的具体问题：首先，如何抓"关键少数"，增强党的高级领导干部的责任担当意识，实现以上带下、以上率下；其次，如何保证各级机关党的政治建设始终如一，常抓不懈，避免"一阵风""走过场""得过且过""短期效应"；再次，如何建立行之有效的纠偏机制，当机关党的政治建设出现问题时，能够做到及时发现、及时校正。按照党的十九届四中全会决定精神，解决这些方面的问题，需要在制度体系层面寻找突破口，把制度建设贯穿到机关党的政治建设全过程，这既是机关党的政治建设的保障，也是搞好机关党的政治建设的现实路径。为此，应做好以下工作：一是研究制定切实可行的制度规范，让机关党的政治建设做到有规可依、有章可循；二是建立完善的监管体制，实现对机关党的政治建设的有效监督、科学管理；三是探索实行合理的考核评估，使机关党的政治建设做到目标精确、提质增效。可以说，机关党的政治建设任重道远，却大有可为。

作者：崔朝东（崔朝东：外交学院马克思主义学院副教授，本文发表于《实事求是》，2020 年第 1 期）

---

① 十九大报告辅导读本 ［M］. 北京：人民出版社，2017：61.

师严道尊，民知敬学

——简论习近平总书记"三个牢固树立"
教育思想的深层意涵

"古之王者建国君民，教学为先"，然而传道授业解惑、上施下效必有师承，"凡学之道，严师为难。师严然后道尊，道尊然后民知敬学。"自古以来，教师在文明传承、化民成俗、道德教化中发挥着不可替代的重要作用。"百年大计，教育为本"，对发展教育事业的关注是党和政府在制定大政方针时一以贯之的重要考量。2013年教师节来临之际，习近平同志代表党和国家在向广大教师致以节日的亲切慰问的同时，也郑重地提出了殷切的嘱托——"希望全国广大教师牢固树立中国特色社会主义理想信念，带头践行社会主义核心价值观，自觉增强立德树人、教书育人的荣誉感和责任感，学为人师，行为世范，做学生健康成长的指导者和引路人；牢固树立终身学习理念，加强学习，拓宽视野，更新知识，不断提高业务能力和教育教学质量，努力成为业务精湛、学生喜爱的高素质教师；牢固树立改革创新意识，踊跃投身教育创新实践，为发展具有中国特色、世界水平的现代教育作出贡献"①。上述"三个牢固树立"的教育论述可谓言辞谆谆、情思恳切、内涵丰厚、意蕴绵长。接下来，笔者拟从修德、劝学、励志三个方面简要阐论这一重要思想的深层意涵。

一、修德

"三个牢固树立"这一重要思想以劝勉修德为出发点。修身立德在任何时

---

① 习近平向全国广大教师致慰问信［EB/OL］. 新华网，2013-09-09.

代对任何人而言都是一项须臾不废、终生不辍的涵养功夫，遑论为人师表的广大教师。所谓树人者须先自立、正人者须先正己，身为师者不更应当如此。《史记·孔子世家》记载，"康子患盗，孔子曰：'苟子之不欲，虽赏之不窃'"。孔安国解曰："言民化于上，不从其所令，从其所好也。"推而广之，师生之间的微妙关系亦是如此，质言之，生化于师，实非从其所言，乃是从其所好。先生、师长的情操学养对于后生、晚学的影响潜移默化、润物无声，由细微而至深远，所以，为师之道大矣！广大教师若能谨奉师道尊严，自尊自重、立威固学，夕惕若厉、勤勉修德，言寡尤、行寡悔、人寡过，"先行其言，而后从之"，以身作标则，焕然成风气，诚为国家民族之大幸，复兴图强必可期！当然，修身立德绝非抽象空洞、无可把凭的奇谈玄说，而是要在日常生活和工作中脚踏实地，于点滴小事上切磋琢磨、合于中道、止于至善。总而言之，任何道德修养上的追求若脱离了具体的语境，都会有不切实际之讥；特别是，若回避或混淆了思想政治上大是大非的立场问题，更会有迷途歧路之险，对己对人、特别是对广大青少年学生，进而对国家和社会的前途发展都必将带来一系列重大的消极影响。"没有正确的政治观点，就等于没有灵魂"①，兹事体大，不可不慎，更不可等闲视之！因此，习近平总书记号召广大教师切实加强思想政治修养，慎思明辨、提升认识，进一步强化道路自信、制度自信和理论自信，站稳立场、知行合一，在思想上"牢固树立中国特色社会主义理想信念"，在行动上"带头践行社会主义核心价值观"，在教育教学实践中"学为人师，行为世范，做学生健康成长的指导者和引路人"。唯其如此，"立德树人、教书育人"才能水到渠成、落到实处，人民教师"为人民服务"，"办人民满意教育"的宗旨和精神才不至于偏离方向。这既是人民教师追求自我实现的荣誉所系，更是我们履行职责的根本所在。任何荣誉的取得都离不开恪尽职守、敬事而信，这是古今不易的至理。毛泽东同志早就说过"教员是宣传家"②，结合当前实际，也就是说：三尺讲台理应是一片积极弘扬"真、善、美"自觉抵制"假、丑、恶"的有利阵地；人民教师务须以传承知识和美德、宣扬时代主旋律、传播正能量为己任，努力为中国特色社会主义事业培养全面

---

① 毛泽东文集：第7卷［M］．北京：人民出版社，1999：226．
② 毛泽东选集：第3卷［M］．北京：人民出版社，1991：838．

发展的优秀人才和未来合格的建设者、接班人。

二、劝学

"三个牢固树立"这一重要思想以谆谆劝学为落脚点。众所周知，学无止境，唯有积极学习才是克服"本领恐慌"的根本法宝，道德修养和真才实学的获得、巩固以及进一步提升唯有通过持之以恒的学习才能实现。然而，不可否认的是，学习通常也会受到不求进取的惰性思维乃至骄矜自满等不良倾向的干扰。在中华民族浴血奋斗、救亡图存的多事之秋，毛泽东同志就曾谆谆叮嘱全党同志："学习的敌人是自己的满足，要认真学习一点东西，必须从不自满开始。对自己'学而不厌'，对人家'诲人不倦'，我们应取这种态度。"① 七十多年之后，当我们已经踏上新的历史征程，致力于实现民族伟大复兴、追逐图强的"中国梦"之时，习近平总书记再次提醒广大教师继承和发扬这种"学而不厌，诲人不倦"的积极态度。首先，身处知识信息高速发展、竞争压力日益激烈的今天，教育工作者应和其他领域的从业者一样有逆水行舟不进则退的危机感，"加强学习，拓宽视野，更新知识"乃是紧扣时代发展脉动的一种必然要求，在此意义上，学习成了一种必需的生活方式。其次，广大教师还应善于学习、悉心钻研、注重方法、精益求精，"不断提高业务能力和教育教学质量，努力成为业务精湛、学生喜爱的高素质教师"，在此意义上，学习也是一种当仁不让的责任。此外，广大教师更应该爱好学习、主动求学，"牢固树立终身学习理念"，成为努力建设"学习型社会"的积极推动者。学习的本质乃是人的潜能的激发，是实现人的全面发展过程中的必要环节，是走向以知识和美德为根本保障的幸福生活的必经之路。不仅如此，"学而时习之，不亦说乎？"学习本身也能够给人们带来提升生命质量的高层次的乐趣，在此意义上，学习可以成为一种精神追求，一种可以让"向钱看齐"、贪图享乐等粗鄙、庸俗、低级取向的思想相形见绌的高尚的精神追求。广大教师的好学、乐学不仅能够丰富自己的生活，而且对于塑造良好的学风意义重大，以至于由学风而渐感民风，必然能够带动整个社会精神风貌的改善。在这个意义上，习近平总书记的谆谆劝学与毛主席关于"好好学习，天天向上"的教导一脉相承，同样是

---

① 毛泽东选集：第2卷［M］.北京：人民出版社，1991：535.

言近而旨远，理应成为广大教师乃至全民的基本共识，这也是"努力发展全民教育、终身教育，建设学习型社会"的题中应有之义。①

三、励志

"三个牢固树立"这一重要思想以笃行励志为瞄着点。习近平总书记期望广大教师勤勉修德、务学专精，反求诸己、练好内功，从而用实际行动为国家乃至人类的教育发展作出我们更大的贡献，正所谓蕴之以德行，发之为事业。习近平总书记特别强调："全社会要大力弘扬尊师重教的良好风尚，使教师成为最受社会尊重的职业"是极富深意的。这与我国的科教兴国战略内在紧密相关。因此，广大教师的教育工作既是高尚的，同时也是前途锦绣、大有可为的；广大教师应该有抱负、立奇志，在自己的工作岗位和业务领域内从实际出发、认真调查研究，既要敢想又要敢干，打破陈旧思想束缚、勇于开拓进取，"牢固树立改革创新意识，踊跃投身教育创新实践"。马克思主义告诉我们，事物总是不断运动、变化发展的，教育创新的本质乃是因地制宜、应时而变，变则通、通乃久，因而也就是我国教育改革与发展的必然要求；教育创新既是教育活动中教师思想活力的自然而然的体现也是继续保持这种活力的根本保障。今天的中国绝不是关起门来办教育，"中国将加强同世界各国的教育交流，扩大教育对外开放，积极支持发展中国家教育事业发展，同各国人民一道努力，推动人类迈向更加美好的明天"②。广大教师应拓宽眼界，不仅敢于而且善于向世界领先水平看齐，立志为"世界水平的现代教育作出贡献"。然而，其中的关键还在于我们教育创新的理念和实践要接上"中国特色社会主义初级阶段"这一基本国情的地气，只有结合我们的实际国情和基层的特定语境，从实际出发、循序渐进、审慎摸索、认真钻研而确立起来的教育创新模式才能禁得起时间和实践的考验，才能真正服务于我们的人民群众、我们的广大青少年学生，才能有我们中国人自己精神和智慧传统的印迹，才能有真正属于我们的"中国特色"。因此，教育创新既要积极借鉴和吸收世界先进文明的优秀成果，

---

① 习近平总书记在联合国"教育第一"全球倡议行动一周年纪念活动上发表的贺词[N]. 人民日报，2013-09-27.
② 习近平总书记在联合国"教育第一"全球倡议行动一周年纪念活动上发表的贺词[N]. 人民日报，2013-09-27.

又要以我为主、自力更生、艰苦奋斗，坚决摒弃那种照搬照抄、简单复制、只求短期效应、做表面文章的形式主义和投机主义。教育创新既是一个摸着石头过河、没有现成模式的勇敢探索，更是要以固守我们自身的优良文化传统和社会主义核心价值观为前提，唯其如此，我们的教育创新才不至于迷失"办人民满意的教育"这一根本方向。总而言之，真正能够赢得老百姓认可、真正能够在世界范围内为我国的教育事业赢得尊严的创新先进的教育理念和实践都离不开广大人民教师脚踏实地的辛勤付出和努力，因此，"充分信任、紧紧依靠广大教师，支持优秀人才长期从教、终身从教"是对笃行励志的广大教师的郑重承诺。

党的十八大以来，随着全面深化改革的进一步有序推进，对"办好人民满意的教育"的突出强调更是被提到一个新的高度。习近平总书记明确指出："中国将坚定实施科教兴国战略，始终把教育摆在优先发展的战略位置。"① 毫无疑问，我国教育事业的发展需要全社会各界的共同努力和积极推动，然而，必须认清"教师是立教之本、兴教之源，承担着让每个孩子健康成长、办好人民满意教育的重任"②。在此意义上，加强教师队伍的全面建设、提升教师群体的整体水平乃是发展中国特色社会主义教育事业的重中之重的关键所在！为此，习近平总书记明确指示："各级党委和政府要把加强教师队伍建设作为教育事业发展最重要的基础工作来抓，提升教师素质，改善教师待遇，关心教师健康，维护教师权益，充分信任、紧紧依靠广大教师，支持优秀人才长期从教、终身从教。全社会要大力弘扬尊师重教的良好风尚，使教师成为最受社会尊重的职业。"③ 显然，这也正是我们党的群众路线在教育改革实践中深入贯彻的内在要求，质言之，就是要求教育和教师政策的制定者、执行者以及参与者要切实地关心和依靠教师群体，急其所急、忧其所忧、想其所想、任其所能任。显而易见，政策导向、制度保障和社会舆论等方面合理的顶层设计与外部支持对于强化教师队伍建设、提升教师群体水平的积极作用决不容低估。然而，归根而言，"使教师成为最受社会尊重的职业"的内在保证仍在于广大教

① 习近平总书记在联合国"教育第一"全球倡议行动一周年纪念活动上发表的贺词 [N]. 人民日报，2013-09-27.
② 习近平向全国广大教师致慰问信 [EB/OL]. 新华网，2013-09-09.
③ 习近平向全国广大教师致慰问信 [EB/OL]. 新华网，2013-09-09.

师对国家、对社会自觉的担当与奉献，在于广大教师思想上的清醒认识、言行中的严于律己、工作领域内的唯务专精和兢兢业业，正所谓"有为方能有位"。

综上所述，不难看出，"三个牢固树立"的教育论述思路贯通、三位一体，言语简明、辞不虚发，具有鲜明的时代特色和清晰的问题指向。习近平总书记勉励广大教师在新的时代背景下主动深思、践行、发扬光大"师严道尊"的优良传统；敦促广大教师自觉地结合实际进一步明确方向、定准基调、加强学习、探索创新，努力开拓"民知敬学"的良好局面。毫无疑问，习总书记的这一精辟的重要论述必将对广大教师统一思想认识、扎实奋斗带来重大的指导意义。

作者：唐瀚（唐瀚：外交学院马克思主义学院讲师，本文收录在《外交学院 2014 年科学周论文集》，世界知识出版社，2015 年 10 月）

下篇 03

马克思主义外交思想与社会主义国家外交

马克思恩格斯外交思想产生的时代基础

"外交"（diplomacy）一词最早出现于 1796 年，通指国家间谈判的艺术和实践①，是国家关系发展的必然产物。近代外交产生于欧洲，这与欧洲作为资本主义的发源地，最早确立资本主义制度并实行对外扩张密不可分。历史进入 19 世纪，世界资本主义处于初步繁荣发展时期，马克思恩格斯就生活在这个年代。就整个 19 世纪世界资本主义的实际情况看，以欧美为代表的先进资本主义国家在经历了第一次工业革命的深入发展和完成之后，得益于科学技术的再次跨越式进步，继而又开启了第二次工业革命的历史进程。资本主义愈是发展，愈会打破民族国家间的封闭与隔阂，代之以相互交往与联系，这便是全球化。尽管当时尚没有清晰的全球化概念，但伴随资本主义生产方式的建立及持续的对外扩张，全球化态势已经成为现实存在，马克思恩格斯的外交思想正是产生于这样的时代背景之下。

一、资本主义开启全球化进程

和其他社会制度一样，资本主义也是人类历史发展到一定阶段的产物。就欧洲来看，15 世纪末、16 世纪初之前，欧洲尚处于封建社会的晚期，尽管早在十四十五世纪，欧洲地中海沿岸的某些城市已经出现了资本主义生产关系的萌芽，但欧洲封建制度走向瓦解，最终被资本主义所代替则是到了 16 世纪至 18 世纪上半叶。资本主义的产生和形成，受诸多因素和条件的作用影响，其中具有划时代意义的事件是 15 世纪末 16 世纪初的地理大发现，它为商品交换的增加、世界市场的形成、资本主义生产方式的扩张创造了客观条件，也为真正

---

① 王黎. 欧洲外交史（1494—1925）[M]. 天津：天津人民出版社，2011：7.

消除民族国家间的孤立隔绝，提供了现实可能。马克思恩格斯说："美洲的发现、绕过非洲的航行，给新兴的资产阶级开辟了新天地。东印度和中国的市场、美洲的殖民化、对殖民地的贸易、交换手段和一般商品的增加，使商业、航海业和工业空前高涨，因而使正在崩溃的封建社会内部的革命因素迅速发展。"①

需要指出的是，地理大发现本身就意味着全球化，但全球化并不仅限于此。世界历史的发展证明，在地理大发现的前提背景下，更具深远意义的是资本主义生产方式的产生和发展。按照马克思历史唯物主义的观点，资本主义的产生，归根到底是生产力与生产关矛盾运动作用的结果。从社会生产力的角度看，在欧洲封建社会晚期，随着社会分工的发展，商品生产、交换及市场逐步扩大，资本主义社会生产力越发成长，逐步消灭和取代封建生产。社会生产力的进步，是推动资本主义产生的最本源的内在动力。从社会生产关系的角度看，由于代表新经济因素和新经济制度的欧洲资产阶级地位的上升，社会革命的发生成为不可避免，这便是资产阶级反对封建主义的革命。在17世纪的西欧，英国资产阶级经过与新贵族及封建专制制度的反复较量，最终建立起了君主立宪政权，这是世界资产阶级革命的新时代。② 生产力和生产关系的变革，使资本主义生产方式得以确立，资产阶级的政治统治得以巩固。众所周知，资本主义生产是商品生产，而商品生产、商品交换都离不开市场。虽然市场早在奴隶社会、封建社会的自然经济条件下就已经存在，但那时的市场范围极其有限。与之相比，地理大发现背景下的资本主义商品市场几乎从一开始就具有全球性、世界性的特点。这也为资本主义的政治、文化的向外拓展奠定了基础，创造了前提。资本主义真正开启了人类历史的全球化时代。

二、全球化的演进及特征

全球化的发展是以民族国家间的相互联系与相互往来为纽带的，这种相互联系与相互往来又是以经济关系为基础的，而这种经济关系得以存在的不可或

---

① 马克思恩格斯文集：第2卷［M］．北京：人民出版社，2009：32．
② 吴大琨，陈耀庭，黄苏．当代资本主义：结构特征走向［M］．上海：上海人民出版社，1991：4．

缺的前提是世界市场。从经济史的角度看，世界市场的形成和发展是早期经济全球化的重要表现。在马克思的分析中，早期的经济全球化大致可分为三个时期：一是大航海带来的美洲和通往东印度航线的发现，它扩大了民族国家间的经济交往，使资本主义工场手工业和整个生产有了巨大的发展，也使市场扩大为世界市场成为可能。二是从 17 世纪中叶至 18 世纪末，随着早期殖民地的开拓，世界市场得以真正开辟，也形成了早期的国际分工，在这一形势下，欧洲、非洲、美洲之间的"三角贸易"更加盛行。三是伴随资本主义机器大工业的建立，资本主义生产进一步扩大，资本集中也逐步加速，现代世界市场最终得以建立。① 到 19 世纪中叶，世界范围内基本形成了以英国占支配地位或为主要特征的世界城市与农村既相互对立又相互依存的国际分工体系。需要指出的是，现代世界市场与资本主义生产方式扩张及资产阶级的发展是相互影响、相互促进的。马克思恩格斯曾经写道："大工业建立了由美洲的发现所准备的世界市场。世界市场使商业、航海业和陆路交通得到了巨大的发展。这种发展又反过来促进了工业的扩展，同时，随着工业、商业、航海业和铁路的扩展，资产阶级也在同一程度上发展起来……"② 马克思恩格斯指出："资产阶级，由于开拓了世界市场，使一切国家的生产和消费都成为世界性的了。"③ 他们还写道："资产阶级日甚一日地消灭生产资料、财产和人口的分散状态。它使人口密集起来，使生产资料集中起来，使财产聚集在少数人的手里。由此必然产生的结果就是政治的集中。"④ 这里所说的政治，即是资本主义的政治，是资产阶级的政治统治。既然伴随经济全球化，资本主义生产方式已经扩张到世界范围，那么资产阶级的政治及政治统治也必然在世界范围内展开，而外交亦在其中。

概括全球化的特征及对国家关系的影响，有以下几个方面：首先，全球化是人类社会发展进步的客观产物，是一个自然的过程，是社会自身规律作用的结果。而在此基础上所形成的国家关系及其发展也成为一种必然。其次，全球化从一开始就和资本主义、资本主义制度，和资本主义经济、政治紧密联系在

---

① 本书编写组. 中国马克思主义与当代 [M]. 北京：高等教育出版社，2018：31.
② 马克思恩格斯文集：第 2 卷 [M]. 北京：人民出版社，2009：32-33.
③ 马克思恩格斯文集：第 2 卷 [M]. 北京：人民出版社，2009：35.
④ 马克思恩格斯文集：第 2 卷 [M]. 北京：人民出版社，2009：36.

一起，从而必然受资本主义社会规律的支配和影响，这也必然反映到国家关系的发展上，因此一国的对外交往及外交政策是有属性界定的。再次，既然全球化的基础在于经济全球化，作为国家经济、政治向外发展的重要渠道、依托和保障——外交所承担的首要职责是维护国家利益，特别是国家经济利益。最后，资本主义条件下的全球化有其自身无法克服的局限性，这也决定了资本主义国家发展对外关系有其自身特点和固有缺陷，突出表现在资本主义国家发展对外关系过程中往往伴随不平等、强权甚至是侵略，马克思恩格斯外交思想对资产阶级外交的分析非常清晰地体现了这一特点。

三、全球化下马克思恩格斯外交思想的鲜明特色

从马克思恩格斯丰富的外交文献及相关著作文章中，我们能深刻体会其外交思想的时代特色与独特魅力。

其一，马克思恩格斯外交思想充分展示着历史唯物主义的世界观和方法论。马克思恩格斯唯物史观创立于 19 世纪 40 年代，首次阐述是在马克思恩格斯的著作《德意志意识形态》中，当时正值第一次工业革命高潮，资本主义迅猛发展。唯物史观贯穿于马克思恩格斯外交思想的主要内容和基本观点。马克思曾将现代工业乃至整个财富领域对外交领域的影响视为重要的外交问题之一①，他认为："国家不外是资产者为了在国内外相互保障各自的财产和利益所必然要采取的一种组织形式。"② 按照马克思的观点："外交关系并不是永恒不变的，而是历史的、暂时的产物。外交的内容和形式是由在特定国家中占据主导地位的阶级的物质生活条件所决定的，而且外交活动屈从于物质或资本的力量。"③ 为此，马克思在《十八世纪外交史内幕》中，清晰揭示了不列颠贵族为了维护其特殊的阶级利益，以牺牲英国的民族利益为代价，同时不惜出卖同盟国，实行实质上的亲俄外交。马克思恩格斯还指出："各民族之间的相互

---

① 白云真. 马克思《十八世纪外交史内幕》研究读本 [M]. 北京：中央编译出版社，2014：16.

② 马克思恩格斯文集：第 1 卷 [M]. 北京：人民出版社，2009：584.

③ 白云真. 马克思《十八世纪外交史内幕》研究读本 [M]. 北京：中央编译出版社，2014：17.

关系取决于每一个民族的生产力、分工和内部交往的发展程度。这个原理是公认的。"① "一切历史冲突都根源于生产力和交往形式之间的矛盾"②，而外交冲突也产生于此③。马克思恩格斯运用这一唯物主义历史观，在他们论中国的相关著作文章中，如《英中冲突》《英国对华的新远征》《鸦片贸易史》《对华贸易》等，在揭露资本主义对华侵略本质、谴责西方列强不平等贸易、支持中国人民正义斗争的同时，也深刻分析了近代中国走向衰落的原因，这个原因就是生产方式的严重落后。

其二，马克思恩格斯外交思想展现全球视野。19 世纪中叶，随着第一次工业革命的完成，资本主义赖以生存的物质和制度基础稳固下来，并进一步加速了全球扩张的进程。正是因为这样，马克思恩格斯对资本主义的分析，绝不会仅仅停留于资本主义一般生产，马克思恩格斯对资本主义对外关系问题的研究，也绝不仅仅局限于欧洲。从相关著作和文章看，马克思恩格斯论述全球化下国家关系，涵盖英国、法国、德国、俄国、美国、墨西哥、中国、印度、阿富汗以及阿拉伯国家等，视野极其广阔，其中既着眼于当时的先进资本主义国家，也放眼东方落后民族。值得关注的是，自《威斯特伐利亚和约》签订以后，新的国家体系率先在欧洲诞生，现代意义上的国际关系基础也因此得以奠定。但针对当时资本主义经济、政治的全球化发展，马克思恩格斯更多从资本主义对外交往的实质出发，分析其狭隘性、虚伪性、不平等性及侵略性，这也正是当时历史条件下全球化发展的重要特征表现。

其三，马克思恩格斯外交思想反映全球化的内在发展规律和要求。尽管全球化伴随资本主义而产生，早期全球化更是呈现出资本主义的全球化的突出特征，欧洲近代国际关系体系及其规则的建立与形成也主要是为了契合资产阶级统治的需要，但马克思恩格斯关于外交、国际关系的相关论述，却给我们认识问题提供了全新的视角。根据马克思恩格斯的观点，国际体系应以民族自由和独立为基础，而不能仅仅局限于均势的传统外交原则，国家关系发展应致力建立公正的世界秩序，并强调以公正合理的原则解决地区冲突，反对外国干预与

---

① 马克思恩格斯文集：第 1 卷 [M]．北京：人民出版社，2009：520.
② 马克思恩格斯文集：第 1 卷 [M]．北京：人民出版社，2009：567-568.
③ 白云真．马克思《十八世纪外交史内幕》研究读本 [M]．北京：中央编译出版社，2014：17.

侵略扩张①，这是全球化趋势的内在规律和要求。马克思恩格斯还强调："旧唯物主义的立脚点是市民社会，新唯物主义的立脚点则是人类社会或社会的人类。"② 就今天的理解看，这一论述，实际已经涵盖了"人类命运共同体"意识，同时也揭示了外交的真正目的，即服务于人的进步和发展，而这也正是全球化下资本主义对外交往以及资产阶级外交政策的现代困境。

作者：崔朝东（崔朝东：外交学院马克思主义学院副教授）

---

① 白云真. 马克思《十八世纪外交史内幕》研究读本 ［M］. 北京：中央编译出版社，2014：93.

② 马克思恩格斯文集：第 1 卷 ［M］. 北京：人民出版社，2009：502.

马克思恩格斯外交思想产生的思想基础

马克思恩格斯所生活的时代是欧洲的 19 世纪。19 世纪欧洲政治舞台风云变幻风谲云诡，无论是 19 世纪初被黑格尔誉为骑在马背上的世界精神的拿破仑将法国大革命的理念通过战争的方式推广到整个欧洲大陆，还是 19 世纪中叶在民族主义和社会主义双重思想的涤荡下横空出世的 1848 年革命、革命之后旧王朝的复辟和反动统治或者 1871 年的巴黎公社以及之后的国际共产主义运动等，都构成 19 世纪欧洲政坛时而阴郁沉闷时而积极向前的复杂色调。

如果说法国大革命和工业革命二元革命下的十七十八世纪是以进步、理性和启蒙观念为主导的自由主义的世纪的话，19 世纪在启蒙的大潮流之中又增添了浪漫主义、保守主义、民族主义等其他"不和谐"的声音。传统的历史叙事一般会将自由主义定为主要色调，将这一时期理解为自由主义吸收和容纳保守主义和社会主义带有进步意味的过程。这种"辉格党式"历史叙事将政治看作通过斗争来达到妥协的事业，将民主宪政和法律自由看作是近代政治所追求的正当性价值目标。① 但也有学者指出，19 世纪欧洲历史舞台上上演的并不仅仅是自由主义的喜剧，而是混杂着诸多对立因素。如果说十七十八世纪的启蒙运动是崇尚个人主义和理性主义的，19 世纪的时代精神则开始向社会集体化、民族化和非理性方向倾斜。基督教社会学家特洛尔奇甚至将其看作是第三种现代性原则出现的时期。②

尽管在欧洲政治和军事领域可以用乱世来形容，但是资本主义作为一种具

---

① 参见克罗齐，贝内德托. 十九世纪欧洲史 [M]. 田时纲，译. 北京：商务印书馆，2015；沃特金斯，弗里德里希. 西方政治传统：近代自由主义之发展 [M]. 李丰斌，译. 桂林：广西师范大学出版社，2016.

② 刘小枫. 现代性社会理论绪论 [M]. 上海：华东师范大学出版社，2018：185–191.

有世界历史意义的社会和经济力量已经席卷全球。资本携带着科学和技术打破了全球区域性的自然壁垒，开始确立在全球的统治。"资产阶级在它的不到一百年的阶级统治中所创造的生产力，比过去一切时代创造的全部生产力还要多，还要大。自然力的征服，机器的采用，化学在工业和农业中的应用，轮船的行驶，铁路的通行，电报的使用，整个大陆的开垦，河川的通航，仿佛用法术从地下呼唤出来的大量人口——过去哪一个世纪料想到在社会劳动里蕴藏有这样的生产力呢？"①

在这种对资本的信仰和科技进步的幻想的支配下，欧洲的政治家和思想家都对未来充满信心，尽管有经济上的衰退和政治上的复辟，但历史发展的趋势是必然的，资本主义必将取代封建主义从而成为时代的主要旋律。正如英国著名历史学家霍布斯鲍姆所说："19世纪中期的资产阶级预言家们，无疑渴望一个统一的、或多或少标准化的世界，在那个世界里，所有的政府全部承认政治经济学和自由主义的真理……他们预想的世界是以资产阶级的模式为原型，他们预想的甚至也可能是一个民族国家最终消亡的世界。"②

但是这种"工业化的浪漫主义"没有看到工人阶级和广大的劳动人民在资本主义社会中的处境。工业文明造就了大量的无产阶级。"工人阶级的无产化是工业文明胜利的一个基本因素。"③ 在资本主义狂歌猛进的同时，无产阶级正在承受着工业革命所带来的重负。工人阶级的物质生活水平急剧下降。他们为了维持生存，不得不忍受资本家的无情剥削。而这种剥削是世界范围内的。为了获得世界市场，资本超越民族和国家的界限开始以海外殖民的形式拓展。这意味着全球大部分资本和财富为资产阶级所占有，全球范围内的广大劳动人民日益处于赤贫状态。资产阶级通过战争和妥协而实现经济利益的分配，从而逐渐"文明化"，而第三世界国家则由于被殖民而处于"野蛮状态"。由此马克思恩格斯开始对资产阶级和资本主义国家的虚伪进行批判，开始创立旨在无产阶级觉醒的革命理论。"马克思主义使都市无产阶级觉醒，在这一点上，它

① 马克思，恩格斯. 共产党宣言［M］. 北京：人民出版社，2014：32.
② 艾瑞克·霍布斯鲍姆. 资本的年代：1848—1875［M］. 张晓华，译. 北京：中信出版社，2014：75.
③ 弗里德里希·沃特金斯. 西方政治传统：近代自由主义之发展［M］. 李丰斌，译. 桂林：广西师范大学出版社，2016：144.

发挥的影响比其他任何理论都大。"①

马克思恩格斯的外交思想是马克思恩格斯关于国家和革命总体性的政治思想的必要内容。马克思恩格斯总体性的政治思想是建立在对资产阶级民族国家及其相应自由平等博爱的资产阶级人道主义的思想的继承和批判的基础之上的。

马克思恩格斯的外交思想建立在马克思的国家学说的基础之上的。马克思对现代民族国家及其人道主义的价值观的批判是马克思外交思想的重要理论依据。因此马克思对现代国家的性质、特征及其主要类型的分析则构成了马克思国家观的基础和核心。

分析马克思恩格斯外交思想产生的思想基础,一方面要从广义的思想史背景(例如启蒙运动)的角度进行分析,另一方面则要从狭义的思想史背景即马克思政治思想所依赖的德国古典哲学尤其是黑格尔对现代国家的批判的角度进行分析。

一、启蒙运动对马克思恩格斯政治思想的影响

启蒙运动对马克思政治思想的形成是直接性的。启蒙运动是普遍发生于英国和欧陆(主要是德法两国)的思想革命。

随着工业革命和资产阶级革命的率先完成,英国成功实现了由封建王朝到宪政的转变。因此在政治层面,由于光荣革命相对和平地实现了现代政治转型,英国的思想家并未提出较为激进的观念。而在社会经济领域,随着生产力的突飞猛进,以亚当·斯密、大卫·李嘉图等为代表的苏格兰启蒙思想家开始从理论上认真对待市场经济这一要素对政治社会的巨大推动力量。稍早一些,洛克在《政府论·下篇》中对私有财产权进行了理论辩护,并首次创造性地将劳动与价值和私有财产权相贯通,从而在自然法的思想脉络中为资产阶级法权进行了相对系统完整的辩护。英国启蒙思想家关于以生产活动为主的经济社会的运行逻辑、发展规律进行的政治经济学上的探讨首次较为专门和具体分析了市民社会的性质、特征,为黑格尔和马克思对资本主义生产活动及其运动规律

---

① 弗里德里希·沃特金斯. 西方政治传统:近代自由主义之发展 [M]. 李丰斌,译. 桂林:广西师范大学出版社,2016:162.

的研究和探讨提供了较为坚实的理论基础和学科前提。

而法国由于传统森严的封建等级秩序以及绝对中央集权的体制导致法国的知识分子的政治批判尤为激烈。他们从英国广泛吸取了大量丰富的启蒙思想。以伏尔泰以及狄德罗为代表的百科全书学派批判一切宗教迷信和传统观念，提倡理性怀疑、自由平等的价值理念，乐观地相信人类凭靠自身的理性的力量就可以实现社会和历史的进步。他们在法国掀起了轰轰烈烈的启蒙运动，试图通过这种思想运动使得广大民众摆脱蒙昧和落后，走向独立、自由和平等。

法国的思想启蒙运动的最激进的代表莫过于卢梭。卢梭在《社会契约论》中批判了洛克的社会契约论，提出了人类社会的原初自然性，以及之后走向不可避免地在历史进程中的瓦解，之后凭靠人类的意志重新构造共同体。卢梭在《人与人不平等的起因和基础》中详细分析了这种历史的瓦解过程，指出私有财产权是导致人类不平等的根源。这一问题的解决在于克制自己的自私之爱，通过公共意志建立公共权威来克服私人的意志。因而卢梭《社会契约论》所要解决的根本问题就在于："创建一种能以全部共同的力量来维护和保障每个结合着的人身和财产的结合形式，使每一个在这种结合形式下与全体相联合的人所服从的只不过是他本人，而且同以往一样的自由。"①

卢梭一方面肯定了市民社会的形成是历史的必然过程，人与人之间的经济关系决定着其他的社会经济甚至是政治关系，以及肯定了人类凭靠自身的意志和理性可以构建一个比较合理的共和政府。但是另一方面他也揭示了资产阶级私有财产权所导致的人与人之间的不平等的状态，以及现代资产阶级政治法律对这种不平等状态的掩盖、遮蔽以及辩护的现实性，并为改变这种现实性提出了自己比较激进的民主方案。

卢梭激进民主的思想对马克思影响深远。马克思从早年到晚年所坚持的人民民主的平等主义的方案，对资产阶级的法权和私有财产权的批判，对资产阶级人道主义的两面性和虚伪性进行的揭露，为马克思恩格斯提出以工人阶级和无产阶级影响世界历史的决定性的力量、资本主义国家对内民主对外殖民霸权的两面性以及未来无产阶级解放全人类的宏伟目标，都是在卢梭对现代性方案的激烈批判的基础上更加系统深入的发展。

---

① 让-雅克·卢梭. 社会契约论［M］. 李平沤，译. 北京：商务印书馆，2017：17—18.

二、康德、黑格尔以及兰克学派对现代国家的设想

普鲁士建构现代国家之路漫长而又艰难。真正意义上的现代德意志国家可以追溯到腓特烈大帝的改革时期，经由19世纪初的普鲁士的大规模改革，直到俾斯麦时期才最终完成。普鲁士的工业革命起步也比较晚。与之相同步，在思想文化领域，德意志也是比较晚出。比较晚出的一大优势就是能将之前各种思潮进行认真的分析批判并创造出恢宏壮丽的综合性的理论体系。这样以康德和黑格尔为代表的德国古典哲学就应运而生了。在政治思想方面，康德构想了一个普遍和平的世界共同体，而黑格尔则提出了民族国家之间的永恒冲突的世界图景。

康德关于政治和国家观点的根据在于他对人类自由和尊严的无比重视。康德在哲学上所作出的"哥白尼式革命"最终的落脚点是确立了具有实践理性的人类个体在世界中的核心位置。人的知性为自然立法，而人类的理性为自身立法。在康德看来，人类根本上是道德的，这种道德性体现在人类能够凭借理性意志，摒弃任何经验性原则的局限和支配，从而为自身确立根本的道德法则。而从个体到社会再到国家，都应遵循类似的价值标准。康德并不认为政治与道德能够分离，相反他试图为国家确立道德的目的。国家建立的根本目的是保证人类从自然状态中走出来，过一种道德生活。而世界共同体也是为了保证国家之间从自然状态中走出来，遵循普遍和平的道德原则。这种普遍和平是未来历史应该朝向的目的："如果法治状态的实现是一个义务，并且如果有某些经验的理由认为它是能够实现的，尽管只有在无限的进步中通过接近它才能实现它，那么，将取代称呼不当的条约和平的'永久和平'，就不是一个空洞无用的观念而是一个任务，一个逐渐执行、不断接近其目标的任务——因为平稳进步的间歇将有希望不断缩短。"①

黑格尔在《法哲学原理》中将现代的宪政国家看作最完美的政体，这种政体综合了市民社会和国家的特点，将体现秩序和权威的民族国家看作是现代民族精神。黑格尔深刻地揭示了市民社会需要现代民族国家这一最终的统合政治

---

①　列奥·施特劳斯，约瑟夫·克罗波西. 政治哲学史：下册［M］. 李天然，等，译. 石家庄：河北人民出版社，1993：705.

体形态。国家作为行走在尘世中的上帝，是维护市民社会的权威，是各级民众意愿的最终的实现。黑格尔批评自然法传统中对国家和社会关系的看法，后者往往将市民社会看成是唯一真实的社会历史力量，将国家的权威限制在对市民社会的保护上，而忽略了没有国家的权威，市民社会是不可能维护自身的，以及自然法自身所蕴含地非历史性和非实在性特征，简而言之古典自由主义者所提出的契约式的国家—社会的二元模式并没有认真对待作为共同体的国家的优先性。

实际上我们不能简单将黑格尔对现代国家的维护看作纯粹现实主义的。他对国家类型的标准上的判断是以是否尊重公民的自由和理性以及是否是宪政结构为前提的，因此就现实中哪个国家能够体现这种现代的民族精神而言这种国家才处于历史进步之中而言，他的分析仍具有相当的理性主义和理想主义色彩。"使得黑格尔成为法国大革命之后最重要现代政治哲学家的乃是这样一个事实：他把他的社会和政治分析概念整合成为一个无所不包的自由体系……自由概念居于黑格尔哲学的中心。"① "大体而言，黑格尔所描述的国家是一个宪政国家，诸如我们在许多现代民主国家中所发现的。"②

而同时他认为现代国家是基本的政治单位，在这之上并不存在更高权威的世界共同体。"神自身在地上的行进，这就是国家。"③ "现代国家的原则具有这样一种惊人的力量和深度，即它使主观性的原则完美起来，成为独立的个人特殊性的极端，而同时又使它回复到实体性的统一，于是在主观性的原则本身中保存着这个统一。"④ 现代国家是最高的伦理实体，实现了普遍性和特殊性的统一。正如霍尔盖特所分析的那样："国家必须被承认、被尊重为具有最高的权利要求，因为只有出现了国家，人的自由才通过成为一切人的法律而呈现为客观的、普遍的。"⑤

---

① 斯蒂芬·霍尔盖特. 黑格尔导论：自由、真理和历史 [M]. 丁三东，译. 北京：商务印书馆，2013：288.
② 斯蒂芬·霍尔盖特. 黑格尔导论：自由、真理和历史 [M]. 丁三东，译. 北京：商务印书馆，2013：331.
③ 黑格尔. 法哲学原理 [M]. 范扬 张企泰，译. 北京：商务印书馆，2009：259.
④ 黑格尔. 法哲学原理 [M]. 范扬 张企泰，译. 北京：商务印书馆，2009：260.
⑤ 斯蒂芬·霍尔盖特. 黑格尔导论：自由、真理和历史 [M]. 丁三东，译. 北京：商务印书馆，2013：332.

对黑格尔来讲，康德的永久和平论没有正确把握国家的本质。国家之间处于自然状态之中，不存在像康德所设想的永久和平的理想状态。"康德的这种观念以各国一致同意为条件，而这种同意是以道德的、宗教的或其他理由和考虑为依据的，总之，始终是以享有主权的特殊意志为依据，从而仍然带有偶然性的。"① 因此即使是康德的永久和平论所依据的也是国家所具有的偶然性，国家之间是特殊意志之间的关系，而非特殊与更高的普遍性的关系。"国家之间没有裁判官。"②

国与国之间的现实争斗背后根本上是由世界精神所蕴含的历史理性所推动的。现实的历史争斗，比如战争是推动历史发展的杠杆，或者说历史理性是通过血腥和暴力才凸显其自身的。黑格尔在论述战争时说：

"战争是严肃对待尘世财产和事物的虚无性的一种状态——这种虚无性通常是虔诚传道的题目。因此，在战争这一环节中，特殊物的理想性获得了它的权利而变成了现实。战争还具有更崇高的意义，通过它……各国民族的伦理健康由于它们对各种有限规定的凝固表示冷淡而得到保存，这好比风的吹动湖水防止湖水腐臭一样；持续的平静会使湖水发生相反的结果，正如持续的甚或永久的和平会使民族堕落。"③

从上面所引的这段著名段落中我们可以看到：较之康德，黑格尔对现代国家以及国际关系的分析更具现实主义。冲突和战争是国际关系的本质构成要素，因为它体现着人格的崇高和伟大。为国家献身和冒生命危险体现了公民的英勇德性。"作为情绪的英勇，它的固有价值包含在真实的绝对的终极目的即国家主权中。这种最终目的的现实性，作为英勇的作品，是以个人现实性的牺牲为其中介。因此这种形态包含着极端尖锐的矛盾：牺牲自己，然而这却是他的自由的实存！"④

但从根本上来讲，黑格尔所提出的精神史的观念仍然是从广泛的文化的角度来看待现实政治的，他所分析的现代国家毋宁是一种理想型的建构，其中蕴含着自由、平等、理性以及宪政的各种原则。整个世界历史所朝向展开的最终

---

① 黑格尔. 法哲学原理［M］. 范扬 张企泰，译. 北京：商务印书馆，2009：348.
② 黑格尔. 法哲学原理［M］. 范扬 张企泰，译. 北京：商务印书馆，2009：348.
③ 黑格尔. 法哲学原理［M］. 范扬 张企泰，译. 北京：商务印书馆，2009：340-341.
④ 黑格尔. 法哲学原理［M］. 范扬 张企泰，译. 北京：商务印书馆，2009：344.

目的就是后来福山所说的"最后的人"以及"最后的国家"。如同斯蒂文·史密斯所说："黑格尔的政治哲学，类似于康德与马克思，在历史哲学之中以及最后在'历史的终结'的观念之中达至顶点……生活的各个方面不断增长的理性当然会导致现代立宪国家的出现，这种国家由法国大革命和拿破仑所开辟，并在作为自身的人之间的相互尊重的理念之中得以表达……理性的胜利意味着战争与冲突的基础得以被根除，因为再也不会有需要为之战斗的东西。这代表了资产阶级市民社会以及它的安全与利益之于寻求斗争与战争中的卓越的政治国家的胜利。"①

在理想主义和现实主义版本之间和周边则散布着各种国家观念。其中尤以兰克为代表的普鲁士历史学派为代表。兰克提出还原出"如期所是的历史"，强调严谨的史料搜集和逻辑分析，通过这种具有实证主义的批判方法来揭示出隐藏在这些材料背后的客观的国家精神。

但值得注意的是，兰克并非如后来的历史学家所认为的那样是强调史料的纯粹的客观主义历史学派。将其与黑格尔比较分析有助于理解兰克的思想。黑格尔认为历史中蕴含着必然性的精神原则，或者说这种必然性的精神原则是通过历史并且在历史中表现出来的，而这种必然性的精神原则是需要通过人类的理性加以揭示的。而兰克同样承认这种客观的精神原则，历史学家的任务就是为了恰当地揭示这种精神法则。"兰克毫不费力地在他的精神宇宙中，为国家找到了一个合适的位置。国家是精神实体，旨在使人类步入文明，因此，历史学家必须将其作为核心关注。"②

这种揭示并非像黑格尔所设想的那样，完全凭靠人类理性就能达到，它需要直观、激情、想象力、移情等非理性的力量和方法，甚至这种非理性的能力要比理性的力量更为重要。由此我们可以看到兰克学派背后的神学色彩和浪漫主义的因素。兰克预设了历史发展的必然法则最终是由上帝的精神所保障的，历史的规律背后体现了神圣意旨。这一点与黑格尔的理性主义的色彩是有很大区别的。

---

① 斯蒂芬·史密斯. 黑格尔的自由主义批判：语境中的权利 [M]. 杨陈，译. 上海：华东师范大学出版，2020：208-209.

② 恩斯特·布赖萨赫. 西方史学史：古代、中世纪和近代 [M]. 黄艳红，徐翀，吴延民，译. 北京：北京大学出版社，2019：308.

另外一点就是黑格尔认为历史的各个阶段是体现理性的辩证原则的，不同的历史时期和阶段是被编织在同一套理性的历史叙事逻辑之中的，而兰克则认为不同的历史时期有其独特的精神和原则，不能将其强行拉入同一套理性的叙事之中。兰克比黑格尔更为强调历史的多样性和不可通约性。兰克试图呈现某一段历史时期的独特性。每个历史阶段都直接通向上帝。因此每个历史阶段的国家形态都是具有其自身存在的合理性的。兰克学派号召回溯到历史情境中去理解不同的国家存在的理由和根据。

由兰克所开启，德罗伊森、特赖奇克等历史学家所继承的普鲁士历史学派影响甚远。与黑格尔、马克思同一时代的历史法学派就沿袭了这种思路，历史法学派提出，任何国家和法律都回溯到它们的历史情境中，并强调它们存在的合理性。这种思路拒绝任何理想主义的抽象的规范和标准，而强调国家和社会借以产生发展的具体的历史情境。而由此发展出了相对保守的"存在即合理"的政治法律观念。另外这种历史法学派越来越混淆现实和理想的界限，将现存的某个国家比如普鲁士看作是体现民族精神的典范，从而走向了民族主义和保守主义。

兰克学派与黑格尔较为相同的一点在于，他们都将国家或者政治实体看作是影响历史发展的决定性力量。尽管黑格尔比兰克更为强调社会经济的力量对历史的影响，但是黑格尔和兰克仍然属于传统政治史的范畴之内。黑格尔将国家看作是比市民社会更为高级的综合体，国家与国家之间的争斗成为世界历史舞台上的主要内容。兰克将国家、统治的精英以及国与国的外交看作是影响历史的最重要的因素。兰克尤为强调外交和国际关系对于政治史的关键作用。兰克认为历史中的国家的最高原则是外交和军事，国内的政治统治和制度安排最终要服从于国际关系。因此国际关系成为兰克历史学派研究政治史的最重要因素。这种政治观实际上反映了18世纪之前欧洲国家的均势原则下的国际关系现状。①

兰克学派和黑格尔都将国家看作是具有伦理价值的最高实体，作为民族共同体的国家比个体的生命更为崇高和伟大。这一点充分体现了近代政治思想中

①　恩斯特·布赖萨赫. 西方史学史：古代、中世纪和近代 [M]. 黄艳红，徐翀，吴延民，译. 北京：北京大学出版社，2019：308-309.

"国家理由"这一观念。兰克学派的殿军人物迈内克说："'国家理由'是民族行为的基本原理，国家的首要运动法则。"① 权力和伦理构成国家实体的两个面向，国家处于普遍与特殊、应然与实然、自由与必然之间。它一方面是精神实体，但同时又处于历史变化之势态之中。"权势与道德一起建造国家，塑造历史。"② 在一国之内尚能保持基本的道德和正义，但是在国际舞台上国与国的关系就像黑格尔所说处于"自然状态"之中。国际政治以权力政治为首要目的。因而兰克学派的这种国家理由观念为近代民族国家之间的战争和暴力提供了合法性证明。

马克思恩格斯的政治及外交思想的突出特点在于突破了兰克和黑格尔以政治史为中心的思想传统，将社会—经济的力量看作是影响世界历史的决定性因素。由此就将少数的政治精英以及外交等因素看作是唯一要素的政治史转变为以经济上生产力和阶级关系为内核的世界市场视域下的世界历史和国际关系图景。

作者：孙铁根（孙铁根：外交学院马克思主义学院讲师）

---

① 弗里德里希·迈内克. 马基雅维利主义："国家理由"观念及其在现代史上的地位 [M]. 时殷弘，译. 北京：商务印书馆，2017：51.
② 弗里德里希·迈内克. 马基雅维利主义："国家理由"观念及其在现代史上的地位 [M]. 时殷弘，译. 北京：商务印书馆，2017：56.

马克思恩格斯外交思想的基本特征

在马克思恩格斯的经典著作中，关于外交的论述并不少见，主要集中在对欧洲外交的描述和评论。不论是分析英国对"均势"原则的维护，还是分析俄国的"始终为了领土扩张"的对外政策，都可以从中归纳出马克思恩格斯外交思想的三个基本特征，即外交行为维护阶级统治的阶级性、正义外交应具有的公开性，以及符合马克思主义唯物史观的实践性。

一、马克思恩格斯外交思想的阶级性特征

阶级性观点是马克思恩格斯分析社会问题的最重要视角，这在其外交思想中也得到了集中体现。马克思恩格斯认为，统治阶级的统治行为都是为了本阶级的利益服务，国家的外交行为作为内政的延伸，也是为了更长时间地维护阶级统治、延长统治阶级政权的寿命。在封建社会，外交维护的是君主的统治；在资本主义社会，外交维护的是大资产阶级的统治。

（一）外交行为的本质在于维护阶级统治

马克思恩格斯对资产阶级国际政治的观察非常深刻，认为"自古以来，一切统治者及其外交家玩弄手腕和进行活动的目的可以归结为一点：为了延长专制政权的寿命，唆使各民族互相残杀，利用一个民族压迫另一个民族"①。在《德国的对外政策》中，恩格斯描述了德国在 18 世纪末至 19 世纪中期对其他民族国家的政策，"德国曾经为了英国的黄金而派它的雇佣兵去帮助英国人镇压争取独立的北美洲人。第一次法国革命爆发的时候，德国人又受别人嗾使，像一群疯狗似的去咬法国人……当荷兰人在近两个世纪中好容易第一次有了理

---

① 马克思恩格斯全集：第 5 卷 ［M］. 北京：人民出版社，1958：177.

智的想法（结束奥伦治王朝的昏庸统治，把国家变为共和国）的时候，德国人又充当了戕害自由的刽子手。瑞士也可以说出不少关于它的邻居德国人的罪状，匈牙利要想很快地从奥地利和德意志帝国朝廷给它造成的灾难中恢复过来是很困难的。德国雇佣兵甚至还被派到希腊去扶助那里的可爱的奥托的小小王位，德国的警察甚至被派到葡萄牙去……法国在德国的压力下发动了反对西班牙的奴役性战争，德国支持唐·米格尔、唐·卡洛斯，汉诺威军队充当英国反动派的工具，在德国的影响下比利时被分裂和热月化！甚至在俄国内地，德国人也是专制君主和小暴君们的支柱——整个欧洲都充满了科布尔克家族的人！"① 恩格斯在文章中列举的这些德国的对外行为，全都体现德国的专制与不义，也全都符合其统治阶级的私利。

英国是马克思观察的另一个国家，在《十八世纪外交史内幕》中，马克思分析了英国统治阶级亲俄的特征，认为大资产阶级作为统治阶级，其对外政策无一不是维护其统治。马克思写道："在光荣革命后靠牺牲英国人民大众利益而篡夺了财富和政权的寡头政治集团，当然迫不得已不仅要在国外而且要在国内寻找同盟者，他们找到的国内同盟者，就是法国人所称呼的大资产阶级……他们是如何细心地维护这个阶级的物质利益，可以从他们的全部国内立法看出来……至于他们的对外政策，他们则要使它至少看起来具有完全受商业利益支配的外表，由于内阁的这项或那项措施当然总是要符合这个阶级的这个或那个小集团的特殊利益。所以也极其易于做到使之虚有其表。"② 同时，马克思分析认为"的确有一个英国商人小团体跟俄国人利益一致，那就是俄罗斯贸易公司"，在英国内阁中的商业部和财政部有这个集团的代表，不过英国政府对此视为隐秘，从来都缄默不语，反而杜撰商业借口，把亲俄政策渲染成是为了英国的商业利益，这样，不仅愚弄了国内舆论，而且把一向热衷于发现英国外交商业动因的德国人和法国人也引入迷津，做出错误判断。③

---

① 马克思恩格斯全集：第5卷［M］. 北京：人民出版社，1958：177-178.
② 白云真. 马克思《十八世纪外交史内幕》研究读本［M］. 北京：中央编译出版社，2014：133-134.
③ 冯民安. 揭示十八世纪英俄关系实质的光辉篇章：读马克思《十八世纪外交史内幕》的一些体会［J］. 国际政治研究，1993（2）：109-114.

（二）无产阶级联合的外交方向

在马克思恩格斯看来，只有无产阶级才能实行为了国际利益的外交，因为"全世界的无产者却有着共同的利益，有共同的敌人，面临着同样的斗争；所有的无产者生来就没有民族的偏见，所有他们的修养和举动实质上都是人道主义的和反民族主义的。只有无产者才能够消灭各民族的隔离状态，只有觉醒的无产阶级才能够建立各民族的兄弟友爱。"① 马克思恩格斯认为各国无产阶级的利益在根本上是一致的，所以，他们在这个意义上提出了"工人没有祖国"②，强调无产阶级联合的外交方向是坚持无产阶级国际主义。

马克思的构想是，完全消除在国际政治中为了维护阶级统治的行为，必须最终由无产阶级消灭私有制和阶级。"我们的利益和我们的任务却是要不间断地进行革命，直到把一切大大小小的有产阶级的统治都消灭掉，直到无产阶级夺得国家政权，直到无产者的联合不仅在一个国家内而且在世界一切占统治地位的国家内都发展到使这些国家的无产者间的竞争停止，至少是直到那些有决定意义的生产力集中到了无产者手里的时候为止。对我们说来，问题不在于改变私有制，而在于消灭私有制，不在于掩盖阶级矛盾，而在于消灭阶级，不在于改良现存社会，而在于建立新社会。"③

正如在《共产党宣言》提出的"全世界无产者，联合起来"④，马克思要求无产阶级实现联合。首先，联合具有可能性，因为在全球化发展过程中，资本逐步剥离了各个民族的独立性，随着资产阶级的发展，随着贸易自由和世界市场的确立，随着工业生产以及与之相适应的生活条件的一致化，各国人民之间的民族孤立性和对立性日益消逝下去。⑤ 马克思分析这种联合的作用在于，人对人的剥削一消失，民族对民族的剥削就会随之消失，而民族内部的阶级对立一消失，民族之间的对立关系就会随之消失。⑥ 其次，联合具有必然性，因为各国真正联合起来的前提是必须有一致的利益，而要使各国利益一致，就必

① 马克思恩格斯全集：第 2 卷 ［M］. 北京：人民出版社，1957：666.
② 马克思恩格斯全集：第 4 卷 ［M］. 北京：人民出版社，1958：487.
③ 马克思恩格斯全集：第 7 卷 ［M］. 北京：人民出版社，1959：292-293.
④ 马克思恩格斯全集：第 4 卷 ［M］. 北京：人民出版社，1958：504.
⑤ 马克思恩格斯全集：第 4 卷 ［M］. 北京：人民出版社，1958：487-488.
⑥ 马克思恩格斯全集：第 4 卷 ［M］. 北京：人民出版社，1958：488.

须消灭现存的一些国家剥削另一些国家的所有制关系，这是符合工人阶级利益的，也只有工人阶级有办法做到这一点。① 具体来讲，"既然各国工人的生活水平是相同的，既然他们的利益是相同的，他们的敌人也是相同的，那么他们就应当共同战斗，就应当以各国工人的兄弟联盟来对抗各国资产者的兄弟联盟"②。

实际上，马克思看到了这种无产阶级联合的初步实践，英国工人阶级向法国工人阶级伸出了友谊的手，而法国的工人和德国的工人也互通和平与友谊的信息。"这个事实表明，同那个经济贫困和政治昏聩的旧社会相对立，正在诞生一个新社会，而这个新社会的国际原则将是和平，因为每一个民族都将有同一个统治者——劳动。"③

二、马克思恩格斯外交思想的公开性特征

马克思恩格斯外交思想的公开性观点，主要在其对秘密外交的反对，认为秘密外交对工人阶级有很大的欺骗性，在公众面前表现为维护国家利益，实际上是君主谋取自身利益。国家所拥有的一切都是秘密交易的筹码，收获的是君主，而被侵害的是人民。工人阶级应当为了维护民众利益而与统治阶级斗争。工人阶级应当贯彻国际主义原则，洞悉国际政治的秘密，团结起来，共同推翻资产阶级统治，建立起无产阶级专政国家。

（一）传统的秘密外交

18 世纪到 20 世纪上半叶，欧洲的外交经历了一个发展成熟的时期，除了利益复杂、高度职业化的特征外，一个显著的特征就是秘密性。秘密外交在这段时期被运用得淋漓尽致。欧洲统治者在本国和殖民地以各种方式压榨人民，在马克思眼中，近代外交是不顾国际道德的，统治者为了获取在欧洲的霸权而背信弃义、不遵守条约。不公正、不平等是当时国际社会的现状，在国际交往中秘密外交就是具体体现。

在马克思眼中，其反对的沙皇俄国就是秘密外交的典型代表与主要载体。

---

① 马克思恩格斯文集：第 1 卷 [M]．北京：人民出版社，2009：694.
② 马克思恩格斯全集：第 4 卷 [M]．北京：人民出版社，1958：411.
③ 马克思恩格斯文集：第 3 卷 [M]．北京：人民出版社，2009：117.

分析俄国的外交内幕，在《十八世纪外交史内幕》中，马克思认为 19 世纪俄国成为世界强国，就是因为俄国外交非常成功，而俄国外交的成功充斥着秘密外交。恩格斯写道："1812 年以前俄国'支持'德国的'完整和独立'不过是表面结成同盟，暗中却和拿破仑订立密约，而且后来还靠抢劫和掠夺充分地补偿了自己的所谓援助。"① 俄国表面支持德国，暗地里与拿破仑达成协定，俄国的秘密外交在这里体现出来，利益是俄国考虑的唯一选项，"后来俄国帮助的是和它联合的各邦君主，支持'天赋的'专制制度的代表反对由于革命而升到统治地位的人民，虽然它曾发表过卡里斯宣言"②。

马克思与恩格斯旗帜鲜明地反对秘密外交。在经典著作中来看，他们反对的秘密外交至少有两种，首先是有卖国之嫌的秘密外交，其次是只有益于统治者、而损害人民利益的秘密外交。马克思观察到英国官员实践秘密外交的程度非常高，甚至有卖国之嫌。他在《十八世纪外交史内幕》中写道："我们在细读这些文件时，有一种东西甚至比这些文件的内容更使我们吃惊，那就是它们的形式。所有这些信件都是'机密的''私人的''秘密的''绝密的'；然而尽管具有秘密、私人和机密的性质，英国政治家们在彼此间谈到俄国及其君主时用的却是诚惶诚恐、卑躬屈节和唯唯诺诺的语调，这种语调即使出现在俄国政治家的公文中也会令人吃惊的。俄国外交官们借助秘密通信来掩盖对外国的阴谋，英国外交官们则采用这个方法来自由表达他们对一个外国宫廷的忠诚。"③ 此外，"英国大臣们即使在打仗期间，以及在有关战争的一些问题上，都是同敌人勾结在一起的"④。

秘密外交对于人民没有太多利益可言。恩格斯在《欧洲战区最近的一次会战》一文中记录了秘密外交对战争结果的作用："俄军在沃耳特尼察攻击了土军的筑垒阵地，而土军在切塔特攻击了俄军的筑垒阵地。这两次土军都是胜利者，但是没有获得胜利的果实。沃耳特尼察会战发生时，恰好停战的消息正从君士坦丁堡传到多瑙河，而切塔特会战又奇怪地同御前会议接受西方盟国强加

① 马克思恩格斯全集：第 5 卷 [M]．北京：人民出版社，1958：343．

② 马克思恩格斯全集：第 5 卷 [M]．北京：人民出版社，1958：343．

③ 白云真．马克思《十八世纪外交史内幕》研究读本 [M]．北京：中央编译出版社，2014：111-112．

④ 马克思恩格斯全集：第 28 卷 [M]．北京：人民出版社，1973：397．

于土耳其的最后媾和建议的消息凑上了。在前一场合,外交上的阴谋诡计被武装冲突化为乌有,在后一场合,浴血奋战却由于某些秘密的外交活动而毫无成果。"① 恩格斯认为秘密外交的后果就是国家利益得不到保障,民族被买进和卖出,被分割和被合并,只要完全符合统治者的利益和愿望就行。② 秘密外交维护的只是特定人的利益,"英国用签订和约的方式比用战争的方式更加扩大了它的海上霸权,并在所有的大陆市场上占了优势——这对英国人民来说毫无利益可言,但是对英国资产阶级来说却是大发横财的泉源。"③

在马克思恩格斯看来,反对秘密外交、实行公开外交,是社会主义国家区别于资本主义国家的标志之一。正因为如此,当年俄国十月革命成功后俄国苏维埃就在《和平法令》中宣布废除秘密外交,并于 1917 年 12 月至 1918 年 1 月期间由外交人民委员会中的马尔金负责的专门委员会出版了九卷本的《前外交部档案中的秘密文件汇编》。俄国苏维埃正是由于这个做法,才引来了世界各国人民尤其是落后国家的强烈支持,例如中国开始有知识分子同情苏俄并最终走向争取社会主义的道路。李大钊曾将秘密外交说成是野蛮世界的游戏规则,并在《秘密外交》一文中说道:"世间一切罪恶,都包藏在秘密的中间,罪恶是秘密的内容,秘密是罪恶的渊薮。我们若想禁绝罪恶,必须揭破秘密。"④

秘密外交通常是指欧洲列强为了一己私利在外交上达成的秘密交易。秘密外交更多地体现在殖民时代,意味着少数欧洲列强幕后主宰世界,因此,连美国总统威尔逊也曾公开呼吁:"公开外交,不得有任何秘密谅解。"⑤ 外交秘密则是指为了保证外交运作的成功在一定时期内不能公开的外交计划、安排等重大信息。显然,秘密外交不等于有秘密的外交。马克思恩格斯反对秘密外交,但从来不反对保守外交秘密。不可否认的是,外交秘密是不可能消失的,在很多情况下,带有秘密的外交的作用大过兵刃间的战斗。一个例子是反法战争后

① 马克思恩格斯全集:第 10 卷 [M]. 北京:人民出版社,1962:41-42.
② 马克思恩格斯全集:第 2 卷 [M]. 北京:人民出版社,1957:641.
③ 马克思恩格斯全集:第 2 卷 [M]. 北京:人民出版社,1957:642.
④ 李大钊. 李大钊文集 [M]. 北京:人民出版社,1984:646.
⑤ 唐济生. 威尔逊"十四点"与美国外交 [J]. 山东师范大学学报:社会科学版,1989(3):28-32.

的维也纳会议上，法国代表塔列朗洞察出英国、奥地利、俄国和普鲁士四国间存在着利益的分歧，认为法国借此重返欧洲均势体系的机会来临。法国首先寻机加入了四国委员会，之后站在英国和奥地利的一边，并与两国签订一个秘密条约，从而使欧洲的反法同盟解体，法国也不再孤立。直至 20 年后，塔列朗依然认为当时的做法是正确的，外交官的职责就是维护所代表国家的政治权益。① 同样，处于独立战争中的美国也通过外交秘密实现了早日真正自主的目的。尽管当时《美法同盟条约》规定北美代表与英国不能进行单独讲和，但北美十三州依然与英国当局直接谈判并达了成停火协议，双方签订了单独停火条约（也称为临时合约），走出法国控制的阴影。②

没有秘密的外交通常是不存在的，马克思恩格斯也没有反对外交秘密。在马克思看来，近代的外交是不正义的征服，"一个民族当他还在压迫其他民族的时候，是不可能获得自由的"③。国际主义是马克思关于国际问题的核心思想，国家主权平等、和平交往和反对民族压迫是应有之义，所以在满足以上条件的前提下，外交秘密是应当被接受的。

（二）在国际政治中维护外交公开性

正义，是无产阶级追求的一个重要理念，马克思恩格斯在其著作中不断表达对公开性质的外交的期待，认为"（俄罗斯的侵略）给工人阶级指明了他们的责任，要他们洞悉国际政治的秘密，监督本国政府的外交活动，在必要时就用能用的一切办法反抗它"④。工人阶级所要洞悉的"国际政治的秘密"就是统治阶级的秘密外交。资产阶级政府在没有外部干预的情况下不可能关注到无产阶级的需求，表现在外交层面就是在国际政治中单单维护统治阶级的利益，此时就要求工人阶级洞悉、监督和反抗。当然，工人阶级在夺取政权以前，力量有时还不足以去反抗统治阶级的秘密外交，这就需要"在不可能防止这种活动时就团结起来共同揭露它，努力做到使私人关系间应该遵循的那种简单的道德和正义的准则，成为各民族之间的关系中的至高无上的准则"⑤。

---

① 王黎. 欧洲外交史［M］. 天津：天津人民出版社，2011：173.

② 王黎. 欧洲外交史［M］. 天津：天津人民出版社，2011：127.

③ 马克思恩格斯选集：第 1 卷［M］. 北京：人民出版社，2012：314.

④ 马克思恩格斯文集：第 3 卷［M］. 北京：人民出版社，2009：14.

⑤ 马克思恩格斯文集：第 3 卷［M］. 北京：人民出版社，2009：14.

根据马克思恩格斯的构想，若要真正防止秘密外交，只有无产阶级最终夺取政权，建立起无产阶级专政国家，因为只有在无产阶级专政的国家间的政治关系，才能是基于简单的道德和正义准则这一国际法基础规范的。

三、马克思恩格斯外交思想的实践性特征

马克思在《十八世纪外交史内幕》中有一句名言："外交高于战略。"这里的外交指的是外交实践，意思是具体的、实在的外交实践比纸上的、抽象的战略更加重要。外交及其所践行的战略已经成为军事权力、政治权力与经济权力之外的第四种权力。更加广义的理解，外交实践比理论拥有更强大的力量，一方面外交活动不拘泥于理论，不能教条，另一方面正确的理论也都需要在外交实践中得到检验。

（一）外交实践不完全依赖理论

"批判的武器当然不能代替武器的批判，物质力量只能用物质力量来摧毁；但是理论一经掌握群众，也会变成物质力量。"① 马克思主义唯物史观对理论与实践的关系有着详细而深刻的阐述。在外交活动中，实践是第一位的，客观实践决定着国际政治的发展。对任何国家来说，既没有永恒的敌人，也没有永恒的朋友，只有永恒的利益。任何一个国家的外交实践和外交政策都不可能是一成不变的，变才是不变的真理。

13 世纪意大利政治的形势恰好反映出了外交实践高于理论的特点。当时其内部各国在频繁交往的同时，也存在着相互猜忌和自身利益优先的情况。因此，各国为了达到各自的目的，均从自身利益出发考量与意大利政治的关系。20 世纪的英国历史学家黑尔评论道："各国统治者根据自己对时局的判断，与其他国家结成同盟或改变同盟关系的外交活动，逐渐成为这一时期意大利政治角逐的主要特点。任何一个国家拥有过于强大的军事力量和扩张意图都被视为潜在的威胁。"②

马克思对于外交实践与外交战略的观察，可以在其对沙皇俄国的描述中集中体现出来，"俄国的对外政策是丝毫也不考虑通常意义上的原则的。它既不

---

① 马克思恩格斯选集：第 1 卷 [M]. 北京：人民出版社，2012：9.
② 王黎. 欧洲外交史 [M]. 天津：天津人民出版社，2011：20.

是正统主义的，又不是革命的，但它却同样灵活地利用一切领土扩张的机会，不管这种扩张是附和起义的人民而达到，或是附和角逐的君主而达到"①。对于沙皇俄国的这种外交实践，马克思分析了其与德国等欧洲国家不断变化的关系，俄国"时而附和这一边，时而附和那一边，成了俄国对德国的确定不移的政策。最初它和法国达成协议，以便摧毁奥地利对其东方计划的反抗，随后又站到德国这一边，以便削弱法国和取得德国酬谢，然后在维斯拉河或多瑙河上兑现。在欧洲纠纷发展的进程中，俄国始终会认为联合德意志各邦君主比联合法国暴发户好。原因很简单，它的真正力量在于外交优势，而不在于物质实力。"②

（二）理论对外交实践的作用

马克思主义唯物史观并不否认理论战略对实践活动的作用。没有理论支撑，实践就不具备一个稳定的方向。从国家角度来看，指导外交实践最重要的理论战略核心和依据就是国家利益。需要指出的是，这种国家利益在不同时期有着不同的含义，在封建社会，国家利益主要指的是君主的利益，而在资本主义社会中，国家利益则主要是资产阶级的利益。

在欧洲外交史中，黎塞留很好地诠释了这个关系。一般来说，法国作为天主教国家应当维护神圣罗马帝国，而在"三十年战争"中，法国加入反对神圣罗马帝国的战争。在战争的最后阶段，黎塞留用"国家利益至上"这种新的政治概念为自己的行为辩护。他认为国家在危险时刻所需要的并不是一个潜在的盟友或者共同的信仰，而是努力尽一切可能避免出现最直接的威胁。那些为国家利益服务的政治家被后人所记住的，不是他们的道德理念而是他们的行动所产生的后果。黎塞留在位期间的一系列外交政策确立了法国在欧洲历史上前所未有的地位，因此他被认为是马基雅维利思想杰出的实践者之一。基辛格曾称黎塞留为冷酷的现实主义者，誓言追求国家利益至上。③

另外一个具有代表性的例子是英国对"均势"原则的运用。《威斯特伐利亚和约》确定的"均势"原则是近代欧洲外交的一个重要原则，马克思也曾

① 马克思恩格斯全集：第 15 卷 [M]. 北京：人民出版社，1963：192.
② 马克思恩格斯全集：第 15 卷 [M]. 北京：人民出版社，1963：192-193.
③ 王黎. 欧洲外交史 [M]. 天津：天津人民出版社，2011：54.

分析过英国对"均势"原则的运用。实际上，正是因为英国对"均势"的坚持，才保持了欧洲主要大国实力均衡或接近的状态，实现了本国利益的最大化。①

（三）正确处理外交理论与外交实践的关系

马克思主义唯物史观强调主体的能动性与实践性，所有的外交活动在本质上都是实践的。相比于一种思想形式的战略，马克思恩格斯根据历史唯物主义的实践观，更加强调外交实践的重要意义。这个特点相对于空想社会主义理论具有空想性质的外交思想或某些理想主义外交学派，如春秋战国时期外交思想家墨子的外交伦理思想来说，显得更加突出。同时我们在马克思恩格斯的原著中也会发现，马克思恩格斯一直主张原则的坚定性与实践的灵活性相结合，这就要求人们在观察外交时要正确地把握外交实践与理论政策的辩证关系。战略和政策是不能绝对化的，任何外交理论都不是一成不变、可以适应任何时期和任何条件的。在国际政治中，所有外交活动都应当根据国情和国际局势来决定行动方针与措施。

外交是"以和平手段处理国与国之间的关系"②，其维护国家利益、妥善处理国家间关系的作用虽始终未曾改变，但外交行为的方式和手段却持续向多样化演变。马克思恩格斯的外交思想是一座丰富的理论宝库，无论是在外交的基本内涵还是外交的手段方式方面，其都有深刻的阐述。马克思恩格斯外交思想的阶级性、公开性、实践性特征，更是可以对我国在现阶段应该如何办好中国特色大国外交、有力维护国家利益和人民利益、更好地促进同世界人民友谊等方面，长久地提供理论支持和实践指导。

作者：袁南生　王捷先　姜琳（袁南生：外交学院原党委书记兼常务副院长，教授。王捷先：外交学院科学社会主义与国际共产主义运动专业 2018 届硕士、中国新闻社记者。姜琳：外交学院马克思主义学院教授。本文发表于《外交评论》，2017 年（增刊），总期第 162 期）

---

① 李爱华. 马克思主义国际关系理论 [M]. 北京：人民出版社，2006：144.
② 鲁毅，黄金祺，王德仁. 外交学概论 [M]. 北京：世界知识出版社，2004：2.

马克思恩格斯外交思想的基本原则

　　马克思主义是一个系统的理论体系，其中也有关于外交领域的专门论述。马克思恩格斯对外交思想的论述摆脱了西方中心主义的窠臼，其立足于实现共产主义、争取全人类解放的愿景，成为为无产阶级量身打造的科学指南。马克思主义的无产阶级专政理论和革命理论源于马克思恩格斯对资本主义的深入剖析和总结。民族独立原则、和平共处原则和国际合作原则是马克思主义外交思想基本原则的核心。在世界资本主义时代，在对待民族关系时，马克思恩格斯坚持民族平等、民族团结，反对民族歧视、民族压迫和民族分裂的基本原则。通过对欧洲民族独立运动特点的深入分析，两位导师指出，无产阶级是民族独立运动的领导力量，农民是封建专制国家进行民族运动的主要力量，而民族独立原则则是民族独立运动的理论依据。马克思恩格斯通过对以往人类和平思想的精辟剖析，在深刻研究人类社会发展规律的基础上，形成了马克思主义的和平思想，深刻揭露和批判了资产阶级和平观的虚伪性，对实现和平共处的路径问题提出了全新的科学认识，实现了对一切旧的和平思想的历史性超越。中国的和平共处五项原则就是对马克思列宁主义和平共处原则和无产阶级国际主义在实践层面的创造性发展。马克思主义国际合作思想起源于马克思恩格斯对民族国家间合作关系的认识。生产力和生产关系是矛盾运动的根本动力，经济基础和上层建筑之间有着密不可分的关系，这两者构成了马克思主义国际合作原则的唯物性基础。国际社会的向前发展有赖于国家间合作和竞争的良性互动，为此，马克思倡导合作与竞争并存的国际合作原则。鉴于不公正和不平等这两点从未缺席过资本主义的任何一个时期，马克思恩格斯认为保障公平和平等理应成为国际合作原则的应有之义。马克思恩格斯的外交思想中的基本原则是建立在无产阶级国际主义、反帝国主义、民族自决与和平共处等概念的基础上的，其真正的目的并不在于解释世界，而是改造世界，它对国际社会的外交思想和实践的发展都有着很强的指导意义，而这是其他的西方国际关系理论难以比拟的。

一、民族独立原则

马克思对民族问题深入研究后而创立的民族观，在其世界历史理论的构建和发展过程中起着重要作用。对民族问题的关注是马克思构建其世界历史理论的重要动因之一，而世界历史理论的构建又推进了他对民族问题的研究。坚持民族平等、民族团结，反对民族歧视、民族压迫和民族分裂是马克思恩格斯对待民族关系的基本原则。马克思恩格斯历来把"平等"视为一种政治观念和价值观，并将其视作促进资产阶级利益的一种政治观念。

马克思以他的历史唯物主义为基础，主张废除阶级社会。犹太人问题是早在欧洲中世纪就出现的民族问题，因为民族问题也反映着其他各种社会关系。在 19 世纪初期的时候，在包括西欧在内的许多国家，犹太人为争取公民权的斗争不断上演，其中最为激烈的当属德国。在马克思创建《莱茵报》的那段时期，马克思恩格斯就对统治阶级对犹太民族的歧视和压迫表示出深深的反感和厌恶。"据统计，马克思恩格斯论述或涉及民族和殖民地问题的文章在《马克思恩格斯全集》中有 360 多篇 200 多万字。而 1843 年完成的《论犹太人问题》可以说是马克思从德国的犹太人在宗教问题上遭到不平等的待遇而论及民族问题的第一篇著作。关于德国的犹太人问题在马克思恩格斯于 1844 年合著的《神圣家族，或对批判的批判所作的批判》中也有充分的论述。"① 马克思恩格斯对待民族关系的原则对今天世界各国处理民族关系等问题都有着十分重要的借鉴意义，并且在中国处理民族关系的问题上也提供了积极的指导作用。

马尔库塞认为，到了 20 世纪中叶，乌托邦仍然是一个不可能实现的梦想，只有那些用"乌托邦"的概念来谴责某些社会历史可能性的理论家才有可能实现这一梦想。今天，商品和知识的生产，以及伴随而来的技能，已经把早期的乌托邦转变成我们日常生活的实际替代品。对这些趋势及其意义的认识导致了

---

① 乌小花. 马克思主义民族理论发展史研究：解读马克思民族理论早期的两本著作 [J].
天津市社会主义学院学报，2005（4）：36-40.

马克思对共产主义社会的憧憬。马克思把他对共产主义的愿景建立在他所处时代人类和技术所能达到的可能性之外。胜利的工人阶级为解决旧社会和革命遗留下来的问题，从而提出新的理论，同时也将激发一种社会动力，马克思认为，这种社会动力有共通之处和共同的规律可言。从现有的模式和趋势中预测共产主义的未来是马克思对资本主义分析的一个重要的组成部分，也是把社会和经济问题与每个阶级的客观利益联系起来的正确做法，从而以独特的方式加以处理，正确的分析每一个组成部分。社会主义存在于资本主义生产方式的内在变革中，也正是在这个意义上，马克思认为，我们不是教条地预见世界，而是希望通过对旧世界的批判来发现新世界。与马克思对资本主义本身的未来所作的预测一样，他的过度乐观主义常常被误认为是粗野的决定论，他不否认某些人选择野蛮主义是另一种选择，但通过革命或民意测验取得社会主义胜利的可能性是要超过预期的。事实上，在整个外在社会环境和内部社会不平等的背景下，贫困的无产阶级的出现和能否进行无产阶级革命二者是互为条件的。

《共产党宣言》写于 1847 年年末，马克思恩格斯认为国家是阶级斗争的结果，在资本主义产生之前，国家其实并不存在。具体来说就是资产阶级企图推翻前统治阶级，从而建立一个经济、社会和政治环境都最有利于他们需求的政府。在马克思的哲学研究中，自由、平等的问题曾反复出现，这在马克思恩格斯的外交思想中也是作为重要的原则而经常被提到的，也正如马克思预期的那样，他的无产阶级专政理论和革命理论，以及那些关于国家的消亡、资本和社会阶层等观点，不仅是建立在资本主义社会不平等的现实之上，也是基于平等的观念。马克思恩格斯曾最早明确谈到民族融合和消亡问题，对民族的形成、发展和消亡进程都分别做出过阐述。马克思恩格斯在他们的著作中介绍了马克思主义民族问题理论的基本支柱，他们提出的民族独立原则被列宁、毛泽东等革命家进行了详细的阐述和发展。

1848 年欧洲民族独立运动的重要特点之一，就是代表不同要求的、两种性质不同的民族运动同时兴起。这一点，在匈牙利表现得尤其突出。在处理匈牙利革命的中心问题，即民主革命与民族独立的关系以及怎样对待匈牙利革命及战争的时候，马扎尔人（即匈牙利人）和各斯拉夫民族产生了原则分歧，后者把狭隘的民族要求置于革命之上，抛出了在哈布斯堡王朝统治下建立"各民族平等联邦"的政治纲领，把虚构的"民族特性"看得至高无上，鼓吹"斯拉夫统一"。两位导师十分痛恨这种反动的泛斯拉夫主义对欧洲民族独立运动的危害，奋力批驳他们的种种谬论。恩格斯写道："但是当法国人、德国人、意大利人、波兰人和马扎尔人举起革命旗帜的时候，斯拉夫人却像一个人一样全都站到反革命的旗帜下面了。"① 在揭露了所谓的"共同的斯拉夫语言"根本不存在的事实之后，恩格斯斥责："泛斯拉夫主义的统一，不是纯粹的幻想，就是俄国的鞭子。"② 马克思恩格斯从1848年欧洲民族独立运动中总结的马克思主义民族运动理论的原则有：

（一）无产阶级是民族独立运动的领导力量

1848年以前，马克思恩格斯把欧洲民族独立和解放的希望寄托于欧洲资产阶级民主革命的胜利。他们认为，俄普奥反动同盟是当时欧洲各民族独立和统一的最大障碍，只有使德国摆脱俄国的控制，意大利从奥地利的压迫中解放出来，波兰从沙皇的统治下取得独立，欧洲各民族的独立和统一才能实现。鉴于德国革命在1848年革命中的特殊作用，两位导师一度把欧洲民族独立和解放的希望寄托在德国革命的胜利上，为此他们号召德国无产阶级和人民积极参加德国资产阶级领导的民主革命。但是，德国革命由于资产阶级自由派的背叛和小资产阶级的软弱、动摇和妥协，在没有根本触动封建势力的情况下失败了。"巴黎的六月斗争，维也纳的陷落，柏林十一月的悲喜剧，波兰、意大利和匈牙利的拼命努力"③ 等触目惊心的事实表明，资产阶级自由派完全丧失了领导民族解放运动的能力和资格。在资产阶级领导下，或在资产阶级共和国范围内，无产阶级和被压迫民族连稍微改善一下自己的处境的愿望都成了一种空想。在实践中，两位导师也放弃了他们原来认为的欧洲命运决定于经济落后的德国的看法，转而认为"欧洲的解放——不管是各被压迫民族争得独立，还是封建专制政体被推翻，都取决于法国工人阶级的胜利的起义"④。

马克思恩格斯关于国家问题的早期著作（如《共产党宣言》）是反对共产党人积极参与1848年至1849年席卷欧洲的民主革命的。1848年2月，法国

---

① 马克思恩格斯全集：第6卷［M］. 北京：人民出版社，1961：336.
② 马克思恩格斯全集：第6卷［M］. 北京：人民出版社，1961：201.
③ 马克思恩格斯全集：第6卷［M］. 北京：人民出版社，1961：473.
④ 马克思恩格斯全集：第6卷［M］. 北京：人民出版社，1961：175.

人民推翻了国王，宣布成立共和国；受法国事件的鼓舞，奥地利帝国的首都维也纳于 3 月 13 日爆发了一场起义；3 月 18 日，普鲁士的首都柏林发生起义，奥地利皇帝被迫承诺制定宪法，普鲁士的资本主义反对派政府上台执政；同样在 3 月的意大利，米兰人驱逐了奥地利军队，威尼斯、皮埃蒙特和罗马的民众也起义了。1848 年至 1849 年革命的根源在于崛起的资本主义与存留下来的封建秩序之间尖锐的矛盾，这种矛盾在中欧和东欧的大部分地区仍然盛行。旧秩序最强大的代表是哈布斯堡王朝的奥地利帝国，以及俄国沙皇的独裁统治。这次革命的主要目的是推翻君主专制制度，废除封建地主阶级，摆脱外国统治，建立资本主义国家。当时，马克思恩格斯认为，资产阶级可以通过扫除封建主义，发挥历史上的进步作用，但是实践表明，资产阶级虽然与同样做反封建斗争并日益壮大的工人阶级的力量进行了结盟，却准备与旧秩序妥协。

马克思恩格斯在谈到当时德国的斗争时认为，工人阶级必须在革命的时候，同资产阶级斗争，同君主专制、封建地主、小资产阶级作斗争。德国的统一障碍是它在政治上和经济上的分裂，这也是革命的基本问题。在这个阶段，工人阶级是资产阶级最激进的支持者，因为这一阶段也能给社会主义革命的前景带来一定改观。在美国，资本是发达的，那里的无产阶级就是现代工人阶级，他们只要找到工作就可以生存下去。但随着工业的发展，不仅无产阶级的人数增加了，其力量也在不断增长，劳动者与资产者之间的冲突越来越多。

马克思恩格斯坚持认为工人阶级在推翻旧秩序和加强资产阶级的决心方面也有利害关系。正如马克思恩格斯在《共产党宣言》中指出的，共产党人同其他无产阶级政党不同的地方在于，"一方面，在无产者不同的民族的斗争中，共产党人强调和坚持整个无产阶级共同的不分民族的利益；另一方面，在无产阶级和资产阶级的斗争所经历的各个发展阶段上，共产党人始终代表整个运动的利益"①。并且认为"共产党人为工人阶级的最近的目的和利益而斗争，但是他们在当前的运动中同时代表运动的未来"②。

（二）农民是封建专制国家进行民族运动的主要力量

在 1848 年革命时期，马克思恩格斯就把农民问题作为研究民族关系的重

---

① 马克思恩格斯文集：第 2 卷 [M]. 北京：人民出版社，2009：44.
② 马克思恩格斯文集：第 2 卷 [M]. 北京：人民出版社，2009：65.

要问题。他们在研究一些资本主义国家时充分了解了这些国家真正的民族关系并深入探究了农民关系后，他们认为，民族问题最重要的方面就是农民问题。能否发动和怎样发动农民积极参加斗争对这些国家无产阶级运动能否取得真正胜利有着至关重要的影响。首先，要把农民积极发动起来，而满足农民对于他们生存密切相关的土地要求是争取农民参加民族解放斗争的首要条件。鉴于农民运动必然带有地方性质和民族性质，两位导师告诫各国民族独立运动的领导者要对农民问题慎之又慎。他们对科苏特执政后对匈牙利农民的土地问题漠不关心的态度极为痛心，认为这将严重挫伤农民投身民族解放战争的积极性，而没有农民的参加，无产阶级在一切农民国度中的独唱是不免要变成孤鸿哀鸣的。1848 年欧洲民族独立运动的失败，完全证明了马克思恩格斯上述论断的正确性。从此，要建立以工农联盟为主体的广泛的民族统一战线，就成为很多国家人民争取民族解放斗争的宝贵教训。

(三) 民族独立原则是民族独立运动的理论依据

民族独立原则是无产阶级国际联合的条件，同时民族独立运动可能成为打击宗主国的决定力量，东方革命会反过来促进西方，被压迫民族争取独立的斗争要和民主与社会主义相联系，从这一系列思想来看，民族独立与马克思主义是否矛盾呢？答案是否定的。无产阶级国际主义从来就不是干涉主义，恰恰相反，无产阶级国际主义始终坚定反对干涉主义，因为各国无产阶级联合、团结的基础，就是各自独立、完全平等、相互尊重、互不干涉内部事务，不把自己观点强加于人。恩格斯曾经说过，"民族独立是一切国际合作的基础"①；列宁更是明确强调过，无产阶级如果允许本民族对其他民族采取一点点暴力行动，那就不称其为社会主义的无产阶级。

马克思恩格斯认识到 1848 年的革命既是资产阶级的革命，也是为民族解放而进行的斗争，并且斗争集中在德国资产阶级，他们在奥地利哈布斯堡王权统治下建立了一个统一的德国，与此同时，哈布斯堡帝国也受到了意大利和匈牙利边境革命分离主义的威胁。自 1795 年以来，波兰一直被普鲁士、奥地利和俄罗斯瓜分，1846 年，克拉科夫名义上独立的地区的波兰人再次崛起，政府宣布废除封建制度并且重新分配土地。马克思恩格斯反对德国资产阶级的沙文

---

①　马克思恩格斯文集：第 10 卷 [M]. 北京：人民出版社，2009：473.

主义，1847 年 11 月，为了纪念 1830 年的波兰起义，恩格斯在伦敦的一次演讲中请求允许他作为一个德国人讲话，他讲道，我们德国人特别关心波兰的解放，然而德国王子依然从波兰的分裂中获益，德国士兵仍在加利西亚和波森（波兰部分地区）进行压迫。我们德国人，尤其是德国民主党人，必须消除我们国家的这一污点。一个国家如果压迫其他国家，那么这个国家将不会得到自由。因此，如果不把波兰从德国人的压迫中解放出来，德国就不能获得解放。因此，波兰和德国有共同的利益，波兰和德国的民主党人需要为解放两个国家而共同努力。马克思恩格斯承认压迫和被压迫国家的存在，并支持被压迫国家争取民族自决权，但他们对这项权利的支持并不是基于某种抽象的普遍正义概念，而是基于对当时每个民族运动的具体历史分析，以及每个民族运动在两个主要阶级阵营之间的斗争中所起的作用来进行分析。

马克思恩格斯支持德国、意大利、波兰和匈牙利人民的民族斗争，因为他们各自已经发展到了这样一个阶段，即他们为民族团结和脱离反动势力而进行的独立斗争在政治上是可行的，也是进步的。他们的胜利会加速封建主义的灭亡，加速社会主义的到来。在波兰最后一次与外国压迫者进行斗争之前，波兰内部进行了一场隐蔽的、看不见但果断的斗争，在那场斗争中，被压迫的波兰人反抗压迫的波兰人，波兰民主反抗与人民完全分离的波兰贵族，波兰人民全力支持民主事业。阶级斗争是社会进步的主要动力，正是阶级斗争重建了波兰这个国家。参与革命的其他尚未经历过这种过程的民族在政治上和社会上都是较为落后的，这些民族被称为南方斯拉夫人，包括捷克人、斯洛伐克人、塞尔维亚人、克罗地亚人和保加利亚人。反动势力推动了"泛斯拉夫主义"的兴起，目的是煽动和利用这些民族反对欧洲革命。恩格斯对斯拉夫民族未来国家发展的可能性保持怀疑态度，这一观点早在 1848 年中期就有体现。当捷克人在布拉格发动了一场民主起义后，恩格斯本人在《新时代报》的文章中表示，起义是一场民主革命，不仅针对奥地利的压迫，也针对捷克的封建统治。当奥地利军队屠杀捷克人时，捷克人投入了沙皇俄国的怀抱，导致民主革命不仅失去了一个潜在的盟友，还让它的主要敌人的势力也一定程度上加强了。①

恩格斯利用布拉格事件来解释为什么革命者必须支持受压迫民族自决的权

---

① 马克思恩格斯全集：第 5 卷［M］．北京：人民出版社，1958：96．

利。对德国这个允许自己被用作压迫所有其他国家的工具的国家来说，首先必须对它进行彻底改革，对德国邻国而言，德国应该放弃它的整个过去的历史，进行自由民主的改革。马克思恩格斯在爱尔兰问题上认识到了民族独立问题的另一个关键方面，即在受压迫者的国家中，工人阶级存在潜在的政治腐败。爱尔兰被英格兰殖民了几个世纪，从 1801 年开始，爱尔兰被迫与英格兰合并。①马克思首先认为，爱尔兰不会被人民的民族运动所解放，而会被英国工人阶级的革命运动所解放。但英国工人运动长期受到资产阶级自由主义者的影响，在政治上存在一定的问题。与此同时，英国统治者的残酷掠夺刺激了爱尔兰的资产阶级民族解放运动，并开始出现革命的势头。1867 年，马克思在写给恩格斯的一封信中评论道："过去我认为爱尔兰从英国分离出去是不可能的。现在我认为这是不可避免的。"② 1870 年 4 月，马克思解释了爱尔兰的殖民化如何阻碍了英国工人阶级意识的发展。他指出，英国所有的工业和商业中心的工人阶级都分裂成了两个敌对的阵营，即英国无产者和爱尔兰无产者。马克思清楚地认识到，为了能够捍卫自己的利益，工人阶级必须首先与统治阶级决裂，积极支持被压迫民族的斗争。

二、和平共处原则

18 世纪至 19 世纪，科学技术的进步和工业革命的发展，在客观上促进人类社会生产力极大提高的同时，也促使人类社会的各种矛盾空前复杂和激化。马克思恩格斯认为资产阶级在无情地割裂了束缚人与人之间错综复杂关系的封建联系后，在人与人之间只留下了赤裸裸的私利关系。资产阶级的存在，离不开对生产工具的不断革新，也离不开生产关系和整个社会关系的不断革新。资产阶级社会有聚集的人口，集中的生产方式，并且将财产集中在少数人手中，必然的后果就是政治上的集权，国家中每个独立地区都有着各自的利益、法律、政府以及税收制度。资产阶级在利益的驱使下，残酷剥削和镇压世界无产阶级，并不断发动争霸战争，为世界和平发展蒙上了浓重的阴影。马克思通过对以往人类和平思想的精辟剖析，深刻研究了人类社会发展规律，发现了奠定

---

① 马克思恩格斯全集：第 31 卷 [M]. 北京：人民出版社，1972：405.
② 列宁全集：第 24 卷 [M]. 北京：人民出版社，2017：398.

马克思主义理论基石的唯物主义历史观和剩余价值理论。在此基础上逐步形成了自己的和平思想，实现了对一切旧的和平思想的历史性超越。

首先，马克思深刻揭露和批判了资产阶级和平观的虚伪性。在资本主义条件下，资本主义列强间的矛盾冲突和由此引发的争霸战争必将破坏和平；西方列强通过暴力手段使弱小民族从属于资产阶级民族绝非和平；资本主义社会也并没有消灭阶级对立，只是用新的阶级和新的斗争形式取代旧的罢了。其次，和平是实现无产阶级解放的重要策略，为和平而斗争是无产阶级革命的必然要求。面对战争，各国无产阶级应该根据不断变化的国内外形势采取正确的革命策略，条件允许的情况下，可以通过和平的方式达到革命目的。再次，构建基于道德的国与国之间的和平关系。马克思指出，工人阶级必须洞悉国际政治的秘密，"监督本国政府的外交活动，在必要时就用能用的一切办法反抗它；在不可能防止这种活动时就团结起来同时揭露它，努力做到使私人关系间应该遵循的那种简单的道德和正义的准则，成为各民族之间的关系中的至高无上的准则"①。在马克思看来，朴素的私人之间的道德关系应该上升为国家间关系的一种准则，只有这样才能使国与国之间真正实现基于道德基础上的永久和平。最后，揭示人的自由全面发展的和平目标。私有制是人类一切冲突和战争的根源。只有人类社会大力发展生产力，彻底消灭私有制以及由此产生的阶级剥削基础，每个人的自由全面发展和世界和平才会实现。

其次，马克思在对资本主义生产方式的产生、发展及必然灭亡趋势深入研究和深刻揭示整个人类社会发展规律的基础之上，逐渐形成了自己关于实现和平路径问题的科学认识。马克思主张通过构建公认的国际关系准则、缔结维护和平的国际条约、确立维持世界秩序的国际关系体系的制度选择，以及通过暴力革命与和平斗争两种策略的灵活运用、采取无产阶级国际联合的组织形式、借助无产阶级专政实现并维护和平的策略选择，最终在真正意义上实现世界持久和平。②

最后，在马克思列宁主义的实践中，和平共处原则和无产阶级国际主义的要求在国与国之间的关系中是相辅相成的，这两者并不矛盾，只是用资产阶级

---

① 马克思恩格斯文集：第3卷［M］. 北京：人民出版社，2009：14.

② 张雷. 马克思的和平思想及其当代价值研究［D］. 沈阳：辽宁大学，2016：53-56.

的眼光来思考还是用无产阶级的"和平共处"原则来思考的问题。对世界各地的马克思主义者来说，无论是在社会主义国家、发展中国家还是在先进的资本主义国家，其根本目标都是使全人类从压迫中解放出来，并朝着建立社会主义、巩固社会主义、实现共产主义的方向前进。《共产党宣言》对这一目标的定义是，当共产主义实现时，我们应当有一种联合，取代资产阶级的社会的，将是这样一个联合体，在那里每个人的自由发展是一切人的自由发展的条件。宣言还强调，各地的共产党人都支持一切反对现存社会和政治秩序的革命运动。革命的无产阶级在世界各地的目标是明确的，关键问题是如何实现共产主义。首先要分析世界上的主要矛盾和工人阶级在本国的具体情况。只有这样，革命运动才有正确的战略目标，也只有通过这样的分析才能检验行动和发展实践，那些表现为"言辞上的社会主义，行动上的帝国主义"的人才能被揭露出来。

三、国际合作原则

马克思主义国际合作思想起源于马克思恩格斯对民族国家间合作关系的认识。19世纪上半叶，民族国家在欧洲普遍形成并成为现代国际关系的主体。此时，民族国家间的竞争与冲突是国际关系的主要表现，但合作与协调也频繁发生。国际合作是马克思主义国际关系理论研究的重大问题之一。马克思主义国际合作思想在苏联"一国建设社会主义"中走向实践并得到发展，又在中国谋求国际合作的对外开放中进一步丰富和完善。马克思恩格斯国际合作原则包括以下几个方面：

（一）以唯物性为基础的国际合作原则

生产力和生产关系作为矛盾运动的根本动力是马克思主义的基石，同时马克思也认为经济基础与上层建筑之间有着密不可分的关系。如何看待二者的关系以及怎样去运用二者的关系至关重要。国际合作产生的大背景就是在资本主义大市场中自由竞争的形成，由于大机器生产使得产品出现了剩余，为了促进产品的继续销售就要寻找新的国际市场，就在这时，国际合作应运而生。与此同时，国际经济的分工建立在不同民族不同国家的相互关系的基础之上，并且其中的关系也已经形成一种力量，这种力量就是我们现在经常讲的经济全球化。由此可知，作为一种政治行为，国际合作的产生是为了协调经济活动，国际合作也是经济全球化的必然产物。

马克思主义认为，在一个因资产阶级对外扩张而建立的全球资本主义体系里，资本主义国家内部的二元性在国际社会通过民族关系和阶级关系表现出来。民族关系主要是指资本主义国家与落后民族国家之间的合作。由于历史上的殖民统治及在此基础上形成的不公平国际经济分工，落后国家被边缘化，为求发展，落后国家主动谋求与发达国家进行合作，但遭遇老殖民主义者"不愿意我们得到发展"① 的不公正对待。大多数落后国家依旧处于发展困境中，"南北之间的差距不是在缩小，而是在扩大，并且越来越大"②。阶级关系是指社会主义国家与资本主义国家之间的合作。

（二）倡导合作与竞争并存的国际合作原则

当前，人类文明面临的新挑战日益影响着国家间关系的发展。国家之间需要新的方式来应对这些挑战，并且需要在主权平等的基础上进行国际合作。马克思认为，任何时候，国家间的合作都有着积极的意义。首先，他阐述了资本主义国家的性质。其次，他继续阐述了资本相对剩余价值的理论。马克思强调资本主义下的工作是集体的合作，"合作"是指资本家把大量工人聚集到一起进行生产，这源于他认识到工人们在整个历史上一直是以集体为单位进行合作的。在资本主义框架下，合作是必然的现象，资本家组织的合作只不过是一种新的方式。这种对合作的强调源于马克思对劳动的分析，这也是资本主义社会关系的核心。正如我们在关于原始积累的论述中所看到的那样，资本家在早期的工厂里建立了一种新的合作制度，开始时由于许多工人被资本控制，这种合作是间接的。但随着时间的推移，这些工人与资本之间的冲突导致许多资本家将工人聚集在一个地方，以便更好地对这些工人进行观察和控制。由此，工人进行革命斗争变得更加困难。马克思认为社会劳动过程的本质中存在合作和各方的协调，这是马克思在研究资本主义社会中探索的问题之一。马克思认为资本主义社会合作关系的特殊性就是阶级对立。他认为，随着资本主义事业规模的扩大，合作组织问题的冲突性和复杂性也随之增加。随着进行合作的工人数

①　邓小平思想年谱（1975—1997）［M］. 北京：人民出版社，1998：219.
②　邓小平思想年谱（1975—1997）［M］. 北京：人民出版社，1998：417.

量的增加，他们对资本支配的抵制也在增加，正是这种反抗决定了资本有必要建立起一个由监督员组成的组织，以确保工人的集体力量得到最大限度的发挥，他们的工作量达到雇主的期望。因此，马克思对合作的分析也具有两面性，他首先是对独立于资本的劳动过程进行研究，其次就是讨论资本主义条件下稳定物价的重要作用。资本主义控制的不仅是社会劳动，同时也是剥削社会劳动的过程，因此剥削者和被剥削者之间存在着不可避免的对抗。马克思的分析提供了一种从敌对的阶级关系中看待问题的方法。

在我们对《资本论》的解读中，恩格斯的论述与马克思的论述之间的对比并不明显。在马克思对合作的分析中，他认为合作提高生产力的一个源泉来自对精神的刺激。在大多数行业中，仅仅是社会接触就会产生竞争，竞争也会提高每个工人的生产效率。在列宁看来，这样的"竞争"或竞争应该在苏联的社会主义制度中得到鼓励，以产生尽可能多的工作机会。1917年12月，就在十月革命之后不久，列宁指出，社会主义非但没有消灭竞争，相反，它第一次创造了真正广泛和大规模地使用竞争的机会，我们的任务是组织竞争。所有的公社，如工厂、村庄、消费者协会和供应委员会等组织都应该作为控制劳动力和产品分配的组织进行相互竞争。列宁在这里呼吁生产单位之间建立新的竞争模式，这与资本主义公司之间的竞争几乎是等同的。列宁要求，这场竞争应该以淘汰那些不愿努力工作以及逃避工作的人为目的而组织起来，如他所言，那些必须被迫工作的人，绝不限于反动资本家和知识分子，只是他们方法的理性有待商榷。马克思写道，我们有超过130年的经验表明，在多种形式的合作中，其中大部分都是在资本主义内部进行的。多年来，工人们已经成功地获得了正常的工作时间。竞争无处不在，比如在学校鼓励学生从很小的时候就开始互相竞争，因为这是他们为以后在有收入的工作场所的竞争做好准备的一种方式。课堂上的这种竞争也包括竞技体育，在团队竞争中，激发人的意志是实现"合作"的核心力量，包括鼓励竞争对手之间的敌意和蔑视。在学校体制的层面上，学校间的竞争在体育、音乐、学术科目上都得到了制度上的鼓励。在20世纪八九十年代的我国，我们对这一点都再熟悉不过了。

"国际竞争力"已成为当今的主要流行语和策略之一，美国人与日本人、欧洲人、墨西哥人竞争，商界人士和政界人士正努力通过寻找新的方式进行合作以解决当前的危机。工人们通过竞争反对资本主义这种形式的合作，形成了自己的合作体系，包括在车间团结和工会运动；在学校里小团体合作；在社会上，基层组织的妇女、同性恋或其他自我组织的运动；在国际一级，反对战争的和平运动以及出现的反对国际竞争的草根组织，例如之前整个大陆都反对北美自由贸易协定。这种自我组织有时可能涉及对资本主义合作制度的颠覆，有时也可能涉及为斗争目的而创立制度。在革命时期，工人阶级经常通过创造新的合作方式来展示集体的想象力，例如 1871 年的巴黎公社，1905 年和 1917 年的苏联革命，1918 年至 1919 年的德国工人委员会以及 1956 年的匈牙利运动等。

马克思认为推翻资本主义不会导致社会解体，因此，当马克思在谈到后资本主义社会中的劳动时，他常常提到"关联劳动"，这也是一种新型社会合作的劳动。但马克思拒绝对这种合作形势进行推测，也没有进行设计，而是专注于研究资本主义内部的合作是如何演变的，这是劳动力与资本之间发展斗争的一个方面。另一个对合作现象比较重视的人是俄国无政府主义者彼得·克鲁泡特金，一位地质学家和地理学家。尽管达尔文主义这一概念非常适合资本主义意识形态，但是克鲁泡特金反对庸俗的达尔文主义概念，他认为进化论是一种所有人无休止竞争的结果。从他在西伯利亚的科学经验，到他对西方社会的历史政治研究，克鲁伯特金绘制了无数的动物和人类合作的例子，并认为合作是物种内部进行社会生活的主要现实。生物可能会猎杀其他物种，但在大多数情况下，它们之间的关系是合作的。克鲁泡特金花了大量的时间，在农村和城市、在农民和工匠之间、在制造业和工业中，探究出生物之间自下而上的合作的历史。和马克思一样，他拒绝设计一个后资本主义的世界，其研究主要是针对当前趋势而言。

（三）保障公平和平等的国际合作原则

要理解马克思主义，我们需要把握马克思关于资本主义起源和创新的基本要素。此外，这些起源和运作可以同时发生在国家内部和国际社会中。把这些任务结合起来，就可以证明马克思主义理论的最重要贡献，即资本主义生产模式和现代主权国家体系的形成是不可避免的事件，它们是特定历史条件和社会关系相互依存的产物。

马克思主义主要研究了这些社会关系，并找出资本主义生产方式和主权国家制度是如何产生的，作为一枚硬币的两面，这两种主要历史现象之间也是相互依存的。马克思认为，理论不仅可以帮助我们理解世界，还应该帮助我们改变世界。历史唯物主义认为，人类和包括他们彼此之间的社会关系以及他们所处的环境都是由他们赖以生存和繁衍的物质条件所决定的。因此，马克思主义认为物质条件可以通过人类的行动来改变——例如气候变化，它不仅取决于物理现象，还取决于人类的行为。换言之，这些物质条件是历史的，它们随时间和空间而变化。马克思强调，物质不仅关乎国家的外交政策或政客的行为，更关乎人类的生存、繁衍，生产技术的发展以及劳动方式的转变。无论是现实主义者的无政府状态，还是英国学派的国际社会，马克思都认为这些概念是有问题的，因为它们让我们相信的世界事实上是一种幻觉。例如，无政府状态的概念制造了一种幻觉，即国家是可以预测其理性行为的自治主体。然而，这忽视了区域不平等的持久性以及国家之间的结构和历史联系、暴力和全球政治经济等因素。

在19世纪，马克思恩格斯认为国际体系不稳定的主要根源将是资本主义全球化，更具体地说，是民族资产阶级和世界无产阶级之间的冲突。唯物史观是马克思主义认识国际国内事务进程的指导思想。因此，对于马克思来说，人类历史一直是满足物质需要和抵制阶级统治和剥削的斗争。马克思主义对此的意识形态批判是建立在强大的经验优势之上的。首先，马克思强调不公正和不平等，这两个人类社会的失败与资本主义的每个时期都密切相关从未缺席过。与新现实主义一样，马克思主义也是一种结构理论，但它侧重于经济领域而不是军事政治领域，它的分析反映了经济基础与上层建筑之间的关系。在马克思主义看来，结构性影响的根源不是无政府状态，而是资本主义生产方式，因为正是资本主义生产方式定义了不公正的政治制度和国家关系，这种经济还原论也被认为是一个中心缺陷。新格莱斯坎学派对此进一步发展，并提出一种解决方案，即通过把全球资本主义、国家结构和政治经济制度结合起来，成功创造了一种全球霸权理论（意识形态统治）。根据这一理论，霸权是通过世界体系核心区域内外强大的精英之间的密切合作来维持的，全球治理是由政治和经济机构构成的，这些机构对欠发达和不稳定的外围国家施加压力。它主张国际关系向着资本主义、帝国主义的终结、无产阶级国家的统一，进而形成真正的国际主义的方向演进。马克思的国家政治观和国际政治观是一致的，正如国家内部的政治基本涉及两个相互竞争的阶级，即富人（生产资料所有者，垄断生产、分配和交换）和穷人（工人，受富人剥削的弱势群体）之间的持续斗争一样，国际政治也包括发达国家和落后国家之间的斗争。国际关系中的重要现实之一就是富国通过帝国主义和战争等手段剥削穷国，因此，要想使这个时代结束就要传播马克思主义，传播社会主义思想，使社会主义在各个地区进行传播。工人们反对内部剥削者，期待把国家变成社会主义性质的国家，在此基础上，世界社会主义力量将联合起来，最终在全球范围内消灭资本主义。全球社会主义的胜利将使国际关系建立在社会主义国家联合的基础上，推动在国际社会中形成强大的世界工人阵营，最终摆脱资本主义的剥削。马克思主义思想第一次应用于国际社会的尝试是 20 世纪早期的共产党人和革命者进行的传播和实践，包括罗莎·卢森堡、鲁道夫·希尔弗丁等人都进行了积极的努力。

此外，马克思主义理论在社会学中也得到了一定程度的发展。它密切关注在欧洲内部以及欧洲以外发生的事情，不同时期国家体系的发展、资本主义过渡时期及其殖民和帝国扩张之间的关系成为重要着眼点。具体来说，马克思强调主权国家体系诞生于 1648 年威斯特伐利亚条约之后的历史现实，认为 19 世纪的社会经济问题不应成为困扰主权国家体系的重点。这也凸显了学者们对如何在欧洲之外实践马克思主义，以解决马克思主义国际关系理论本身的一些问题进行研究的必要性。历史唯物主义是马克思主义的重要理论之一，辩证法是马克思主义的一种思维方式，它们把世界上发生的各种变化和相互作用集中在一起。在此基础上，马克思主义认为，所有的概念都反映了社会关系，虽然有时被滥用，但是它们依然是理解整个世界的一个重要起点。马克思认为，资本主义的发展决定了现代国家边界的构建。一个国家的组成部分并不是固定的，受资本主义发展程度的影响，一个特定的、相对较短的历史因素在起作用，由此导致现代国家构建的过程中不断面临挑战。

作者：张明霞（张明霞：外交学院马克思主义学院副教授）

历史唯物主义外交观的基本内涵[①]

历史唯物主义外交观是将历史唯物主义运用到外交领域形成的认识、分析、解决外交问题的基本原则、方法和立场，是马克思主义外交思想区别于其他思想学派的根本标志。1856 年，马克思《十八世纪外交史内幕》（以下称《内幕》）的完成标志着历史唯物主义外交观的形成。马克思的外交观为我们认识、分析外交问题提供了方法论的指导，为构建社会主义国家外交理论、开拓中国特色社会主义大国外交新局面提供了坚实的思想基石和鲜明的政治底色。

一、外交政策有其自身形成、发展的历史逻辑

"研究问题必须有'历史感'"。研究一个国家的外交政策，应当以这个国家的外交历史为基础，从具体的外交实践出发，既看到外交历史发展的"连贯性"，也要看到其"阶段性"。马克思在《内幕》中写道："要了解一个限定的历史时期，必须跳出他的局限，把它与其他历史时期相比较。"[②]

同时，在解释一国所执行的外交政策时，不能只关注国内某时期单个因素的作用，还应关注不同时期多种因素的混合作用。外交政策的出台不仅要受国家所面临解决的问题、外交决策者的性格特点、国内外政局的影响，还要受其外交历史传统的影响。传统观念作为一种历史观念对于外交的影响是潜移默化

① ［基金项目］本文系北京市社科基金项目"马克思恩格斯列宁论外交"（项目编号：16KDB016）；中央高校基本科研业务费专项资金项目"国际视野下的高校思政课程与涉外专业结合研究——以《纲要》课程教学为例"（项目编号：3162017ZYQA03）阶段性研究成果。

② 马克思. 十八世纪外交史内幕：单行本 ［M］. 北京：人民出版社，1979：41.

的，而这种外交传统观念的形成也有其历史必然性。因此，在研究一个国家的外交政策不应只关注当前的国内外形势，还应该追溯该国外交传统、外交文化以及外交政策演变的历史。也正因为如此，要判断历届政府及其行动，必须以它们所处的时代以及和它们同时代的人们的良知为尺度。19 世纪的俄国不断干涉西方事务，为维护其专制统治，沙俄联合各国王室对革命进行打压，俨然成为欧洲反动势力的支柱。这一现实使一部分进步革命分子意识到俄国对外政策对欧洲革命产生的消极作用，因此对沙皇俄国的专制制度进行强烈谴责。马克思恩格斯也十分关注沙俄问题，他们撰写了大量的文章，抨击俄国的对外政策。马克思在《政府在财政上的失败》，特别是在《内幕》中出色地运用了历史唯物主义，追溯了俄国对外交往的历史，打破了人们对沙皇俄国外交政策的错误认知，揭露了英国外交的实质。

一方面，对外扩张是俄国长久以来的"单一"的目标，这是由"它过去的历史、由它的地理位置决定的"①。当时的政治家们在谈论俄国外交传统时，通常会援引彼得一世的遗嘱。但是，马克思提出远在 800 多年前，俄罗斯大公斯维亚托斯拉夫就已经表达了对希腊、波希米亚和匈牙利的统治野心。在俄罗斯帝国建立后不久，柳里克王朝把王都迁到基辅，以便更靠近拜占庭。11 世纪，基辅在各方面都仿效君士坦丁堡。在经历了伊万一世、伊万三世时期后，莫斯科公国兴起，彼得大帝完美继承了俄国的外交传统，不断向外扩张。不同的是，彼得大帝破除了斯拉夫族的所有传统，把僻居大陆深处的斯拉夫人引到了海洋的边缘，将新都彼得堡建立在他征服的第一块波罗的海海岸上。马克思认为这是俄国发展史上的重要一步，这个外偏中心从一开始就表明"一个圆周尚有待于划定"，而彼得堡的选址就是"为未进行世界性阴谋而精心选中的巢穴"。② 在彼得一世的政策之下俄国借助西方的这一股强劲不断地向外扩张，在其之后的继任者更是传承了这一野心企图征服世界。

另一方面，现实中英国与俄国的对立并不能掩盖历史上英国长期的"亲俄"政策。19 世纪中期，沙皇俄国不断向南扩张，已然侵犯了英法两国在中

---

① 吴伟. 马克思、恩格斯、列宁、斯大林论俄国：苏联和东欧中亚 [M]. 北京：中国社会科学院，2013：4.

② 马克思. 十八世纪外交史内幕（单行本）[M]. 北京：人民出版社，1979：81.

近东地区的殖民利益，最终爆发了克里米亚战争。在这种新形势下，当时流传一种看法认为，俄国始终是英国势不两立的敌人。① 事实果真如此吗？马克思认为英国与俄国的外交勾结早已存在，并且可以追溯到彼得大帝时期。在《内幕》第一章的几封秘密信件中，我们可以看出在18世纪的绝大部分时间里英国的亲俄外交已成为一种传统惯例，英国外交界甚至把"大不列颠和俄罗斯帝国联系在一起的纽带是自然形成的，是破坏不了的"② 这一亲俄行为奉为其正统外交原则。因此，马克思认为英国的亲俄外交政策是有其历史传统的，英国是俄国扩张背后最大的推手，并非像通常历史所说的那样英国一直站在俄国的对立面，而未看清俄国的真实意图。这样，马克思跳出了历史局限，看到了英国外交政策的全局，揭示了英国亲俄外交的阶级实质。当俄国最终崛起，影响欧洲政治，积极参与瓜分世界时，英国的"亲俄"政策最终走到了尽头。

二、外交关系是国内经济政治关系的总和

外交以一定国家的一定阶级的整个生活条件为基础，是国家间一种通常的交往方式。外交的内容和形式是由于特定国家中占据主导地位的阶级的物质生活条件所决定的，一国的外交是无法脱离其自身所处的物质环境的影响的。恩格斯在谈到这个问题时明确指出："'物质生活的生产方式制约着整个社会生活、政治生活和精神生活的过程'，在历史上出现的一切社会关系和国家关系，一切宗教制度和法律制度，一切理论观点，只有理解了每一个与之相应的时代的物质生活条件，并且从这些物质条件中被引申出来的时候，才能理解。"③因此，一国的外交政策的实质是其国内政治经济关系的总和的体现。建立在私有制基础上的国家，其对外交往通常表现为侵略、掠夺，并往往伴随着暴力、战争。当人类社会进入到资本主义时代，资本主义国家内部社会矛盾激化、革命势力抬头，战争则成为这些国家的缓解剂，我们看到连绵不断的战争、对外掠夺、对利润的无限追求，国家间的对立与冲突已经成为普遍现象。但这也不是说，资本主义国家之间没有联合，不过这些国家之间的所谓的"兄弟联盟"

---

① 冯特君，冯民安，编. 马克思恩格斯列宁国际政治文献选读 [M]. 北京：开明出版社，1997：35.

② 马克思. 十八世纪外交史内幕（单行本）[M]. 北京：人民出版社，1979：16.

③ 马克思恩格斯选集：第2卷 [M]. 北京：人民出版社，2012：8.

往往是为了反对各国的无产者，这种联合的基础十分狭窄、十分脆弱，很容易成为维护本国利益的牺牲品。

法国在第二帝国统治时期，路易·波拿巴政权为转移国内人民群众日益增长的不满发动了一系列的对外侵略战争，如克里米亚战争（1853—1856 年）、反奥战争（1859 年）、镇压意大利民族统一运动（1867 年）、普法战争（1870 年）等，同样"'好心的沙皇'把进行侵略战争和执行俄国的传统对外政策看成是延缓国内革命到来的唯一手段"①。同样，英国可以随时背叛自己的盟友亲近俄国，一向以外交政策见长的俄国"不惜背信弃义，阴谋叛变，进行暗杀，也不惜卑躬屈节，重金贿买"，最终成为"巨大、强盛和令人恐惧的国家"，这一连串的征服和外交的胜利在国内则巩固了沙皇政权。正如恩格斯所说，沙皇政府的"一切成就都具有非常明显的物质基础"②。

从另一个角度看，私有制的经济基础，决定对外交往具有对抗、竞争的性质，那么，公有制的经济基础消除了对抗、竞争性的国际关系赖以存在的经济基础，为形成一种倡导和平合作、公平正义的新型国际创造必然的物质条件。换言之，只有彻底消灭私有制和阶级，才能建立一个新的社会和符合国际利益的外交。而能够担负这一历史使命的是无产阶级，因为"全世界的无产者却有着共同的利益，有共同的敌人，面临着同样的斗争；所有的无产者生来就没有民族的偏见，所有他们的修养和举动实质上都是人道主义的和反民族主义的"③。经济基础以及由此产生的经济利益决定着上层建筑，那么一旦经济基础发生变革，对外交往的基本、内容、策略就会随之发生变化，因此外交具有实践性，外交实践高于外交理论，也就是马克思在《内幕》中所说的"外交高于战略"。马克思恩格斯从不否认外交理论对外交活动的指导作用，"没有理论支撑，实践就不具备一个稳定的方向"④。他们强调的是外交原则的坚定性与外交实践灵活性的结合。外交理论不是一成不变的，策略方针也不是绝对的。在对外交往中，所有外交活动应当依据基本国情、具体问题和现实国际形

---

① 马克思恩格斯全集：第 14 卷 [M]. 北京：人民出版社，1964：536.
② 马克思恩格斯全集：第 22 卷 [M]. 北京：人民出版社，1965：17-18.
③ 马克思恩格斯全集：第 2 卷 [M]. 北京：人民出版社，1957：666.
④ 本段观点主要参考袁南生，王捷先，姜琳. 马克思恩格斯外交思想的基本特征 [J].
　　外交评论，2017（162）.

势来决定行动方针与措施。原则的坚定性与策略的灵活性的统一在沙皇俄国的对外交往中充分体现出来。"俄国的对外政策是丝毫也不考虑通常意义上的原则的……灵活地利用一切领土扩张的机会，不管这种扩张是附和起义的人民而达到，或是附和角逐的君主而达到。"① 沙皇俄国在外交中的背信弃义、秘密外交、尔虞我诈，其称霸世界的目标始终没有变化。俄国"时而附和这一边，时而附和那一边"，灵活的外交手段和出色的武力运用，在与列强的争斗中，屡屡得逞。总之，在外交活动中，实践是第一位的，外交活动不能拘泥于教条，同时外交理论需要经受外交实践的检验，符合国家利益，并能最大限度体现人类共同利益的理论才更具有生命力，才能更好地指导外交实践。

三、在阶级社会中外交活动的根本目的是维护统治阶级的利益

阶级观点是马克思恩格斯分析社会问题的最重要的视角，离开阶级和阶级斗争的观点，既不符合客观实际，也无助于认清国际关系和对外交往的根源与本质。这一点在马克思恩格斯对资本主义国家的外交分析中得到了充分体现，成为马克思主义外交观的一个重要内涵。在两位导师看来，一国外交活动的根本目的就是维护统治阶级的利益，"自古以来，一切统治者及其外交家玩弄手腕和进行活动的目的可以归结为一点，为了延长专制政权的寿命，唆使各民族互相残杀，利用一个民族压迫另一个民族"②。在封建社会，外交活动是为了维护君主、地主阶级的根本利益；在资本主义社会，外交活动的根本目的是维护大资产阶级的统治，在国际社会实行剥削和压迫，其表现形式也是多种多样的。

双标现象。当统治阶级内部出现利益分歧，其外交政策也往往表现出前后矛盾、双重标准的现象。关于这一点，马克思在《内幕》中论述英国亲俄外交政策时，有非常精到的分析。

1700 年，英国和瑞典签订共同防御条约，两国在军事等方面互相支持反对俄国的侵略扩张。在北方大战期间，英国一方面名义上维持着共同防御条约，另一方面又与北方盟国一起展开了对瑞典的作战计划，并同时不顾瑞典的反

---

① 马克思恩格斯全集：第 15 卷 [M]. 北京：人民出版社，1963：192.
② 马克思恩格斯全集：第 5 卷 [M]. 北京：人民出版社，1958：177.

对，依然在彼得堡保持着与俄国的贸易往来。甚至是伙同俄国攻打瑞典，在战舰、人力等方面支持俄国军队进行侵略，公开进行违约活动。对此，英国大臣们采取了"沉默阴谋"。而当 1718 年，西班牙派遣舰队掩护陆军在西西里岛登陆，英国与奥地利、荷兰和法国结成同盟，共同反对西班牙的进攻时，英国大臣们一改背叛同盟时的沉默态度，开始为敌国申冤，一些现代历史学家也"拼命指责当时英国政府不预先宣战就在西西里海面上消灭西班牙舰队"①。当时的英国还未与西班牙签订任何同盟协议。在马克思看来，这种对待相似情况截然相反的态度是英国议会内部的战争造成的。英国对外政策的双标现象背后是不同利益集团的斗争，这种做法事实上并为给英国带来任何实际的利益，反而成为俄国称霸波罗的海的"帮手"。

对外侵略扩张。资产阶级对内对无产阶级实行阶级压迫，对外则表现为对其他国家的殖民和侵略，整个资本主义国家的发展史，实质上就是资本主义对外侵略扩张的历史，马克思恩格斯对此有大量的论述。例如，恩格斯指出德国"自从查理大帝时代以来，德意志人就十分坚决顽强地力求征服欧洲东部，把他殖民化，或至少文明化"②。马克思恩格斯在很多地方揭露俄国自彼得一世以来，俄国力图变为世界性大帝国的外交野心——"兼并波兰……把德国变成未来的瓜分对象；把君士坦丁堡当作永不忘记的、可以逐渐实现的最主要目标；夺取芬兰作为彼得堡的屏障而把挪威并给瑞典作为补偿……"③ 为了达到称霸世界的目的，沙皇们非常擅长利用国家间的利益冲突，在欧洲国家间纵横捭阖，使一些国家成为其实现自身外交目标的有用工具。这一点，马克思在《内幕》中有很多论述。

任意践踏国际法。资本主义国家根据自己的利益和需要指控"被猎取的对象""破坏了某某臆想的或既有的条约、违背了想象中的诺言或约束、犯下了莫须有的罪行"④，制定让别人遵守的原则和国际法。1858 年，马克思在《奥德的兼并》一文中写道："大约一年半以前，英国政府在广州宣布了一种新奇的国际法原则，按照这种原则，一个国家可以对另一个国家的任何地区采取规

---

① 马克思. 十八世纪外交史内幕（单行本）［M］. 北京：人民出版社，1979：42.
② 马克思恩格斯全集：第 11 卷［M］. 北京：人民出版社，1995：50.
③ 马克思恩格斯全集：第 22 卷［M］. 北京：人民出版社，1965：28.
④ 马克思恩格斯全集：第 12 卷［M］. 北京：人民出版社，1962：77.

模巨大的军事行动，而无需同这个国家宣布处于战争状态。"① 马克思在这里指的是英国政府故意制造事端，发动对华战争即第二次鸦片战争的卑劣行为——亚罗号划艇事件。在《英中冲突》《议会关于对华军事行动的辩论》等文章中，马克思依据大量官方材料和法律条文，揭露了英国政府的蛮横无理、出尔反尔，抨击了英国以"违背了无中生有的外交礼节为借口，不先行宣战就侵入一个和平国家"② 的做法。"'我们'开始采取军事行动是为了撕毁一个现存的条约和强行要求实现一项'我们'业已根据明确的协定放弃了的要求。"③一句话，为了维护统治阶级的利益，他们践踏一切法律，罔顾合约规定，不惜发动战争。

以历史唯物主义外交观的形成为标志，马克思主义外交思想初步形成。马克思恩格斯在对现存国际体系进行客观评价基础上，对资本主义国家的秘密外交、军事和殖民侵略等一系列对外活动展开了批判，揭示了资本主义国家的外交实质。同时，马克思恩格斯结合国际共产主义运动，特别是第一国际、第二国际和巴黎公社的实践经验，初步确立了无产阶级的国际交往原则和社会主义对外交往原则。历史唯物主义外交观以及马克思恩格斯倡导的国际主义原则、和平原则、民族独立原则等为后来社会主义国家的外交实践提供了根本的方法论指导和交往原则，产生了重要影响。

作者：孟艳　张若楠（孟艳：外交学院马克思主义学院讲师。张若楠：外交学院 2019 级科学社会主义与国际共产主义运动专业硕士、中共中央党校 2021 级科学社会主义与国际共产主义运动专业博士生。本文主要内容发表于《吉林教育学院学报》，2021 年第 2 期）

---

① 马克思恩格斯全集：第 12 卷 [M]．北京：人民出版社，1962：502.
② 马克思恩格斯论中国 [M]．北京：人民出版社，2018：27.
③ 马克思恩格斯论中国 [M]．北京：人民出版社，2018：26.

马克思恩格斯外交思想的美国视角

一般而言，马克思恩格斯经典作家并不是从正面的角度在无产阶级成功推翻资产阶级在世界内的普遍统治之后来详细阐述外交和国际关系的原则的。他们并没有专门的著作来讨论这一问题。但这并不意味着他们没有对国际关系和外交作出系统的思考和评论。马克思恩格斯从世界历史的角度在对他们生活其中的重大的政治社会经济事件尤其是涉及国际政治和经济关系的事件所作出的评论中可以透露出他们这方面的系统思考。

在马克思恩格斯所处的时代，美国作为新欧洲的形象逐渐确立起来，它在政治、经济和文化等各方面的发展对马克思恩格斯来讲是非常重要的研究课题。尽管马克思恩格斯的思想中心是欧洲主要国家的社会主义事业，但当美国作为资本主义世界的一颗冉冉新星并且其所散发的光芒甚至有超过旧欧洲这些老派的资本主义国家的时候，马克思恩格斯逐渐重视这个新大陆。马克思恩格斯所关注的是全球范围内的世界历史，他们的视野并不仅仅局限在欧洲。

论述马克思、恩格斯这两位马克思主义经典作家关于美国的外交思想，笔者首先想要作出几个简要的说明。首先，马克思主义经典作家对美国的政治和外交的论述并不是以系统、专门的文章和论著而呈现的，它们大都散见在其他著作、书信、报纸评论之中。这一部分笔者主要参考了由中国社会科学出版社2013年出版的《马克思、恩格斯、列宁、斯大林论美国》中所提供的详尽的原著摘编。这本书是中国社会科学院"马克思主义经典作家专题摘编"系列中的一部。这本书所提供的资料是笔者所看到相关工作中最好的。这本书"较系统、完整地摘编了马克思恩格斯、列宁、斯大林对美国的有关论述，汇总了他们在不同历史时期对美国的概况、独立战争、南北战争、资本主义发展、工人运动等方面的看法，反映了他们在上述方面的思想和理论贡献。"① 笔者主要根据这些经典论述来重构马克思恩格斯关于美国的外交思想。

其次，马克思恩格斯关于美国的外交思想是以美国政治和历史的发展为参照系的。这就要求我们必须弄清楚美国政治和历史的本质。在马克思恩格斯的时代，美国所发生的主要的历史大事件是独立战争、南北战争、战后重建以及进步主义改革。我们首先需要对这些历史事件有一个比较清楚的了解，然后就马克思恩格斯的相关论述，着眼于国际关系和外交方面，对其作出一定程度的逻辑重构。当然我们的研究决不能完全脱离美国历史研究的传统和现状。因此我们需要对美国史研究传统以及马克思主义在这种传统所占据的地位作一个简要的介绍。

一、美国史研究的三大范式与马克思主义

相比于欧洲，美国的历史相对比较短暂。对美国史的研究也是伴随着美国的政治经济力量逐渐强大并且在国际舞台上扮演重要角色的时候。美国史的研究传统主要在 20 世纪逐渐形成，其中先后出现了三种研究范式：进步主义史学、共识史学以及新左派史学。

进步主义史学于 20 世纪 20 年代达到全胜，而到 1945 年之后逐渐衰落。主要代表人物是比尔德和特纳。进步主义史学家坚信，美国历史是积极进取、发展进步的，是一个从落后到先进的历程。他们的历史学著作中洋溢着乐观主义的情绪，力图强调美国每一步的发展变化都是向着更加理性、更加自由、更加光明的方向而展开。他们强调要从注重政治史和少数精英的活动的传统历史叙事模式中走出来，强调民众和经济冲突在社会历史中的作用。同时他们较为重视历史中民众的反抗、斗争的一方面，认为美国的进步主义是民众冲突、反抗所达成的结果。比如在他们的历史书写中，美国革命被描述成民众反抗英格兰的斗争，美国宪法因为剥夺了民众在历史中的应有地位而变成保守、反革命的。"到了 20 世纪 20 年代，查尔斯·比尔德的著作《美国文明的兴起》则不仅把美国人民描绘成一个充满活力、民主开明的民族，而且他们还针对财产，

---

① 黄平，倪峰. 马克思、恩格斯、列宁、斯大林论美国 [M]. 北京：中国社会科学出版社，2013：2.

特别是对在美国历史上占主导地位的商业坚持了始终不渝的斗争。"①

到了 20 世纪四五十年代,这种具有自由主义倾向的进步史学逐渐为"共识学派"所取代。共识学派从 40 年代到 70 年代在美国史学思想中一直居于主导地位。他们认为,进步史学夸大了美国历史发展中的冲突和反抗的层面,因此他们转而强调美国社会和历史中的不同的集团都有一个共同的核心价值观,正是这一核心的价值观使得美国得以凝结为一个统一的民族。共识学派的代表人物霍夫斯达特在《美国政治传统及其缔造者》一书中列举了构成民族认同的这些核心理念:对资本主义经济的欣赏、对个人权利的重视、对个人自主的尊崇以及对宪政民主的维护。② 哈茨指出,美国的主流思想一直是洛克学说,后者认为人民为了维护自由和安全而创造出了国家和政府。就共识学派较为重视美国历史中的传统和主流价值观而言,这种史观较为保守。

20 世纪六七十年代,美国史研究又发生了一次范式转变,这就是新左派史学家的异军突起。主要代表人物威廉·A. 威廉斯以及当今最炙手可热的美国史专家埃里克·方纳。新左派史学家首先针对"共识学派"的史观,指出美国"自由""平等"和"民主"这些口号掩盖了相当多的不自由、不平等和不民主的历史和现实。其次他们还批评进步主义史学,指出后者背后所蕴含的乐观主义和社会调和论的特征。尽管进步主义较为强调美国历史中的冲突和斗争的一方面,但是他们仍然相信进步、理性和人类完善这些"绝对"真理。新左派史学家不再对这些观念抱有幻想,试图通过在史学界发动一场思想革命来动员广大的弱势群体起来反抗这个不公正的社会和国家。他们认为,如果美国历史是有产者和无产者之间的一场殊死搏斗,那么历史学家就必须为实现这种根本变革而不是相互妥协而奋斗。他们力图打破传统美国史所塑造的神话,什么清教道德、进步主义、共识论、美国梦等,这些历史的错误观念是有害的,应该通通加以清除。在他们的笔下,美国史充满各种黑历史,"美国革命是一场受阻的社会革命,美国宪法是一项不公正的根本大法,西进运动的先驱成了掠夺者和杀戮者,南北战争也并没有带来一个新生的社会,美国内战后的重建完全

---

① 恩斯特·布赖萨赫. 西方史学史:古代、中世纪和近代 [M]. 黄艳红,徐翀,吴延民,译. 北京:北京大学出版社,2019:441.
② 埃里克·方纳. 美国自由的故事 [M]. 王希,译. 北京:商务印书馆,2018:517.

归于失败，进步时代实则是保守主义的胜利，罗斯福新政暴露出真正的民粹主义，而两次世界大战美国参战则是受到经济利益驱使的大冒险"①。他们认为，对美国历史黑暗面的揭露并非纯粹是消极的，它是为了一个更加公平正义的社会和政治秩序。与当时的民权运动相配合，新左派史学家推动了史学界中的社会史尤其是黑人史和妇女史的转向。尽管新左派历史学家不同于传统的马克思主义史学家，但他们的史学观受到马克思主义的深刻影响则是十分明显的。这种美国史叙事直到现在仍然是主导性的范式。我们可以看到，相比于前两种范式，新左派历史观较为激进。

之所以有必要对这三种研究范式加以简单地介绍，是因为我们常常忽略了历史研究中的价值立场问题。我们的历史知识和历史观念实际上是通过历史学家的历史书写而获得的。我们经常会将历史学家的历史书写等同于历史本身，而这种观念是有问题的。因此通过元历史或对"历史的历史"层面的反思，我们能够更加理解历史的本质。许多美国史著作在书写美国史的时候，会尽量减少或降低马克思主义所产生的政治影响。尽管马克思主义在美国并没有产生立竿见影的社会和政治效果，但是它却以间接或隐性的方式主导着当今的美国历史学界，这种观念上的影响也深深影响着普通民众的价值观。上述三种研究范式中进步主义史学和新左派史学都明显地受马克思主义的影响。从整体上看，美国史研究呈现出鲜明的社会史特征。这也与马克思主义有内在的关联。

二、美国早期资本主义的发展与世界市场

马克思恩格斯对美洲的发现评价特别高。他们是从世界市场和全球贸易的角度来分析这一事件的。马克思恩格斯认为美洲的发现推动了世界市场的最终形成，对世界资本主义有重大的影响。比如他们在《德意志意识形态》中说道："随着美洲和通往东印度的航线的发现，交往扩大了，工厂手工业和整个生产运动有了巨大的发展。"② 还有在《共产党宣言》中，他们说："美洲的发现、绕过非洲的航行，给新兴的资产阶级开辟了新天地……大工业建立了由美

---

① 恩斯特·布赖萨赫. 西方史学史：古代、中世纪和近代 [M]. 黄艳红，徐翀，吴延民，译. 北京：北京大学出版社，2019：479.
② 马克思，恩格斯. 德意志意识形态：节选本 [M]. 北京：人民出版社，2018：56.

洲的发现所准备好的世界市场。世界市场使商业、航海业和陆路交通得到了巨大的发展。这种发展又反过来促进了工业的扩展。"①

　　美国资本主义有其先天的发展优势，除了有取之不尽的资源之外，是在已经发达的历史时代起步的。美国的资本主义发展虽然起步很晚，但是赶上了第二次工业革命，起点很高。同时美国本土没有欧洲那样的封建主义传统，历史和传统的包袱很轻，因此能够轻装简行，发展异常迅速。"在那里，资产阶级社会不是在封建制度的基础上发展起来的，而是从自身开始的……在那里，国家和一切以往的国家的形成不同，从一开始就从属于资产阶级社会，从属于这个社会的生产……"②

　　随着美洲的发现，马克思恩格斯预言世界贸易格局将发生重大变化。"世界贸易第二次获得了新的发展方向。世界贸易中心在古代是推罗、迦太基和亚历山大里亚，在中世纪是热那亚和威尼斯，在现在以前曾经是伦敦和利物浦，而现在则是纽约和圣弗朗西斯科、圣胡安-德尼加拉瓜和莱昂、查格雷斯和巴拿马。世界交通枢纽在中世纪是意大利，在近代是英国，而目前则是北美半岛南半部。"③ 世界贸易的中心将西移到美国。马克思恩格斯已经预言到了作为新欧洲的美国将要在经济上取代旧欧洲。

　　美国在自然地理条件上得天独厚。"在煤炭、水力、铁矿和其他矿藏、廉价食品、本土生产的棉花以及其他各种原料方面，美国拥有任何一个欧洲国家所没有的大量资源和优越条件。"④ 1849 年加州金矿的发现并不仅仅在于发现了矿藏，而在于以此为核心，将吸引更多的劳动力以及推动水路贸易交通线的形成。"它的意义在于加利福尼亚丰富的矿藏对世界市场上的资本起了推动作用，使整个美国西海岸和亚洲东海岸都活跃起来，使加利福尼亚和所有受加利福尼亚影响的国家形成新的销售市场。""由于加利福尼亚的发展，必须建立全新的世界交通线，将来这些交通线的作用很快就会超过所有其他交通线。"⑤ 未来发展的交通线将北美洲与南美洲、太平洋和大西洋相连接，"真可以说，

①　马克思，恩格斯. 共产党宣言［M］. 北京：人民出版社，2014：28-29.
②　马克思恩格斯全集：第 30 卷［M］. 北京：人民出版社，1995：4.
③　马克思恩格斯全集：第 10 卷［M］. 北京：人民出版社，1998：276.
④　马克思恩格斯文集：第 4 卷［M］. 北京：人民出版社，2009：338.
⑤　马克思恩格斯全集：第 10 卷［M］. 北京：人民出版社，1998：590.

自从有了这种全世界海洋航行的必要的时候起，地球才开始成为圆的"①。马克思恩格斯从世界市场角度对美洲的发现以及加州金矿的发现作出了相当精准的分析和判断，并且从这个角度出发，说美国正是由于金矿的发现而使得其繁荣达到了顶点。

除了自然地理条件上的先天优势之外，劳动力的丰富也是美国资本主义经济繁荣的重要条件。劳动力的丰富一方面是大量移民，"由于移民，北部各州二十到三十五岁的人至少比其他国家多百分之三四。"② 比如欧洲移民的加入，为美国的工农业发展和资本积累提供了有利条件。另一方面，对美洲土著居民的残忍政策、对东印度进行的征服和掠夺以及将非洲变成商业性猎捕黑人的场所，也是美国资本主义原始积累的主要因素。马克思恩格斯对美国资本主义发展的分析是着眼于全球的，并不仅仅是欧洲，也包括了广大的亚非拉美地区。美国资本主义发展得益于全球市场的形成，而这一形成过程并非人道主义、和平主义的，而是伴随着对国内土著居民的杀戮、对黑人的奴役以及对亚洲的殖民。

三、美国早期资本主义的发展对全球经济格局的影响

美国资本主义的发展给英国带来了巨大的竞争压力。"美国在不到 10 年的时间内建立了工业，目前在粗棉纺织品（英国工业的主要产品）方面已经开始和英国竞争，它已经把英国人从北美和南美的市场上排挤出去。在中国，美国货和英国货一样地行销了。"③

美国与英国争夺中国的销售市场，尽管并不能肯定美国的竞争是不是使得英国的贸易蒙受了明显的损害。美国在欧洲市场上的竞争导致俄国农产品的输出减少。美国和印度也由于交通手段的变革，"同欧洲的工业国家靠近了70%—90%"④。

随着资本主义市场在全世界尤其是欧美国家的确立，这些国家之间的经济联系也日益紧密。这一方面促进了资本主义生产力的极大发展，但同时经济危

---

① 马克思恩格斯全集：第 10 卷［M］. 北京：人民出版社，1998：592.
② 马克思恩格斯全集：第 30 卷［M］. 北京：人民出版社，1974：249.
③ 马克思恩格斯文集：第 1 卷［M］. 北京：人民出版社，2009：495.
④ 马克思恩格斯文集：第 7 卷［M］. 北京：人民出版社，2009：84.

机也由每个国家内部扩展到全世界。没有一个国家能够幸免于难。"1857 年，美国爆发了危机。于是金从英国流到美国。但是美国物价的涨风一停止，危机接着就在英国发生了。金又由美国流到英国。英国和大陆之间也发生了同样的情况。"①

四、美国南北战争与欧洲工人运动

1861 年到 1865 年美国爆发了南北战争。关于美国内战的起因，历史学界有两种观点，一种认为内战是因为两种截然不同的经济体制所导致的，北部的工业资本主义与南部的奴隶主种植园经济在经济利益上势不两立，从而必然走向对立。还有一种观点认为当时的宪政机制由南北政客滥用政党政治和选举机制，导致冲突无法协调。② 我们可以看出，第一种正是马克思主义的观点，这种思路对于美国内战史而言，是具有决定意义的。

马克思在《美国内战》中说南北战争是奴隶制度与自由劳动制度之间的斗争。"这个斗争之所以爆发，是因为这两种制度再也不能在北美大陆上一起和平相处。它只能以其中一个制度的胜利而结束。"③ 他高度评价美国南北战争，认为它是"现代历史上第一个伟大的战争"，"……是迄今为止最高形式的人民自治向有史以来最卑鄙、最无耻的奴役人类的形式作战"。④ "这种人民战争是有了大国以来从来没有过的，它的结局无疑地将决定整个美国今后几百年的命运。"⑤

马克思恩格斯认为奴隶制度是影响美国政治和社会发展发展的最大障碍。如果美国能够消除这种落后的社会制度，美国就会繁荣起来。马克思、恩格斯将工人阶级的处境也比作奴隶，后者是直接的奴隶制度，而前者是间接的奴隶制度。

美国内战的伟大意义还体现在，对这种奴隶制度的抗议将会导致工人阶级的觉醒。他们自身的处境比实际的奴隶好不了多少。"无论如何，国内战争总

---

① 马克思恩格斯文集：第 7 卷 [M]. 北京：人民出版社，2009：557.
② 埃里克·方纳. 美国自由的故事 [M]. 王希，译. 北京：商务印书馆，2018：517-518.
③ 马克思恩格斯全集：第 15 卷 [M]. 北京：人民出版社，1963：365.
④ 马克思恩格斯全集：第 15 卷 [M]. 北京：人民出版社，1963：344.
⑤ 马克思恩格斯全集：第 31 卷 [M]. 北京：人民出版社，1998：431.

还有好的结果，那就是奴隶的解放以及因此而对你们本身（工人）的阶级运动所起的刺激作用。"这种刺激作用除了意识层面，还实际地增加了工人的压力。奴隶制度消除之后，阶级矛盾将会移向资产阶级和工人阶级之间，"国内战争的直接的可以触及的结果，当然是美国工人境况的恶化。"而这种恶化还不仅仅局限在美国，而且也会影响到欧洲。"不论在美国或欧洲，国债的重担总是被一手转一手，最后压到工人阶级的肩上……从 1860 年以来，日用必需品的价格上涨了 78%，而非熟练工人的工资只提高了 50%，熟练工人的工资只提高了 60%。"①

美国的南北战争同时也刺激了欧洲工人阶级。英国的工人阶级组织起来反对英国政府支持美国奴隶主。由于美国南方奴隶种植园经济能够为英国提供棉纺织原材料，而一旦进行战争的话，就必然会对英美的自由贸易造成很大的影响，这样就会损害英国工人阶级的当下利益。但是即使这样，英国工人阶级耐心忍受着困苦，而起来反抗本国政府干涉美国内战的行径。"英国工人阶级博得了历史上永不泯灭的荣誉，它通过充满热情的群众大会打破了统治阶级三番两次地为维护美国奴隶主而组织干涉的企图，尽管美国内战继续下去对成百万英国工人来说意味着最大的痛苦和贫困。"②"使西欧避免了为在大西洋彼岸永久保持和推广奴隶制进行可耻的十字军征讨冒险的，并不是统治阶级的智慧，而是英国工人阶级对于他们那种罪恶的疯狂行为所进行的英勇反抗。"③"欧洲的工人阶级立即了解到（甚至在上层阶级为南部同盟派上流人士进行的狂热袒护向工人阶级发出了可怕的警号以前就已经了解到），奴隶主的叛乱将是一次财产对劳动所进行的普遍的十字军征讨的信号，在大西洋彼岸进行的这一大规模的战争关系着劳动者的命运，关系着他们对未来的期望，其至关系着他们已经获得的果实。因此，工人阶级到处耐心忍受着棉花危机带给他们的痛苦，激烈反对有产者当局竭力想采取的有利于奴隶占有制的干涉行动——而在欧洲的大多数国家里，工人阶级为了正义的事业已经献出了自己的鲜血。"④

---

① 马克思恩格斯全集：第 16 卷 [M]. 北京：人民出版社，1964：402.
② 马克思恩格斯全集：第 15 卷 [M]. 北京：人民出版社，1963：615.
③ 马克思恩格斯全集：第 16 卷 [M]. 北京：人民出版社，1964：13-14.
④ 马克思恩格斯全集：第 16 卷 [M]. 北京：人民出版社，1964：20-21.

五、南北战争前后美国资本主义的发展、保护关税与自由贸易制度

南北战争结束后，制约美国资本主义经济发展的社会障碍已经被消除。尽管黑人并未立即取得理想中的生活状态，但是社会的确在朝着平等的方向运行。北部工商业资本家为了刺激经济的发展，出台了一系列经济政策，美国的经济开始起飞。①

美国经济起飞有三大标志。"西部开发、发明创新、资本垄断这三个因素共同促进了美国经济的迅猛发展。"② 第一个标志是西部出现了大规模的开发浪潮。美国联邦政府在南北战争期间就颁布了《宅地法》，西部的土地向美国公民免费提供，鼓励移民西进；同时又颁布了《太平洋铁路法案》，授权联合太平洋铁路公司修建贯通东西的五条铁路，为开发西部提供了便利的交通条件。第二个标志是美国赶上了第二次工业革命，开始出现大规模的发明和创新。"发明大王"爱迪生就是这个时代的象征人物之一，他发明灯泡、建立发电站，为美国的电气时代拉来了序幕。电话、内燃汽车以及飞机等都是在美国首先出现的。同时工厂企业的管理组织下形式也发生了变化。泰勒和福特提出"科学管理"理论，福特又创立了全世界第一条汽车流水装配线。同时美国的传统工业部分也开始出现新的生机，在五大湖区出现了以钢铁业、机械制造业为主的制造业带。第三个标志是垄断资本的兴起。在19世纪中后期，美国在石油和交通各个部门出现了垄断企业。比如约翰·洛克菲勒建立的美孚石油公司，控制全美国90%的石油生产。③同时产生了金融贵族。马克思在《资本论》中说："南北战争的结果造成了巨额的国债以及随之而来的沉重的赋税，产生了最卑鄙的金融贵族，使极大一部分公有土地被分送给经营铁路、矿山等的投机家公司——一句话，造成了最迅速的资本集中。"④

马克思恩格斯从世界经济格局的高度，对美国资本主义的迅猛发展给予了充分关注。他们指出，美国资本主义在此期间有了惊人的发展，"在英国需要

---

① 张津瑞，林广. 地图上的美国史 [M]. 上海：东方出版中心，2016：107.
② 张津瑞，林广. 地图上的美国史 [M]. 上海：东方出版中心，2016：111.
③ 张津瑞，林广. 地图上的美国史 [M]. 上海：东方出版中心，2016：107-110.
④ 马克思恩格斯文集：第5卷 [M]. 北京：人民出版社，2009：886.

数百年才能实现的那些变革，在这里只用几年就完成了"①。美国资本主义发展的时候首先还是要依赖欧洲，所以马克思指出，美国的经济发展的一个重要原因就在于它仍然是欧洲的殖民地。"从那时（1866 年）以后，美国发展成为世界第二工业国，但它的殖民性质并没有因此完全失掉。"② "美国当时只是一个殖民地市场，而且是最大的殖民地市场，即输出原产品和输入工业品（当时是英国的工业品）的国家。"③

而到了 19 世纪末，马克思恩格斯看到了美国经济发展已经威胁着英国的垄断地位，从而成为历史上强大的工业国。在资本主义发展的过程中，围绕着自由贸易还是保护关税这一事关重大的根本性问题，欧美各个国家和政府都提出了不同的政策。早在 1847 年，马克思就发表了一篇关于自由贸易问题的演说，马克思认为保护关税制度是人为地制造工厂主的过渡性手段。"保护关税制度是制造工厂主、剥夺独立劳动者、使国民的生产资料和生活资料资本化、强行缩短从旧生产方式向现代生产方式的过渡的一种人为手段。"④ 恩格斯在 1888 年结合欧美资本主义国家出现的新情况，又对这一问题作了经典的阐述，用作马克思《关于自由贸易的演说》英译本的序言，这就是《保护关税制度和自由贸易》这篇著名的文章。在这篇文章中，恩格斯尤其结合英国和美国的经济发展情况，对自由贸易和保护关税这个选择问题给出了非常有深度的分析。这篇文章对于中美贸易战的当下也具有非常重要的现实意义。

恩格斯首先回顾了保护关税制度与现代工业体系的关系。现代工业体系正是在保护关税这一制度下才发展起来的。英国成为资本主义国家的头号强国，就在于它在国内实行保护关税制度，同时在国外开辟自由贸易。"英国在国内市场上实行的保护关税制度，又有了在国外强加给其商品的可能消费者的自由贸易作为补充。由于两种制度的这样巧妙的结合，到 1815 年战争结束时，英国获得了一切重要工业部门的世界贸易的实际垄断权。"⑤ 而随着国内资本主义的发展，工厂主和土地贵族之间在实行自由贸易还是实行关税保护上产生了

---

① 马克思恩格斯文集：第 10 卷 [M]. 北京：人民出版社，2009：426.
② 马克思恩格斯文集：第 1 卷 [M]. 北京：人民出版社，2009：367.
③ 马克思恩格斯文集：第 5 卷 [M]. 北京：人民出版社，2009：520 注（234）.
④ 马克思恩格斯文集：第 4 卷 [M]. 北京：人民出版社，2009：334.
⑤ 马克思恩格斯文集：第 4 卷 [M]. 北京：人民出版社，2009：335.

分歧。工厂主支持自由贸易，因为他们在世界范围内已经处于竞争的优势地位，他们需要将工业品输出，因此"他们的生存完全依赖于出口的扩大"。而如果实行保护关税的话，生产工业品的原材料的价格和劳动力的价格就会提高，从而不利于他们的经济利益。同时他们也需要国外市场处于自由贸易状态，这样工业品才能输入到其他国家和地区。而对于土地贵族而言，他们主要依赖收地租，农业发展地越好，就越有利于他们的经济利益，所以他们是支持实行保护关税制度的。经过长期激烈的斗争，工业资本家取得了胜利，并将自由贸易制度推广到全世界，这样英国才逐渐确立起头号强国的地位。

相比于英国，美国的资本主义在南北战争之后处于刚刚起步的阶段。在内战期间，由于战时需求才刺激了对各种工业品的需求，而只有建立自己本国的工业，才能满足这样的需求。战后人们逐渐认识到，应该实行保护关税制度来建立自己的民族工业。而美国本土具有非常优越的资料条件，这些条件只有在本国工业基础建立起来之后才能得到充分的开发。"在煤炭、水力、铁矿和其他矿藏、廉价食品、本土生产的棉花以及其他各种原料方面，美国拥有任何一个欧洲国家所没有的大量资源和优越条件；而只有当美国成为一个工业国的时候，这些资源才能得到充分的开发。"① 所以在这种情况下，美国实行保护关税制度是正确的，有利于处于从农业到工业过渡这一发展阶段的新兴资本家。这是在南北战争刚结束不久，而过了 25 年，情况就大为不同了。当本国资本主义的工业已经建立起来，并且具有世界范围内的竞争优势，实行自由贸易是合适的。恩格斯说："我确信，如果美国实行自由贸易，它 10 年以内将在世界市场上打败英国。"②

恩格斯分析说，关税保护制度有其固有的缺陷。它就好比一个无限的螺旋，不知道什么时候能够拧到头。比如政府对某一个工业部门实行了关税保护，这就意味着对其他部门造成了直接或间接地损害。因此也就不得不保护其他部门，而这样的话各个部门又得开始新一轮的螺旋。恩格斯说美国就是由于这样而导致了像造船业的竞争力下降。"40 年前，美国国旗是英国国旗的最危险的竞争者，在海洋上大有超过后者之势；现在它完全不行了。造船业实行保

---

① 马克思恩格斯文集：第 4 卷［M］. 北京：人民出版社，2009：339.
② 马克思恩格斯文集：第 4 卷［M］. 北京：人民出版社，2009：339.

护关税，既扼杀了航运业，又扼杀了造船业。"① 还有一点就是保护关税会导致国内生产部门生产方法和技术的滞后。"生产方法的改进在当代是这样迅速地接连不断地出现，是这样突然而彻底地改变着整个的工业部门的性质，以致昨天还可以有相当优势的保护关税，今天就不再是那样了。"② 最后一点是，保护关税制度一旦实行起来，就很难摆脱。对于 19 世纪末的美国来讲，它的民族工业部门已经彻底占领了国内市场，这样出口就会成为它的必然要求。如果不实行自由贸易的话，这种优势就会丧失。而本来应该在经济领域得到解决的问题，就理所当然地转入到职业政客、政党的头目手中，他们由于各种利益关联，会使这一问题永远悬而不决，因此政治上的妥协会耽误经济的发展。换言之，上层建筑对经济基础产生发挥作用具有一定的滞后性。

马克思恩格斯对这个问题的理解是完全放在具体的历史的情境之中的。当然他们最终是支持自由贸易的。但是马克思主义者支持自由贸易并不同于工业资本家，他们并不是支持资本主义。而是认为，自由贸易是现代资本主义生产的条件。实行自由贸易才能使资本主义的生产力得到充分的发展。而发展得越多，社会就不可避免地产生资本家和无产者这两大阶级。而由于资本主义生产过剩就会导致经济危机。这就给工人阶级从这种雇佣奴役状态中解放出来提供了条件。自由贸易会导致资本主义生产关系的成熟，而这又自然会导致社会革命。"由于自由贸易是这种历史演进的自然的、正常的环境，是最迅速地使不可避免的社会革命所必需的条件得以造成的经济培养基——由于这个原因，而且只是由于这个原因，马克思才宣布赞成自由贸易。"③ "……社会走进了死胡同，除了彻底重新塑造构成这个社会的基础的经济结构以外，没有别的出路。从这一观点出发，马克思在 40 年前宣告原则上赞成自由贸易这个更进步的办法，因而也是最快速地把资本主义社会带进这个死胡同的办法。"④

但是如果是这样的话，不实行自由贸易不就可以避免走入这种死胡同吗？实际上，保护关税制度只是人为地制造工厂主的办法，因而也是人为地制造雇佣工人的办法。因此即使实行保护关税制度，资本主义国家也不能消除自身所

---

① 马克思恩格斯文集：第 4 卷 [M]. 北京：人民出版社，2009：340.
② 马克思恩格斯文集：第 4 卷 [M]. 北京：人民出版社，2009：340.
③ 马克思恩格斯文集：第 4 卷 [M]. 北京：人民出版社，2009：336.
④ 马克思恩格斯文集：第 4 卷 [M]. 北京：人民出版社，2009：349.

固有的阶级关系和阶级矛盾。只要有资本主义生产关系，资本家和工人之间的关系就产生了。除非消除了资本主义生产关系本身，它自身所携带的革命性潜力才能消除，而这种釜底抽薪的方法资本主义国家是不可能采取的。他们会在关税保护和自由贸易两种制度之间徘徊。但是实行保护关税制度与实行自由贸易，本质上并没有什么差别。关税保护制度只是暂时拖延了一段时期，从长远来看，它"对于任何一个有望成功地争取自立于世界市场的国家都会变成不能忍受的镣铐"①。

正如同马克思恩格斯所分析的那样，经济全球化是历史的必然性，我们应该站在历史正确的一方。当前美国试图通过保护关税制度来复苏国内中小企业的生产动力，从而缓和资本主义所固有的阶级矛盾。这种措施在短时间可能会有一定的效果，但是从长远来讲，既是对经济全球化和世界市场这一经济发展规律的违背，同时也无助于解决本国所出现的阶级矛盾。

六、美国的工人运动与国际共产主义运动

马克思恩格斯认为，美国南北战争最后的确消除了种族制度这一美国最大的历史耻辱。但是工人阶级作为间接的奴隶问题不仅没有解决，相反，这一问题随着美国资本主义的迅猛发展还进一步加强了。"从内战到 19 世纪末，美国经历了一场其他国家从未经历过的最深刻的经济革命，见证了资本主义发展史上发生于劳资双方之间的最剧烈的斗争。"② 马克思恩格斯是从国际共产主义运动的角度看待美国的工人运动的，因此他们对美国工人运动的评价也反映了他们对国际共产主义运动的观点。

有人将这个时期的美国描绘为遍地黄金，是一个镀金时代。但是资本家和各级政府部门官员相互勾结，过着奢靡的生活，而同时广大的工人和农民却贫苦不堪，生活在社会的边缘和底层。"随着美国的发展进入一个成熟的工业经济阶段，'劳动问题'取代奴隶制成为公共生活中的最有影响的问题。"③ 工人阶级开始通过成立工会、举行罢工、开展示威等活动来对这个不公平不正义的

---

① 马克思恩格斯文集：第 4 卷 [M]. 北京：人民出版社，2009：350.
② 埃里克·方纳. 美国自由的故事 [M]. 王希，译. 北京：商务印书馆，2018：176.
③ 埃里克·方纳. 美国自由的故事 [M]. 王希，译. 北京：商务印书馆，2018：178.

社会政治制度进行抗争。1866年8月20日，美国工人在巴尔的摩召开全国工人代表大会，成立美国全国劳动同盟，提出组织合作社、实施八小时工作制等主张。美国工人运动逐渐壮大。1886年5月1日，为了争取八小时工作制，纽约、芝加哥、巴尔的摩、华盛顿、匹兹堡等城市两万多家企业35万工人走上街头，举行了声势浩大的示威游行。这就是著名的"五一大罢工"。芝加哥政府镇压罢工，造成全国范围内规模更加浩大的工人运动，比如1892年霍姆斯特德钢铁工人罢工、1894年普尔曼罢工、科达伦银矿罢工等等。①

马克思恩格斯时刻关注美国的工人运动。马克思为美国工人阶级的觉醒而感到兴奋："在巴尔的摩召开的美国工人代表大会使我感到高兴。那里的口号是组织起来对资本作斗争，而且令人惊讶的是，在那里，我为日内瓦提出的大部分要求由于工人的正确本能也同样提出来了。"② 他为美国工人阶级走上街头争取八小时工作制给予高度评价："土生土长的美国工人群众参加运动，是1886年最重大的事件之一。"③ 马克思恩格斯看到了美国工人阶级所蕴含的革命潜力。美国的工人运动标志着美国的工人阶级开始走向历史的舞台，而这一事件是不同寻常的。美国当时正处于发展势头的最强劲时刻，而且由于没有封建主义的束缚，资本主义发展是十分迅猛的。工人阶级即使不能成为资本家，他凭借自己的努力也能享有基本的生存条件。因此美国的工人阶级和资本家的阶级矛盾是否到革命的程度，这一点在很多人心中是存有疑问的。而美国的工人运动则向世人表明："这种幻想现在破灭了，地球上资产阶级的最后一个天堂正在迅速地变为涤罪所，而只有刚成长起来的美国无产阶级的迅速发展，才有可能使它不致像欧洲那样变为地域。美国工人在舞台上的出现，是件极不寻常的事……"④ "在这10个月中，美国社会完成了一次其他任何国家至少需要10年才能完成的变革。"⑤

马克思恩格斯认为，工人运动如果想要取得一定的成果，就必须组织工人党。"即使在最有利的政治条件下，工人阶级要取得任何重大的胜利，都有赖

---

① 张津瑞，林广. 地图上的美国史［M］. 上海：东方出版中心，2016：121.
② 马克思恩格斯全集：第31卷［M］. 北京：人民出版社，1972：533.
③ 马克思恩格斯全集：第36卷［M］. 北京：人民出版社，1974：470.
④ 马克思恩格斯全集：第36卷［M］. 北京：人民出版社，1974：482.
⑤ 马克思恩格斯文集：第4卷［M］. 北京：人民出版社，2009：316.

于培养和集中工人阶级力量的那个组织的成熟程度。"① 恩格斯分析说，在美国有三种工人性质的政党：亨利·乔治领导的纽约的运动、劳动骑士和社会主义工人党。第一种采取的形式过于狭隘，它只能作为地方性运动的基础。它的主要纲领是认为土地垄断是造成工人阶级贫穷困苦的原因，因此应该将土地交给整个社会。这一纲领仅仅涉及土地的分配权的问题，而没有涉及整个社会生产体系。因此它仍然属于资本主义性质的纲领。"社会主义者要求的是整个社会生产体系的全面变革；亨利·乔治要求的是不触动现在的社会生产方式，这实质上就是李嘉图学派的资产阶级经济学家的极端派提出的东西，这些人也要求国家没收地租。"② 劳动骑士是"整个美国工人阶级所创立的第一个全国性的组织"③，但是没有明确的政治纲领，他们是纯粹依靠本能而聚集在一起形成的组织。第三个派别社会主义工人党，主要成员是外国尤其是德国的移民。正是起源于外国，这个党具备欧洲阶级斗争的经验以及对工人阶级解放的一般条件的理解，因此"这个党必须在运动中起非常重要的作用"④。而要做到这一点，就必须"完全脱下它的外国服装，必须成为彻底美国化的党"⑤。

马克思恩格斯非常关注美国的工人运动，并将其与欧洲的工人运动结合起来分析。他们指出，美国工人阶级需要组织一个全国性的政党，同时提出明确的社会主义的政治纲领。马克思恩格斯认为，第一国际在美国也应发挥重要的作用。"国际必须在美国这块工人占优势的土地上深深地扎根。"⑥ 马克思甚至想过要把第一国际的总部迁到美国。当然美国工人组织与第一国际的分分合合以及第一国际内部的分分合合在这里并非核心的主题，兹不赘述。

从上面几方面的讨论我们可以看出，马克思恩格斯对美国资本主义给予了充分的重视。他们见证了美国内战前后资本主义的迅猛发展以及美国工人运动的高潮。总体上来看，马克思恩格斯对国际关系和外交的理解着重于世界市场和资本主义经济的发展。资本主义国家都蕴含着同样的阶级矛盾，而这一矛盾

---

① 马克思恩格斯全集：第 16 卷 [M]. 北京：人民出版社，1964：365.
② 马克思恩格斯文集：第 4 卷 [M]. 北京：人民出版社，2009：321.
③ 马克思恩格斯文集：第 4 卷 [M]. 北京：人民出版社，2009：322.
④ 马克思恩格斯文集：第 4 卷 [M]. 北京：人民出版社，2009：323.
⑤ 马克思恩格斯文集：第 4 卷 [M]. 北京：人民出版社，2009：323.
⑥ 马克思恩格斯全集：第 18 卷 [M]. 北京：人民出版社，1964：180.

随着资本主义的发展而日益突出。工人阶级应该组织起来，形成强有力的政党，并且超出本国的界限，借鉴他国工人阶级优良的运动经验，从而共同推动全世界范围内的共产主义运动。笔者尤其分析了自由贸易制度和关税保护制度在资本主义国家中所起的作用。马克思主义经典作家所提出的经典分析在当下仍然保持着强大的理论生命力。现在地方主义和贸易保护主义开始抬头，而这并不是什么新现象。马克思恩格斯告诉我们，这种现象仅仅是暂时的，资本主义国家是不能阻止自由贸易的历史必然性的。正如习近平同志所说："现在国际上保护主义思潮上升，但我们要站在历史正确的一边，坚持多边主义和国际关系民主化，以开放、合作、共赢胸怀谋划发展，坚定不移推动经济全球化朝着开放、包容、普惠、平衡、共赢的方向发展，推动建设开放型世界经济。"①

作者：孙铁根（孙铁根：外交学院马克思主义学院讲师）

---

① 习近平看望参加政协会议的经济界委员［EB/OL］. 新华网，2020-05-23.

新中国外交 70 年的基本历程与最本质特征

新中国外交是在中国共产党的领导下逐渐成长、发展起来的，新中国外交70年的历史就是中国共产党领导中国外交开拓进取、走向中国特色大国外交的历史。在新中国外交发展进程的不同阶段，中国共产党人从制度架构、理论建设和具体实践等方面为新中国外交打下了深刻鲜明的红色烙印。

一、走向独立自主，站稳脚跟，开创中国外交新纪元

反对帝国主义、殖民主义和霸权主义，独立自主地发展对外关系是中国共产党人的一贯主张。中国共产党是中国近代史上最早提出废约、真正结束不平等条约的政党。1922年6月15日，《中国共产党对于时局的主张》明确提出"取消列强在华各种治外法权"；《中国共产党第二次全国代表大会宣言》将"推翻帝国主义的压迫，达到中华民族完全独立"列为党的最低纲领。[①] 新中国成立前夕，中国共产党提出"另起炉灶""打扫干净屋子再请客"和"一边倒"的新中国三大外交政策，表明党与旧中国遗留下来的一切旧外交关系的彻底决裂，表明新中国坚定地站在社会主义和新民主主义国家一边。党通过《中国人民政治协商共同纲领》和《中华人民共和国中央人民政府公告》向世界宣告新中国独立自主的外交方针，新中国彻底告别"屈辱外交"，在风云激荡的国际环境中站稳了脚跟。

在中国共产党的直接领导下，中国外交制度逐步建立发展起来，为新中国对外工作提供了可靠的制度保障和人员保障。1949年11月8日，中央人民政

---

① 陈文斌，武国有. 中国共产党历史专题大事纵览：从一大到十八大：第1卷（1921—1949）［M］. 北京：红旗出版社，2013：27，2.

府外交部成立大会正式召开，周恩来总理兼任新中国首任外交部部长。随着与新中国建交国家的不断增加和对外工作的展开，驻外机构不断增加，1979年中国驻外大使馆达到111个，成为中国外交制度的重要组成部分。为加强党对驻外机构和驻外人员的领导，1956年8月，驻外使馆开始实行党委领导下的馆长负责制；1958年3月6日，中共中央和国务院决定，中共中央设立外事小组，全盘领导对外工作；1959年2月，中共中央发出《关于加强驻外使馆（代办处）党委统一领导的指示》进一步补充完善了党委领导下的馆长负责制。① 与此同时，在周恩来的直接领导下，新中国开始创建自己的外交队伍。新中国外交干部主要有三个来源②：一是中华人民共和国成立前就从事外事工作的原中央外事组的干部和长期做地下工作、统战工作的干部；二是从全国各大军区、各大行政区调来的领导骨干；三是从一些文科大学选择的毕业生。1951年，周恩来提出选拔培养外交干部的"十六字方针"，并制定了培养、培训外交干部的长远规划和相应的管理制度。新中国建立了一支立场坚定、忠诚于党、纪律严明、有战斗力的外交队伍，为巩固新生政权、维护国家安全、争取国际生存空间做出了重大贡献。

围绕新中国外交工作的主要任务，党提出一系列具有时代特色和中国特色的外交理论和方针政策。1953年，周恩来在中印谈判时提出和平共处五项原则，"成为现代国际关系和国际法的基本原则之一，是中国对国际关系理论和国际法理论的重要贡献"③；在中苏交恶、周边安全受到严重威胁的情况下，毛泽东提出"中间地带理论""绞索思想""东风压倒西风"等战略思想；20世纪60年代后期到70年代末期，国内国际形势发生重要变化，中国外交也相应进行了调整，提出"一条线、一大片"战略、"反对霸权"原则和"三个世界划分"理论。

新中国外交以党的外交理论为指导，全面贯彻党关于对外工作的方针政策。新中国积极同各社会主义国家和第三世界国家建立外交关系，坚决支持各国人民反帝反殖斗争，加强与亚非拉人民的团结合作，特别是同非洲国家的交

① 陈文斌，武国有. 中国共产党历史专题大事纵览：从一大到十八大：第2卷（1949—1978）[M]. 北京：红旗出版社，2013：103.
② 裴坚章. 研究周恩来：外交思想与实践 [M]. 北京：世界知识出版社，1989：303.
③ 张历历. 当代中国外交简史 [M]. 北京：人民出版社，2015：39-40.

往。1963 年年底到 1964 年年初，周恩来在非洲大陆进行了为期 72 天的访问，提出了中国对外援助八项原则，将中国同非洲国家的交往推向了新高度，为新中国重返联合国打下了坚实的基础。同时，新中国同资本主义国家展开交往、建立外交关系，在与大国交往中，积极调整同美国的关系，形成中美苏大三角格局。中国逐渐成长为独立于美苏之外的重要国际力量，有力维护了国际战略平衡和世界和平稳定。在多边外交舞台上，在日内瓦会议和万隆会议上，中国向世界展现了倡导和平外交的大国形象。1971 年 10 月 25 日，第 26 届联合国大会恢复中华人民共和国在联合国的一切合法权利。新中国外交取得重大突破，多边外交从此打开新局面。这一时期，新中国较好地处理了边界问题，以"平等、互利、友好"为原则，与缅甸、尼泊尔等国家解决了历史遗留的边界问题，改善了中国的周边环境，周边外交成果显著。

二、走向繁荣富裕，和平发展，创造和平国际环境

进入改革开放新时期，中国外交人承前启后、继往开来，中国外交制度不断发展、日益健全，外交理念和外交路线调整创新，开辟了新中国外交和平发展的新局面，为国内经济社会发展创造了和平的国际环境。

随着政府机构改革调整和外交事业的不断发展，外交部内设机构、部门职能和机构人员也发生相应变化，常驻外交代表机构、外交使团数目和规模不断增加，相应部门工作机制、各部门协调机制和立法工作全面展开。随着中国改革开放的推进和海外利益拓展，中国公民海外安全、驻外机构安全和领事保护工作日益突出，2004 年外交部设立涉外安全事务司，办公厅设立"应急办公室"，并建立境外突发事件应急机制；2006 年外交部领事司内设立领事保护处，2007 年外交部设立领事保护中心，等等。为加强党对驻外机构和驻外人员的集中统一领导，确保驻外机构有法可依，2009 年 10 月，我国通过首部针对驻外外交人员的立法《中华人民共和国驻外外交人员法》，其主要内容包括：创设七级外交衔级制度；确立驻外外交机构馆长负责制；规定驻外外交人员的职责、任职条件、义务和权利等。同时，外交人事制度、考录制度，特别是公务员制度和监督检查制度日益健全完善，为改革开放新时期外交干部队伍建设提供了法律保障和制度保障。

在世界两极格局发生新变化、党的工作重心转向经济建设的历史新时期，

新中国外交坚持独立自主的和平外交政策，在一些重要领域和重要方面对外交理论和外交路线做出重大发展和重大调整。首先，改变"一条线"战略，坚持独立自主、自力更生，实行"真正的不结盟"；冷战结束后，在发展大国关系方面，明确提出"伙伴关系"，顺应国际形势的新变化。其次，确立国家利益和人民利益为处理对外交往问题的"最高准则"，按社会制度和意识形态决定国与国关系的时代一去不复返了。另外，提出"和平与发展"的时代主题，把争取和平作为对外政策的首要任务，推动新时期中国外交全面转型。进入新世纪，在总结改革开放以来中国发展经验基础上，明确提出"中国的和平发展"的命题，完整回答了"中国选择了一条什么样的发展道路，中国的发展对世界意味着什么?"① 最后，坚持对外开放、互利共赢，建立国际政治经济新秩序，同国际社会一道努力，推动建设持久和平、共同繁荣的和谐世界。

在苏联解体、世界社会主义运动走向低谷，中国进入改革开放的新时期，新中国外交在新理论、新战略、新方针的指导下，砥砺前行，全方位外交成绩斐然。在大国关系方面，坚决反对霸权，维护和平，发展同美国、日本、西欧国家的正常关系，改善对苏关系。苏联解体后，中国与俄罗斯和独联体国家建立外交关系，中俄交往逐渐进入两国 300 年交往史上最好的时期之一。② 在周边外交方面，中国不断取得新进展，历史遗留双边陆地谈判问题基本得到解决，创造了"中国与周边国家关系的历史最好时期"③，为中国赢得相对稳定和平的周边环境。在同发展中国家交往方面，坚持把加强和发展同第三世界国家的团结和合作作为中国对外工作的一个基本立足点，确立交往原则，全面发展同第三世界国家的关系，不断深化与发展中国家的合作。随着中国对外开放程度的不断提高，中国多边外交进入全面发展的新时期，中国恢复了一些重要国际组织的合法席位，参与了 100 多个政府间国际组织，在国际社会树立了维护世界和平、负责任的大国形象。自 2001 年 11 月中国正式加入世界贸易组织

① 中华人民共和国国务院新闻办公室. 中国的和平发展. 白皮书［EB/OL］. 中国政府网，2011-09-06.
② 齐鹏飞，李葆珍. 新中国外交简史［M］. 北京：人民出版社，2014：241.
③ 张清敏. 70 年外交实践的辉煌成就与中国特色大国外交新局面［EB/OL］. 中国新闻网，2019-05-31.

以来，中国多边外交更为活跃，成为中国外交发展最快的领域。①

实行"一国两制"，推进祖国统一大业。完成祖国统一大业是中国各族人民的根本利益所在，是中华民族复兴的应有之义，是中国共产党人肩负的光荣伟大的历史使命。党的十一届三中全会后，党中央开始考虑国家和平统一问题。1978 年年底，邓小平首次在世界范围内公开提出"一个国家，两种制度"理论，对马克思主义外交理论做出了重大创新，为解决香港、澳门和台湾问题奠定了坚实充分的理论基础。经过两年多几十轮谈判，1984 年 12 月 19 日，中英两国正式签署《中英关于香港问题的联合声明》，香港问题最终得到和平顺利解决。1997 年、1999 年，中国恢复在香港、澳门行使主权，维护了祖国领土完整。值得注意的是，邓小平在解决香港问题时，始终把香港的繁荣稳定和中国对香港行使主权看成一个问题不可分割的两个方面。香港的繁荣稳定根本上在于在中国共产党的领导下，实行适合于香港的政策。

三、走向伟大复兴，合作共赢，全面推进中国特色大国外交

党的十八大以来，以习近平同志为核心的党中央深刻把握新时代国内国际大局，引领中国外交人锐意进取，开启了新中国外交制度改革创新的历程，在理论上形成了习近平新时代中国特色社会主义外交思想，在实践中成功探索出中国特色大国外交之路。

改革创新中国外交制度。2013 年 10 月 24 日，习近平总书记在周边外交工作座谈会上首次提出："要推进外交工作改革创新，做好外交工作统筹兼顾，把外交工作办得更好。"② 习近平总书记的讲话全面开启了新中国外交改革创新发展的新时期。首先，进入新时代，对外工作的内涵和外延不断拓展，为了更好地服务国内开放发展大局，外交部采取一系列新举措，打造外交服务发展的"三大平台"③。为贯彻落实"外交为民"的外交宗旨，外交部构建完善海

---

① 张历历. 当代中国外交简史 [M]. 北京：人民出版社，2015：376.

② 习近平在周边外交工作座谈会上发表重要讲话 [EB/OL]. 新华网，2013-10-25.

③ 三大平台分别是：以主场外交为平台，提升各主办城市的国际知名度和发展格局；以共建"一带一路"为平台，支持各地方同沿线国家开展交流合作；以外交部省区市全球推介活动为平台，重点协助中西部地区扩大对外开放。王毅. 服务国内发展是中国外交的重要使命 [EB/OL]. 人民政协网，2019-03-08.

外权益保护体系，统筹推进海外中国平安体系建设，切实保障中国公民、企业和机构的海外合法权益。其次，扎实推进对外工作体制机制改革，形成适应新时代要求的驻外机构管理体制。2017年2月6日，习近平总书记主持召开中央全面深化改革领导小组第三十二次会议，会议共通过12份文件，其中涉及外交外事领域的有5份，涵盖党对地方外事工作领导体制改革、驻外机构领导机制、管理体制和监督机制改革、援外工作改革、对外工作队伍建设改革和外国人永久居留证件便利化改革等。第三，习近平总书记对中国外交人员提出"四个永葆"要求，全面建设一支忠于党、忠于国家、忠于人民，政治坚定、业务精湛、作风过硬、纪律严明的对外工作队伍。2016年3月，中国外交培训学院正式成立，这是党中央、国务院为全面推进新时代中国特色大国外交采取的重要战略部署。为进一步提升干部队伍的政治素质和业务能力，加强党对外交队伍的领导，外交部狠抓外交战线党风廉政建设，建立了具有自身特色的廉政制度，并通过多种措施致力打造一支坚强的党务干部队伍。

形成习近平外交思想。在新时代波澜壮阔的外交实践中，习近平总书记坚持马克思主义的立场、方法、原则，吸取新中国成立以来对外交往的基本经验，继承新中国外交的优良传统，提出了一系列具有中国特色、体现时代精神、面向人类未来的新理念、新主张、新倡议，形成了习近平新时代中国特色社会主义外交思想，即习近平外交思想。习近平外交思想内涵丰富，特色鲜明，其要旨体现为"十个坚持"①，涵盖了中国特色大国外交的核心内容和主要方面，是对"建设一个什么样的世界、如何建设这个世界"重大课题做出的积极回应，是马克思主义外交思想中国化的最新理论成果。2018年6月，中央外事工作会议确立了习近平外交思想对我国对外工作的指导地位，对推进新时代对外工作具有重大意义。习近平外交思想是习近平新时代中国特色

---

① "十个坚持"：坚持以维护党中央权威为统领加强党对对外工作的集中统一领导；坚持以实现中华民族伟大复兴为使命推进中国特色大国外交；坚持以维护世界和平、促进共同发展为宗旨推动构建人类命运共同体；坚持以中国特色社会主义为根本增强战略自信；坚持以共商共建共享为原则推动"一带一路"建设；坚持以相互尊重、合作共赢为基础走和平发展道路；坚持以深化外交布局为依托打造全球伙伴关系；坚持以公平正义为理念引领全球治理体系改革；坚持以国家核心利益为底线维护国家主权、安全、发展利益；坚持以对外工作优良传统和时代特征相结合为方向塑造中国外交独特风范。

社会主义思想的重要组成部分，是中国外交外事工作的行动指南，"为进入新时代的中国外交提供了根本遵循，也为探索解决当今世界各种复杂问题指明了方向"①。

开辟中国特色大国外交道路。2014年，习近平总书记在中央外事工作会议上指出："中国必须有自己特色的大国外交。我们要在总结实践经验的基础上，丰富和发展对外工作理念，使我国对外工作有鲜明的中国特色、中国风格、中国气派。"② 中国特色大国外交以中国共产党的领导和中国特色社会主义为根本，以实现中华民族伟大复兴为使命，积极拓展全方位、多层次、立体化外交布局，发展全球伙伴关系，为中国和平发展创造了良好的外部条件；中国特色大国外交以维护世界和平、促进共同发展为宗旨，以构建人类命运共同体为终极目标，坚持和平发展道路，推动建设新型国际关系，积极参与引领全球治理体系改革和建设；中国特色大国外交倡导共建"一带一路"，成果丰硕、成绩辉煌。"一带一路"倡议"开辟了我国参与和引领全球开放合作的新境界，在世界发展史上具有里程碑意义"③。

构建全球伙伴关系网。党的十八大以来，在习近平外交思想的引领下，"中国继续弘扬伙伴精神，沿着对话而不对抗、结伴而不结盟的国与国交往新路坚定前行，努力推动构建总体稳定、均衡发展的大国关系框架，深化同周边国家关系，加强同发展中国家团结合作"④，开展了一系列重大外交活动，形成了覆盖全球的"朋友圈"。同主要大国关系总体稳定、均衡发展：中国积极推动中美关系协调、合作、稳定发展，有力捍卫我国核心利益和正当权益；中俄全面战略协作伙伴关系不断注入新动力，政治互信、战略互信进一步增强，是"当今世界结伴而不结盟、与时俱进并不断创新的新型大国关系楷模"⑤；中国坚定支持欧洲一体化进程，中欧共同维护多边主义，和平、增长、改革、文明四大伙伴关系不断取得新发展，为世界注入更多稳定因素。努力维护周边

①　王毅谈中国外交70年：开拓进取、攻坚克难 [EB/OL]. 中国新闻网，2019-03-08.
②　习近平谈治国理政：第2卷 [M]. 北京：外文出版社，2017：443.
③　中共中央宣传部. 习近平新时代中国特色社会主义思想三十讲 [M]. 北京：学习出版社，2018：298.
④　中华人民共和国国务院新闻办公室. 新时代的中国与世界 [EB/OL]. 中国政府网，2019-09-27.
⑤　中俄不结盟，却成为新型大国关系楷模 [EB/OL]. 海外网，2018-09-11.

形势稳定和区域合作，同周边各国建立了伙伴与合作关系，解决了大多数历史遗留问题，周边环境出现全面向好的积极势头，周边外交实现新突破。中国始终秉承正确义利观和真实亲诚理念，不断加强同发展中国家的团结合作，实现了中国同发展中国家集体对话机制的全覆盖，形成了"携手共进、共同发展"的新局面。①

全面推动各领域外交。党的十八大以来，政党外交、议会外交、军事外交、公共外交、民间外交等各条外交战线充分发展，互相配合，形成党总揽全局、协调各方的对外工作大协同局面，为推动构建新型国际关系做出积极贡献。截至 2018 年，中国共产党同 160 多个国家和地区的 500 多个政党和政治组织保持经常性联系，一个全方位、宽领域、多层次的政党外交格局和国际政党交流合作网络已经形成。② 成立了相关工作部门统筹协调，推进各条外交战线对外工作顺利开展，如 2016 年调整组建军委国际军事合作办公室，主要负责对外军事交流合作、管理和协调全军外事工作等，2017 年中联部成立中国社会组织国际交流协调管理办公室，有效推动人民团体和社会组织对外交往的科学发展。与此同时，中国在文化、科技、教育、旅游、卫生等各领域不断加强国际交流合作，在海洋治理、极地治理、外空治理等新型领域开展全球治理，加强国际合作，为世界和平发展贡献中国力量、中国方案、中国智慧。

四、坚持党对外交外事工作的领导是新中国外交的最本质特征

2014 年 9 月 5 日，习近平总书记在庆祝全国人民代表大会成立 60 周年大会上指出："中国共产党的领导是中国特色社会主义最本质的特征。"③ 这一重要论断深刻地揭示了党的领导与中国特色社会主义的内在统一性，是科学社会主义基本原理同习近平新时代中国特色社会主义伟大事业相结合的崭新理论成果。中国共产党的领导地位是历史和人民的选择，是宪法的明文规定，没有共产党就没有新中国，就没有新中国的繁荣富强。

外交是国家意志的集中体现，外交外事工作是中国社会主义事业的重要组

---

① 王毅. 以习近平外交思想为引领 不断开创中国特色大国外交新局面 [EB/OL]. 中国政府网，2019-01-01.

② 宋涛. 不断推进党的对外工作理论和实践创新 [N]. 人民日报，2019-09-28（15）.

③ 习近平谈治国理政：第 2 卷 [M]. 北京：外文出版社，2017：18.

成部分，新中国外交"必须坚持中国共产党领导和中国特色社会主义。对我国对外工作来说，这是管根本的一条"①。2018 年 5 月 16 日，习近平总书记在中央外事工作委员会第一次会议上再次强调，要"加强党中央对外事工作的集中统一领导"②。新中国外交 70 年的历史证明，新中国外交制度是在党的直接领导下建立和发展起来的，新中国外交的成就首先归功于党的领导，党的领导是中国外交最根本的政治保障③，是中国外交的"第一个特色"④。70 年来，中国外交外事工作坚决服从党中央的集中统一领导，在各级外交外事战线全面贯彻执行党的路线方针政策，确保了外交工作正确的政治方向和外交政策的连续性、稳定性。党的领导是中国外交的"定盘星"，"是中国外交的灵魂"⑤，是中国外交社会主义属性的根本表现，是中国外交的最本质特征。党对外交外事工作的集中统一领导不是空洞的、抽象的，而是贯穿了新中国外交的整个历史进程，体现在对外工作的各个领域。

党的思想、政策领导。党中央制定的理论和路线方针政策，是全党全国各族人民统一思想、统一意志、统一行动的依据和基础。⑥ 党的根本指导思想、外交思想和对外工作的路线方针政策，凝聚外交战线各方力量，决定了新中国外交的整体面貌。坚持马克思列宁主义的思想指导，是中国外交 70 年辉煌历程的思想保障。中国共产党人从中国的具体外交实际和实践出发，继承发展马克思主义外交思想，在中国特色大国外交实践中不断推进马克思主义外交思想中国化。一方面，党根据国内国际形势的变化，在不同历史时期通过党的代表大会政治报告、重要会议和重要场合讲话提出指导外交工作的新理念、新思想和新策略；另一方面，党对时代主题、国内国际发展大局、大势做出正确判断，准确把握外交工作发展规律，逐渐形成了一系列具有普遍价值和长

---

① 中国外交必须具有自己的特色：论贯彻落实中央外事工作会议精神 [N]. 人民日报，2014-12-01 (1).
② 加强党中央对外事工作的集中统一领导　努力开创中国特色大国外交新局面 [N]. 新华每日电讯报，2018 -05-16 (1).
③ 王毅谈中国外交 70 年：开拓进取、攻坚克难 [EB/OL]. 中国新闻网，2019-03-08.
④ 王恬. 奋力开拓中国特色大国外交新局面：访外交部部长王毅. [EB/OL]. 中国网，2017-08-30.
⑤ 王毅. 谱写中国特色大国外交的时代华章 [N]. 人民日报，2019-09-23 (7).
⑥ 习近平谈治国理政：第 2 卷 [M]. 北京：外文出版社，2017：21.

期指导意义的思想原则、价值原则和工作原则，是中国外交外事工作从胜利走向胜利的思想法宝。进入新时代，以习近平同志为核心的党中央高瞻远瞩，引领新中国外交走出一条具有中国特色的大国外交之路，习近平外交思想是对新时代中国外交实践的理论总结，是引领中国特色大国外交不断推进的思想灯塔。

党对外交制度的领导。党是新中国外交制度的缔造者，党对外交制度的集中统一领导体现在党对外交机构、外交外事工作协调机构和工作机制的绝对领导，体现在对外交干部队伍的绝对领导。首先，在已有外交机构架构基础上，设置中国外交外事工作的协调机构如中央国家安全委员会等，召开全国性外交外事工作会议，如中央外事工作会议、驻外使节工作会议等，2013 年 10 月 24 日至 25 日，召开了新中国成立以来首次周边外交工作座谈会。2018 年 3 月，为加强党中央对涉及党和国家事业全局的重大工作的集中统一领导，中央外事工作领导小组改为中央外事工作委员会，中央海洋权益工作领导小组并入委员会。习近平总书记担任中央外事工作委员会主任，"这在中华人民共和国历史上是空前的"①。此外，外交部内增设党务机构，驻外使领馆设党的组织。近年来，外交部以建设"素质好、能力强、作风硬、懂外交的'两委'干部队伍"为目标，通过建立、完善"政工参赞制度"，通过组织集中培训、大使参赞培训班、驻外使领馆党委委员培训班等方式，持续加强、改善党对外交机构的领导。② 最后，始终坚持"政治第一"的外交干部选拔标准。党向来重视对外交干部的选拔和培训工作。在新中国成立初期，我国首次派出的 15 位大使，12 位是从中国人民解放军中选调的将军，被称为"将军大使"，外交队伍则被称为"文装解放军"。在新时代，习近平总书记高度重视领导干部的政治素质和政治能力，提出"坚定理想信念，对党、国家、人民绝对忠诚，是外交人员的根和魂"，外交干部要"自觉在思想上政治上行动上同党中央保持高度一致，坚决维护党中央权威和集中统一领导，坚决贯彻执行党中央外交方针政策，坚

---

① 卫灵. 中国特色大国外交的理论构建与实践创新 [J]. 人民论坛·学术前言，2019（5下）：70-77.

② 邓波清. 外交部：涵养党务干部成长的活水 [J]. 紫光阁，2015（7）：57.

决维护国家利益和民族尊严"。①

党对总体外交的直接参与。中国共产党通过政党外交和元首外交实际参与到国家总体外交中，是新中国外交的重要组成部分。中国共产党成立之初就开展了对外交往工作，至今已有98年的历史。新中国成立后，成立了专门从事党的对外联络工作的中共中央对外联络部，有力地推动了党同各国共产党、工人政党、侨党和其他进步力量的联络工作，为新中国外交做出了积极贡献。改革开放后，中国特色政党外交进入全新发展时期，特别是进入新时代以来，中国共产党致力于同各国政党建立新型政党关系，共同"推动构建人类命运共同体，携手建设更加美好的世界"②，成为中国特色大国外交的有机组成部分和重要推动力量。党的十八大以来，习近平总书记积极开展元首外交，不断扩大中国在世界范围的朋友圈，取得了丰硕的外交成果。2019年6月，习近平总书记参加4场国际会议，踏上5个国家土地，进行4次国事访问，出席约90场双多边活动，累计出访13天。繁忙的"外交月"创下了新中国外交单月出访的历史记录，书写了中国特色大国外交的新华章。

"中华民族伟大复兴，绝不是轻轻松松、敲锣打鼓就能实现的，实现伟大梦想必须进行伟大斗争。"③ 面对严峻的国内外形势和斗争任务，中国外交人要进行"有方向、有立场、有原则"的斗争，这个方向"就是坚持中国共产党领导和我国社会主义制度不动摇"④，就是要坚持党对外交外事工作的集中统一领导，在中国特色大国外交实践中不断加强、完善党的领导，在新的斗争中实现中华民族伟大复兴的伟大梦想。

外交工作是中国社会主义事业重要组成部分，伴随着中华人民共和国70年风雨历程，中国外交之路越走越清晰、越走越宽阔。在机遇和挑战并存的新时代，新中国外交前途光明，对外工作任重道远。新中国外交要坚持以习近平

---

① 习近平接见2017年度驻外使节工作会议与会使节并发表重要讲话 [EB/OL]. 新华网，2017-12-28.

② 携手建设更加美好的世界：习近平在中国共产党与世界政党高层对话会上的主旨讲话 [EB/OL]. 央视网，2017-12-01.

③ 习近平在中央党校（国家行政学院）中青年干部培训班开班式上发表重要讲话 [EB/OL]. 央视网，2019-09-03.

④ 习近平在中央党校（国家行政学院）中青年干部培训班开班式上发表重要讲话 [EB/OL]. 央视网，2019-09-03.

外交思想为指导，继续秉持"独立自主""平等待人""公平正义""互利共赢"① 的基本原则，不断开拓中国外交工作新局面，开辟中国特色大国外交新境界。

作者：孟艳（孟艳：外交学院马克思主义学院讲师，本文发表于《高校马克思主义理论研究》，2019 年第 3 期）

① 王毅在第 74 届联合国大会一般性辩论上的讲话［EB/OL］. 中评网，2019-09-29.

百年党的对外工作的根本经验与启示

　　善于总结历史经验，是中国共产党的优良传统和政治优势。科学总结党的对外工作历史经验，是党的对外工作理论和实践创新的前提和基础。在百年奋斗历程，尤其是新中国成立以来的历史实践中，党的对外工作始终坚持和不断发展马克思主义党际关系理论，始终坚持服务于党和国家中心工作、核心使命和国家总体外交，始终坚持党际关系四项基本原则，处理好意识形态与超越意识形态关系，正确处理党际关系与国家关系的辩证统一，处理好与执政党和在野党的关系，处理好与共产党和其他类型政党之间的关系，这些都构成了党的对外工作的重要历史经验。综合考察，这些经验又可以进一步汇聚到不干涉原则、国家利益（国家关系）、意识形态三个焦点，即始终坚持不干涉内部事务原则，始终坚持"国家利益至上"的总要求，在超越意识形态的同时充分认识国际意识形态斗争的尖锐性和极端重要性，这三条既是党的对外工作最为重要的历史经验，也是党的对外工作站在新的历史起点的重要启示。

一、始终坚持不干涉内部事务原则

　　考察对外党际关系基本规范，主要是指党际关系四项基本原则，如果交往双方都是执政党，和平共处五项原则也是适用规范。在各项规范中，如果说独立自主是其中的核心精髓的话，那么不干涉内部事务原则在当今处理党际关系和国家关系实践中，具有更为重要的现实意义和更加关键的作用。这一原则要求我们既不允许别的国家政党利用各种借口干涉我们的内部事务和我国内政，也不允许利用我们的影响力去干涉别的国家和政党的内政和内部事务。1954年12月毛泽东与应邀访华的缅甸总理吴努谈到缅甸共产党问题时阐明了中共的不干涉原则。当时，吴努希望中共派一些公正的人士到缅甸实地研究考察。毛泽东说，我们派观察团到缅甸去，是不妥当的。吴努说，你们是应我们的邀请而来的，不是违背我们的意愿而来的，因此不是干涉内政。毛泽东说：不能说凡是政府愿意的，就不是干涉内政。一个国家到另外一个国家的土地上建立军事基地，附带军事和政治条件的援助和贷款，建立宗教机关进行间谍活动等，就是干涉内政；纯属于内政范围的事，如民族之间或党派之间的斗争，如果外国介入，就是干涉内政。① 显然，涉及交往对方内部事务，即便对方同意、受到邀请介入对方内部事务，我们也不能接受，否则就是"干涉"。

20 世纪 70 年代末，邓小平谈到对外党际关系时多次强调指出，如何理解马克思主义、社会主义，选择什么样的道路，实行什么样的制度，应该由他们自己去决定，我们不做评判。1991 年 12 月南非共产党八大召开，中共代表团应邀与会。南非共围绕文件草案中究竟是社会主义还是"民主社会主义"进行了讨论，当大会组织的记者会有人问中共代表团对此的看法时，中共代表明确表示，"一个党信奉什么社会制度、信仰何种意识形态，这是他们自己的选择，也是他们的权利和内部事务，我们不予评论"②。恪守党际关系四项基本原则，尤其不干涉原则，是破解消除一些发展中国家政党对我方疑虑戒心、破解"中国威胁论"的重要法宝。而其中"他们最称道的是互不干涉内部事务"。一位非洲政党领导人说："永远不忘记中国兄弟的友好情谊。唯有中国朋友不像其他国家那样指手画脚，从未说过一句不该说的话，更未干涉过我们党的内部事务。"③ 1992 年 4 月中共友好代表团访问马来西亚，第一次与马执政党"巫统"进行党际交往，该党对党际关系四项基本原则十分赞赏，尤其对互不干涉内部事务原则感兴趣，"因为马来西亚是小国，不可能干涉别国内政。"④ 因此，中共作为大党、又领导中国这样的大国，坚持不干涉原则，具有特殊的意义。

不干涉原则，除了不干涉对方党的内部事务和执政党所领导国家的内政，还包括不利用对方的内部事务和内政针对第三国第三方。2007 年 11 月 30 日至 12 月 4 日中联部王家瑞部长率团访问尼泊尔，会见了尼共（毛）领导人，在谈到尼泊尔与中印关系时，普拉昌达主席说，尼受制于印度，如果没有中国的

---

① 毛泽东年谱 1949—1976：第 2 卷 [M]. 北京：中央文献出版社，2013：322-323.
② 蒋光化. 访问外国政党纪实 [M]. 北京：世界知识出版社，1997：615.
③ 蒋光化. 访问外国政党纪实 [M]. 北京：世界知识出版社，1997：670.
④ 蒋光化. 访问外国政党纪实 [M]. 北京：世界知识出版社，1997：631.

平衡，尼的独立、主权和领土完整就没有保证，希望中国发挥更加积极的作用，只要有助于维护尼的独立、主权和领土完整，支持尼的和平进程和繁荣稳定，就不是干涉尼的内政。王家瑞重申不干涉内政原则，强调中国党和政府高度重视发展中尼关系，但这种关系不针对第三国。① 2009 年 12 月日本民主党党首小泽一郎率团访华期间，在与胡锦涛总书记的会谈中，小泽虽极力表示他在民主党选举中的地位及对 2010 年参议院选举的信心，但胡锦涛仅表示，中国共产党重视同日本民主党的友好交流，愿与民主党一道，不断健全和完善两党交流机制，共同把这一机制打造成两国执政党开展对话、增进互信、促进合作、共谋发展的重要平台，为中日战略互惠关系长期健康深入发展作出贡献。②

　　由此可见，中共坚持不干涉原则的实践，有两个显著特点，一是一种行为是否构成"干涉"，不以是否经对方同意或邀请为前提，只要介入对方内政和事务就是干涉。二是，与对象党交往不针对第三方或第三国。这两点中，尤其是第一点十分重要。历史和现实表明，一些大党、大国，在与小党小国交往中，为了避免受到国际社会谴责，往往对小党小国暗中威逼利诱，迫使对方邀请、同意自己介入对方内部事务。十九大报告指出，"中国无论发展到什么程度，永远不称霸，永远不搞扩张"。③ 中国坚持彻底的不干涉原则，对于反对大党主义大国主义，破解"国强必霸"的西方逻辑，消除"中国威胁论"，都具有十分重要的现实意义。不干涉原则，正是我们党在党际交往和国际事务中的"软实力"所在。

二、坚持"国家利益至上"的总要求

　　始终坚持以维护国家利益、促进国家关系作为发展对外党际关系的总依归和总要求。回顾对外党际关系史，从"以意识形态划线"到"超越意识形态"、从政党外交替代国家外交到政党外交内嵌于国家总体外交，在处理党际关系与国家关系、执政党与在野党、共产党与其他类型政党辩证关系的过程

---

①　艾平. 双洲记：政党国际交往亲历 [M]. 北京：当代世界出版社，2018：204.

②　李广民，欧斌. 从与日本民主党的交流看中共政党外交 [J]. 北京：中共党史研究，2010（2）：104.

③　党的十九大报告辅导读本 [M]. 北京：人民出版社，2017：58.

中，无论是在哪个阶段，处理哪一对关系，国家利益、意识形态都是关涉其中的核心问题，意识形态与国家利益的相互关系，无疑是其中最根本的，而如何处理这一对关系即成为贯穿政党外交和对外党际关系始终的主线，这正是由政党外交的双重属性决定的。从历史实践来看，无论是政党关系，还是国家关系，政党之间，国家之间，不管意识形态相同不同，要发展双边关系并始终保持下去，其中起决定性作用的，往往不是意识形态，而是国家利益；即便是意识形态相同的政党之间，如果缺乏惠及双边关系的利益作为基础，那么这种仅仅以意识形态为纽带的关系也是不可持续的，这方面社会主义国家之间政党外交曾留下了深刻教训；如果政党之间国家之间存在连接双方的共同的利益纽带、特别是存在战略互惠，即便意识形态不同甚至对立，双方也是可以在相互合作的基础上建立起党际关系、推动国家关系。正因如此，20世纪70年代末以后，中国共产党在总结历史经验教训的基础上，果断提出超越意识形态的政党外交新要求，把维护国家利益、促进国家关系作为发展对外党际关系的基本出发点，在政党交往中，除了意识形态理念、治国理政经验的交流，积极探索服务于国家关系发展的新方式、新渠道、新机制，把经贸务实合作融入政党外交，助力化解双边关系中的分歧障碍，不断增强双边关系的韧性。

把国家利益和国家关系作为政党外交的根本出发点，不仅是历史经验教训的结晶，而且更是"国家利益至上"这一准则的根本要求。只要人类社会仍然是以民族国家为基本构成单元，国家利益原则都始终是包括政党外交在内的任何国际政治行为主体和外交形式所必须坚持和遵循的。新中国成立后到20世纪70年代末之前，以毛泽东为核心的党的领导人，虽然没有明确"国家利益至上"的准则，但始终以特殊方式坚定地维护着国家利益，60年代初中苏意识形态论战期间毛泽东指出，苏联领导搞大国沙文主义，这是中苏关系中的核心问题，是要害所在。这个问题不解决，我们跟苏联之间的纠纷是一天也不会停止的。① 实际上赋予了国家利益以至高地位。1989年10月，邓小平在会见美国前总统尼克松时说："我们都是以自己的国家利益为最高准则来谈问题和处理问题的"，"考虑国与国之间的关系主要应该从国家自身的战略利益出

---

① 吴冷西. 十年论战：下 [M]. 北京：中央文献出版社，1999：852.

发"①。邓小平明确把国家利益作为中国对外关系的"最高准则"。十八大以后，习近平总书记在阐述党和国家内外政策时正式提出"国家利益至上"。2016 年 8 月 28 日，习近平总书记对中国航空发动机集团公司成立作出重要指示，指出："希望你们牢记使命、牢记责任，坚持国家利益至上，坚持军民深度融合发展……"② 2018 年 4 月 17 日习近平总书记在十九届中央国家安全委员会第一次会上明确提出"国家利益至上是国家安全的准则"③，这一论断既是总体国家安全观的根本指导，也是包括政党外交在内的国家总体外交的根本遵循。

随着中国特色社会主义进入新时代，中国与世界联系越来越紧密，中国把实现国家利益与各国共同利益结合起来。习近平总书记指出："我们要树立世界眼光，更好把国内发展与对外开放统一起来，把中国发展与世界发展联系起来，把中国人民利益同各国人民共同利益结合起来，不断扩大同各国的互利合作，以更加积极的姿态参与国际事务，共同应对全球性挑战，努力为全球发展作出贡献。"④ 习近平总书记进一步指出："我们应该倡导人类命运共同体意识，在追求本国利益时兼顾他国合理关切，在谋求本国发展中促进各国共同发展，建立更加平等均衡的新型全球发展伙伴关系。"⑤ 人类命运共同体以及紧密关联的"一带一路"等国际公关产品，作为连接中国国家利益和各国共同利益的中国理念和中国方案，成为新时代政党外交的方向指引，把"国家利益至上"的原则提升到历史的新高度、新境界。

三、充分认识国际意识形态斗争的尖锐性和极端重要性

必须正确处理意识形态价值理念的超越和坚持，充分认识国际意识形态斗争的尖锐性和极端重要性。一方面，必须始终坚持党际关系中超越意识形态的

① 邓小平文选：第 3 卷 [M]. 北京：人民出版社，1994：330.

② 习近平. 加快实现航空发动机及燃气轮机自主研发和制造生产 为把我国建设成为航空强国而不懈奋斗 [N]. 人民日报，2016-08-29 (1).

③ 习近平. 习近平在十九届中央国家安全委员会第一次会议上强调全面贯彻落实总体国家安全观开创新时代国家安全工作新局面 [N]. 人民日报，2018-04-18 (1).

④ 习近平谈治国理政 [M]. 北京：外文出版社，2014：248-249.

⑤ 习近平. 弘扬传统友好 共谱合作新篇：在巴西国会的演讲 [N]. 人民日报，2014-07-18 (3).

基本准则，不受意识形态差异的牵扯，同一切愿意与我往来的政党发展关系，坚决打破自我设限、画地为牢的做法，不因意识形态的差异分歧妨碍发展国家关系；放弃"意识形态挂帅"的做法，淡化意识形态，不搞意识形态争论，坚持以国家利益、国家关系为根本导向。正如邓小平在谈到党的对外工作时所说："不要给自己设置障碍，不要孤立于世界之外"，"要重视广泛的国际交往，同什么人都可以打交道，在打交道的过程中趋利避害"①。另一方面，必须充分认识到，作为联系纽带，单纯的意识形态相对于国家利益而言具有脆弱性，但作为一种信仰体系，意识形态又具有坚韧性、伸展性和强大凝聚力，相同意识形态之间天然的亲和力，不同意识形态之间相互排斥，进行激烈斗争。20世纪70年代末中国共产党开始调整对外方针，实践中，首先恢复和发展的是意识形态相同的各国共产党的关系，其次是与非洲拉美那些意识形态相近的左翼民族主义政党进行往来，再次是发展与意识形态上有某些交集的社会党（它们虽然与不赞同马克思主义意识形态，但主张民主社会主义）以及其他民族主义政党的关系，最后是意识形态对立的资产阶级政党（自由党、保守党等）。共产党、社会党、民族主义政党构成了中共政党外交的交往主体；而与资产阶级政党的交往，相比较而言，起步晚，往来不多，质量不高，主要在于，这些政党囿于意识形态的偏见，仍然对发展与中共的关系顾虑重重。实际上，在西方，包括资产阶级政党、社会党等在内的主流政党，对于发展同中共的关系始终存在意识形态上的隔阂，不仅如此，这些政党及其国家始终没有放弃冷战思维，企图对中国进行和平演变。意识形态斗争作为外交国际政治斗争的重大问题，将长期存在。

早在1957年毛泽东指出："无产阶级和资产阶级之间在意识形态方面的阶级斗争，还是长期的，曲折的，有时甚至是很激烈的。"② 第二次世界大战后，西方国家挑起"冷战"，资本主义和社会主义两大阵营激烈对抗斗争，到20世纪80年代末，东欧剧变苏联解体，国际共产主义运动走向低潮。但社会主义的历史并未因此"终结"，中国等国家继续坚持走社会主义道路。这种情况下，西方国家坚持冷战思维，企图对中国进行和平演变。1989年11月23日，邓小

---

① 邓小平文选：第3卷［M］. 北京：人民出版社，1993：202，260.
② 毛泽东文集：第7卷［M］. 北京：人民出版社，1999：230.

平会见坦桑尼亚革命党主席尼雷尔时指出："西方国家正在打一场没有硝烟的第三次世界大战。所谓没有硝烟，就是要社会主义国家和平演变。东欧的事情对我们说来并不感到意外，迟早要出现的。东欧的问题首先出在内部。西方国家对中国也是一样，他们不喜欢中国坚持社会主义道路。"① 西方国家一方面与中国积极接触，另一方面始终戴着意识形态的有色眼镜，打着"自由""民主""人权"等旗号，对中国推行价值观外交，始终把意识形态目标作为对华交往的基本出发点。

十八大以来，以习近平同志为核心的党中央肩负中华民族伟大复兴的历史使命，高度重视意识形态问题，强调"意识形态工作是党的一项极端重要的工作"②，做出了一系列重要部署。在这一问题上，党中央始终保持了清醒认识。十九大报告指出："意识形态领域斗争依然复杂，国家安全面临新情况"③。法国前总统密特朗去世前谈到法美关系时曾说：我们与美国正处于战争之中。是的，一场永恒的战争之中，一场生死攸关的战争，一场经济战争，一场看上去不会死人的战争。是的，他们冷酷无情，这些美国人，他们贪婪成性，他们一心要独自攫取对世界的权利。这是一场人所不知的战争，一场永恒的战争，看上去似乎不会死人，但实际上是会死人的战争。④ 这段话可谓西方各国在国家关系、国家利益上的真实写照。但我们不能因此对西方国家心存幻想。2020 年初，新冠疫情在中国和全球爆发。在中国抗疫初期，德国《明镜周刊》竟刊文称："中国人若想消灭这次的新型冠状病毒，需要的药方既不是什么西医疫苗，也不是中医草药，而是自由和民主。"⑤ 当中国有效控制疫情，而欧美因自身抗疫不力而陷入感染和死亡人数暴增的疫情灾难之时，这些国家考虑的不是"人命关天"而是"民主关天"，上自总统及政府高官，下至主流媒体，竟然无视世卫组织及国际社会对中国抗疫的充分肯定，对中国一致攻击，极尽造谣污蔑抹黑之能事，根本就在于中国抗疫成功体现了中国特色社会主义制度优

---

① 邓小平文选：第 3 卷 [M]. 北京：人民出版社，1993：344.
② 习近平谈治国理政 [M]. 北京：外文出版社，2014：153.
③ 党的十九大报告辅导读本 [M]. 北京：人民出版社，2017：09.
④ Benamou, Georges-Marc. Le dernier Mitterrand（密特朗的最后时刻），[S. l.]：Plon，1996.
⑤ 宋鲁郑. 面对新冠疫情，究竟是人命关天还是民主关天 [EB/OL]. 观察者网，2020-02-29.

势，而欧美国家大规模疫情蔓延，陷入灾难，则充分暴露了这些国家制度的弊端，它们处心积虑造谣抹黑中国，根本目的在于捍卫其所谓的"民主""自由"价值观。

可以预料，随着中国特色社会主义取得更大成就，中国同西方在意识形态领域的较量斗争将会更加尖锐激烈。十九大报告指出，中国特色社会主义进入新时代，"意味着科学社会主义在二十一世纪的中国焕发出强大生机活力，在世界上高高举起了中国特色社会主义伟大旗帜；意味着中国特色社会主义道路、理论、制度、文化不断发展，拓展了发展中国家走向现代化的途径，给世界上那些既希望加快发展又希望保持自身独立性的国家和民族提供了全新选择，为解决人类问题贡献了中国智慧和中国方案。"[1] 中国特色社会主义的伟大成就，终结了西方国家"历史终结论"，使其和平演变图谋和意识形态攻击遭到严重挫败。这是西方国家绝不能接受的。

综上所述，党的对外工作中必须坚持以"国家利益至上"为总要求，超越意识形态；但超越意识形态不等于放弃意识形态价值目标，相反，在西方国家加紧推行和平演变的情况下，必须加强国际上意识形态的斗争，从总体国家安全观的高度认识意识形态安全，把意识形态作为国家利益的重要组成部分。如果说处理好国家利益与意识形态的关系体现了党的对外工作的目标价值的话，那么不干涉原则则是发展党的对外工作的核心规范，始终坚持这一规范，即为实现目标价值提供了根本保障。

作者：余科杰（余科杰：外交学院马克思主义学院教授）

---

① 党的十九大报告辅导读本 ［M］. 北京：人民出版社，2017：10.

参考文献

[1] 毛泽东文集：第6—7卷 [M]. 北京：人民出版社，1999.

[2] 毛泽东选集：第1—4卷 [M]. 北京：人民出版社，1991.

[3] 中共中央文献研究室. 毛泽东年谱（1949—1976）：第2卷 [M]. 北京：中央文献出版社，2013.

[4] 邓小平文选：第3卷 [M]. 北京：人民出版社，1993.

[5] 邓小平文选：第1卷 [M]. 北京：人民出版社，1994.

[6] 中共中央文献研究室. 邓小平思想年谱（1975—1997）[M]. 北京：人民出版社，1998.

[7] 江泽民文选：第2卷 [M]. 北京：人民出版社，2006.

[8] 中共中央文献研究室. 陈云年谱（修订本）：下卷 [M]. 北京：中央文献出版社，2015.

[9] 习近平谈治国理政 [M]. 北京：外文出版社，2014.

[10] 习近平谈治国理政：第2卷 [M]. 北京：外文出版社，2017.

[11] 习近平. 习近平总书记系列重要讲话读本 [M]. 北京：学习出版社，人民出版社，2014.

[12] 习近平关于科技创新论述摘编 [M]. 北京：中央文献出版社，2016.

[13] 习近平. 在纪念红军长征胜利八十周年大会上的讲话 [M]. 北京：人民出版社，2016.

[14] 习近平. 决胜全面建成小康社会　夺取新时代中国特色社会主义伟大胜利 [M]. 北京：人民出版社，2017.

[15] 习近平. 在民营经济座谈会上的讲话 [M]. 北京：人民出版社，2018.

[16] 习近平. 在庆祝中国共产党成立100周年大会上的讲话 [M]. 北京：

人民出版社，2021.

　　[17] 中国共产党第十二次全国代表大会文件汇编 [M]. 北京：人民出版社，1982.

　　[18] 中共中央文献研究室. 十二大以来重要文献选编：上 [M]. 北京：中央文献出版社，2011.

　　[19] 中共中央文献研究室. 十三大以来重要文献选编：上 [M]. 北京：中央文献出版社，2011.

　　[20] 中共中央文献研究室. 十四大以来重要文献选编：上 [M]. 北京：中央文献出版社，2011.

　　[21] 中共中央文献研究室. 十五大以来重要文献选编：上 [M]. 北京：中央文献出版社，2011.

　　[22] 中共中央文献研究室. 十八大以来重要文献选编：上 [M]. 北京：中央文献出版社，2014.

　　[23] 本书编写组. 十六大报告辅导读本 [M]. 北京：人民出版社，2002.

　　[24] 本书编写组. 十七大报告辅导读本 [M]. 北京：人民出版社，2007.

　　[25] 本书编写组. 十八大报告辅导读本 [M]. 北京：人民出版社，2012.

　　[26] 本书编写组. 十九大报告辅导读本 [M]. 北京：人民出版社，2017.

　　[27] 中共中央关于加强和改进新形势下党的建设若干重大问题的决定辅导读本 [M]. 北京：人民出版社，2009.

　　[28] "中共中央关于坚持和完善中国特色社会主义制度、推进国家治理体系和治理能力现代化若干重大问题的决定" 辅导读本 [M]. 北京：人民出版社，2019.

　　[29] 中共中央关于全面深化改革若干重大问题的决定 [M]. 北京：人民出版社，2013.

　　[30] 中共中央关于全面推进依法治国若干重大问题的决定 [M]. 北京：人民出版社，2014.

　　[31] 中共中央关于制定国民经济和社会发展第十三个五年规划的建议 [M]. 北京：人民出版社，2015.

　　[32] 中共中央关于坚持和完善中国特色社会主义制度、推进国家治理体系和治理能力现代化若干重大问题的决定 [M]. 北京：人民出版社，2019.

[33] 关于加强和改进中央和国家机关党的建设的意见 [M]. 北京：人民出版社，2019.

[34] 中国共产党章程 [Z]. 北京：人民出版社，2012.

[35] 中华人民共和国宪法 [M]. 北京：法律出版社，2018.

[36] 吴大琨，陈耀庭，黄苏. 当代资本主义：结构特征走向 [M]. 上海：上海人民出版社，1991.

[37] 冯特君，冯民安. 马克思恩格斯列宁国际政治文献选读 [M]. 北京：开明出版社，1997.

[38] 蒋光化. 访问外国政党纪实 [M]. 北京：世界知识出版社，1997.

[39] 武力. 中华人民共和国经济史：上册 [M]. 北京：中国经济出版社，1999.

[40] 吴冷西. 十年论战：下 [M]. 北京：中央文献出版社，1999.

[41] 闫志民. 中国现阶段阶级阶层研究 [M]. 北京：中共中央党校出版社，2002.

[42] 陆学艺. 当代中国社会阶层研究报告 [M]. 北京：社会科学文献出版社，2002.

[43] 鲁毅，黄金祺，王德仁. 外交学概论 [M]. 北京：世界知识出版社，2004.

[44] 李爱华. 马克思主义国际关系理论 [M]. 北京：人民出版社，2006.

[45] 教育部社会科学司. 普通高校思想政治理论课文献选编（1949—2006）[M]. 北京：中国人民大学出版社，2007.

[46] 王黎. 欧洲外交史（1494—1925）[M]. 天津：天津人民出版社，2011.

[47] 吴伟. 马克思、恩格斯、列宁、斯大林论俄国：苏联和东欧中亚 [M]. 北京：中国社会科学出版社，2013.

[48] 黄平，倪峰编. 马克思、恩格斯、列宁、斯大林论美国 [M]. 北京：中国社会科学出版社，2013.

[49] 白云真. 马克思《十八世纪外交史内幕》研究读本 [M] 北京：中央编译出版社，2014.

[50] 杨金海，李惠斌. 马克思主义经典作家关于资本主义、社会主义、

共产主义社会一般理论的基本观点研究［M］. 北京：人民出版社，2017.

［51］艾平. 双洲记：政党国际交往亲历［M］. 北京：当代世界出版社，2018.

［52］马克思恩格斯论中国［M］. 北京：人民出版社，2018.

［53］马克思恩格斯全集：第2卷［M］. 北京：人民出版社，1957.

［54］马克思恩格斯全集：第4—5卷［M］. 北京：人民出版社，1958.

［55］马克思恩格斯全集：第7卷［M］. 北京：人民出版社，1959.

［56］马克思恩格斯全集：第3卷［M］. 北京：人民出版社，1960.

［57］马克思恩格斯全集：第10、12卷［M］. 北京：人民出版社，1962.

［58］马克思恩格斯全集：第15卷［M］. 北京：人民出版社，1963.

［59］马克思恩格斯全集：第14卷［M］. 北京：人民出版社，1964.

［60］马克思恩格斯全集：第22卷［M］. 北京：人民出版社，1965.

［61］马克思恩格斯全集：第28卷［M］. 北京：人民出版社，1973.

［62］马克思恩格斯全集：第1、11卷［M］. 北京：人民出版社，1995.

［63］马克思恩格斯全集：第6卷［M］. 北京：人民出版社，2002.

［64］马克思恩格斯文集：第1、2、3、5、9、10卷［M］. 北京：人民出版社，2009.

［65］马克思恩格斯选集：第1—4卷［M］. 北京：人民出版社，2012.

［66］马克思. 十八世纪外交史内幕（单行本）［M］. 北京：人民出版社，1979.

［67］马克思，恩格斯. 共产党宣言［M］. 北京：人民出版社，2014.

［68］恩格斯. 社会主义从空想到科学的发展［M］. 北京：人民出版社，2014.

［69］列宁选集：第1—4卷［M］. 北京：人民出版社，2012.

［70］列宁专题文集：论社会主义［M］. 北京：人民出版社，2009.

［71］D. 保罗·谢弗：文化引导未来［M］. 许春山，朱邦俊，译. 北京：社会科学文献出版社，2008.

［72］霍布斯鲍姆，艾瑞克. 资本的年代：1848—1875［M］. 张晓华，译. 北京：中信出版社，2014.

［73］方纳，埃里克. 美国自由的故事［M］. 王希，译. 北京：商务印书

馆，2018.

[74] 乌小花. 马克思主义民族理论发展史研究：解读马克思民族理论早期的两本著作 [J]. 天津市社会主义学院学报，2005（4）.

[75] 骆郁廷，郭莉."立德树人"的实现路径及有效机制 [J]. 思想教育研究，2013（7）.

[76] 孟宪平. 论马克思恩格斯文化动力观的话语叙事及其谱系 [J]. 社会科学研究，2015（3）.

[77] 袁南生，王捷先，姜琳. 马克思恩格斯外交思想的基本特征 [J]. 外交评论，2017（162）.

[78] 张雷. 马克思的和平思想及其当代价值研究 [D]. 辽宁：辽宁大学，2016.

[79] 习近平. 在山东考察时的讲话（2013年11月24—28日）[N]. 人民日报，2013-11-29.

[80] 青年要自觉践行社会主义核心价值观　与祖国和人民同行努力创造精彩人生 [N]. 光明日报，2014-05-05（1）.

[81] 把思想政治工作贯穿教育教学全过程　开创我国高等教育事业发展新局面 [N]. 人民日报，2016-12-09（1）.

[82] 刘云山. 深入学习贯彻习近平新时代中国特色社会主义思想 [N]. 人民日报，2017-11-6（2）.

[83] 习近平主持中共中央政治局第六次集体学习并讲话 [EB/OL]. 中国政府网，2018-06-30.

[84] 习近平对推进中央和国家机关党的政治建设作出重要指示 [EB/OL]. 人民网，2018-07-12.

致 谢

　　《思想政治教育与马克思主义理论研究》集合了外交学院基础部马列、德育教研室 10 位思政课教师的教学科研成果，其中还涉及四位非本教学单位的作者，编者在文末一并进行了介绍。书中多数论文已经发表，还有一部分属于北京市社科基金一般项目《马克思恩格斯列宁论外交》课题的阶段性研究成果。

　　感谢外交学院王帆副院长对本书立项、出版的大力支持！

　　感谢光明日报出版社提供宝贵的出版机会，感谢出版社相关负责同志的辛苦付出和高效的工作。

　　感谢中央党校 2021 级科社博士研究生张若楠同学和外交学院 2020 级科社硕士研究生杨淑涵、曹心梦和李东同学。四位同学利用暑假休息时间，协助我们共同完成最后统稿工作。

　　书中出现的错误、纰漏、不当之处恳请各位读者朋友批评指正。

编者

2021 年 12 月 11 日